众筹+

众筹改变世界

张迅诚/著

中国财富出版社

图书在版编目（CIP）数据

众筹＋：众筹改变世界 / 张迅诚著. —北京：中国财富出版社，2015.9
ISBN 978－7－5047－5867－5

Ⅰ.①众… Ⅱ.①张… Ⅲ.①融资模式—研究—中国 Ⅳ.①F832.48

中国版本图书馆 CIP 数据核字（2015）第 214751 号

策划编辑 黄　华	责任编辑 姜莉君		
责任印制 方朋远	责任校对 饶莉莉		责任发行 邢有涛

出版发行	中国财富出版社		
社　　址	北京市丰台区南四环西路 188 号 5 区 20 楼	**邮政编码**	100070
电　　话	010－52227568（发行部）	010－52227588 转 307（总编室）	
	010－68589540（读者服务部）	010－52227588 转 305（质检部）	
网　　址	http://www.cfpress.com.cn		
经　　销	新华书店		
印　　刷	北京京都六环印刷厂		
书　　号	ISBN 978－7－5047－5867－5/F·2462		
开　　本	710mm×1000mm　1/16	**版　　次**	2015 年 9 月第 1 版
印　　张	17.75	**印　　次**	2015 年 9 月第 1 次印刷
字　　数	270 千字	**定　　价**	66.00 元

推荐序一

众筹金融塑造中国合伙文化

欣闻迅诚《众筹＋》一书即将付梓，此书可谓应时而生。创新中国需要众筹，众筹创新需要很多像迅诚这样的众筹实践者冲锋陷阵。本书可以看作中国众筹实践者的一种独立思考。对于一个新生事物，我们不必苛求深度，但求某种启示。

迅诚对我说，每一个众筹领袖都是"平民总统"，在我理解，这就是我所倡导的新合伙文化。相信不少人都知道以"新东方"为原型拍摄的电影《中国合伙人》，正如影片中讲述的那样，在新经济创业型企业中，优秀的"合伙人"已经取代传统的"职业经理人"，成为企业的核心层。一个企业有什么样的"合伙人"，理所当然成为我们风险投资机构判断企业价值的重要考量因素。

事实上，投资的过程，正是风险投资机构为他们自己找寻"合伙人"的过程，从决定投资的那一刻起，投资机构就成为他们所投企业的"合伙人"了。寻找优秀的企业管理"合伙人"与风险投资"合伙人"，正成为下一批新东方、BAT（百度、阿里巴巴、腾讯）创始人们的最迫切需求。

目前，新型互联网股权众筹平台常采用"专业领投＋普通 LP（有限合伙人）跟投"的模式，以求最大限度地规避股权投资风险，帮助普通投资人安享股权投资的"蛋糕"。让具有长期投资经验的专业投资经理与对项目感兴趣的普通投资人结成"合伙"关系，对一家大家共同看好的企业进行股权投资，这不能不说是一种非常有价值的新型"合伙"关系。

2015 年 6 月 6 日中国众筹节，是我创立互联网股权众筹平台"合伙圈"

在人民大会堂上线发布仪式当天。"合伙圈"希望通过众筹的方式以及自身的努力，倡导各种良性的"合伙"关系，从而实现张迅诚所说的"平民总统"，最终实现民族的伟大复兴。

众人拾柴火焰高，众筹金融更是这样。我真诚地邀请更多像张迅诚这样的年轻人，**像我**这样的中年人和热心众筹、看好众筹的各界朋友加入众筹行业，中国新**合伙**文化由众筹开始。

中关村股权投资协会会长

中国众筹节荣誉主席

世界众筹节发起人

王少杰

2015 年 7 月

推荐序二

没有企业家的经济是荒唐可笑的

经济界的人士很多都没有分清"经济增长""经济扩张"和"经济发展"。事实上,经济发展的动力不仅仅来自资本,其核心应该是企业家。互联网经济正在改变窗外的经济现实,那就是企业家经济代替资本主义经济。企业家经济才能够真正推动经济发展,而不是继续去做低效和架空用户需求的低端产业扩张。

日本松下电器创始人松下幸之助曾经说:"一个没有企业家的经济是荒唐可笑的。"换成另外一种说法,任何组织都需要一个核心,这既可能是一个符号,也可能是组织的运营维护的掌控者,最重要的是,企业家能够创造性地扩张需求。无论组织如何发展,都不可缺少领导力;无论互联网经济如何发展,人与人之间的网络连接多紧密,企业家作为经济要素中的首要因素,不会改变。

企业家是以创造为生活价值的人,只有创造,才能够让他们觉得生活有意义。很奇怪,世界上竟然有这样的一群人,奥地利政治经济学家约瑟夫·熊彼特将这群人比喻成"经济中的钻石",钻石就是能够让女人们感动流泪的东西,而企业家就是让经济学家感动流泪的人,真正的经济学家会从骨子里产生对企业家精神的崇敬之情。

政治家同样应该对企业家精神抱有崇敬之情,因为中国经济的未来寄希望于新生代企业家的创造。中国的人均 GDP(国内生产总值)马上就要达到8000 美元,这是一个坎。如果中国经济能够成功转型为企业家精神推动的经济体,那么中国的人均 GDP 也可以达到人均 4 万美元甚至更多;如果中国经济不能超越 8000 美元这个坎，不依靠企业家推动创造，还是靠工蜂一样的勤劳努力，我们就会一直在这个经济水平上徘徊，进入中等收入陷阱，怎么爬都爬不出来。

本书呼吁中国政治家和经济学家能够呵护中国企业家，呵护骨子里就具有创造精神的人，并创造一切条件来满足他们内心创造的欲望，唯有创造方能改变中国。满足他们就是创造未来，即使不做他们的助力，也不要做他们的阻力。

"众筹 + "最重要的价值就是能够让具有企业家精神的人成为中国社会资源的组织者。众筹本质上就是为企业家服务的。如果"众筹 + "不能推动社会创造，继续仅仅满足于在已经供大于求的市场中增加一个竞争者，那发展"众筹 + "则变得毫无意义。

"众筹 + "决定了未来不是加入重复建设的大军，而是对中国企业发展模式的一种超越。超越就是中国的时代性，不谈超越，根本就没有办法走出经济困境。

其实，说"众筹 + "事关中国国运，这不是什么大话，本书也不是什么"大话众筹"。"互联网 + "已经成为国家经济战略，但是看官们知道，"互联网 + "是一个宏观的经济概念，国务院总理李克强和互联网"大佬"马化腾提出的"互联网 + "只是一个方向，一个理念。"互联网 + "怎么干，则需要进行操作模式的转化，"众筹 + "才是落实"互联网 + "的实战路径。

"众筹"的概念在当下的国内商业话题中占据了重要的位置，很多企业界的人士都在搭众筹概念的顺风车。但这些人士对众筹的理解还是"浮云"，既然是"浮云"，总会飘过。历史上从来就不缺乏机会主义者对概念的追逐，他们企图在众筹还处于"概念泡沫"的时候，快进快出，获取自己的一份利益。

"互联网 + "总是要"落地"的，"众筹 + "总是要"落地"的。概念的"浮云"已经飘过，剩下来的问题就是如何在自己的企业运营过程中运用好众筹工具和众筹模式。

众筹是一个概念，这个词有点抽象，但是"众筹 + "是一个操作"落地"的词汇。"众筹 + "不是一个概念，而是一整套的操作模式和操作系统，"众筹 + "

来了就不会再走掉。这会成为中国乃至世界创业型企业的标准管理工具和治理模式，因为在"众筹+"的背后有一套完整的价值观体系和完整的操作流程。真正有意义的企业众筹商业模式是互联网带来的一种全新的组织治理模式。

在国内有一种苗头，就是企图用众筹模式来替代企业家精神，这是荒唐的。事实上，众筹更需要企业家精神，因为"众筹+"不是现成的事情，都在面对不确定的未来（模糊的、动态的未来），更加需要企业家。众筹领袖不仅是互联网时代下拥抱不确定未来的领袖，而且从现实来看，众筹领袖的作用也是不可或缺的。

众筹组织者其实就是互联时代的企业家的新的形态，在企业家的方阵中，众筹领袖其实属于先锋型的企业家，包括企业里的企业家、社群经济圈里的企业家。

国际知名投资人彼得·蒂尔说："商业世界的每一刻都不会重演，下一个比尔·盖茨不会再开发操作系统，下一个拉里·佩奇或是谢尔盖·布林不会再研发搜索引擎，下一个马克·扎克伯格不会去创建社交网络。如果你照搬这些人的做法，你就不是在向他们学习。"

"众筹+"的产业意义，就是不要重复别人的道路，将有限的资源给予具有探索精神的人。"众筹+"就是高效地配置资源。那些企图将不良资产打包众筹，或者通过口头夸大产品差异化的旧融资模式，实际上是不能够支撑众筹未来的。

中国几千年的经济史，很少有正面评价企业家的文化传统，创造者被描绘成社会的反叛者、为富不仁的坏人。事实上，经济发展的道路上，总要有在无人区孤独行走的人。对于创造者，你给出了负面的评价；对于创造失败者，你给出了嘲笑，其实这背离了众筹的本义。很多反对创新和创造的人，正在左右这个时代，在我们的耳边、身边，用行动在阻止我们创造。说句不好听的话，我们的文化容纳不了企业家，这是柳传志说的话，是这位企业家几十年来得出的结论，也是一句含有彻骨寒意的话。

最早在国内做创新工场的李开复先生，对于众筹和创新的理解，正是我们现在需要的"众筹+"观念。李开复说："创业者所需要的素质，是要能够有非常强的抗压能力，然后非常快的学习能力，还有是需要一个非常好的领导者，让团队可以信服，还要有很强的执行力，而且要对领域有非常细腻的理解跟动手的能力。那么这五个形容词，就把99%甚至99.9%的人可能排除在外了，这是一个很现实的状态，就是绝大多数的人是没有办法做这种强难度、强要求工作的。"能够引领众筹模式，在众筹基础上完成事业梦想的人，确实是需要修炼的。一个有意愿做众筹家的人，需要超越99%的人，这才是"众筹+"的现实。

"众筹+"是一种完整的文化系统，需要建立一种对于创造的崇拜，创造者能够容忍失败，开放主义要成为众筹核心文化。其实，众筹观念对于中国市场的冲击，正在掀起一场思维革命。"众筹+"需要异想天开、特立独行，更需要脚踏实地、从0到1的创业者。

我在众筹路演项目做评审的过程中，观感和李开复先生是一样的。

现在的时代是一个后喻时代，上一代人需要向下一代人学习。"90后"的一批创业者的素质，远远超过十年前的"80后"创业者，更远远超过20年前的"70后"创业者。年轻人的企业家精神被激发出来，这绝对是时代的福分。

企业家精神如何跟众筹结合在一起，这是时代的课题，如果我们能够细细读这本书，也许"众筹+"能够找到面向未来的答案。

中国高鹏会总顾问

嘉德咨询董事长

郭 嘉

2015 年 7 月

自序

每一个众筹领袖都是"平民总统"

"不要每一天都非常精打细算来看影响力多了还是少了，因为世界这么大，我们这么渺小，不要那么功利地去衡量每件事情。"这是中国年轻人的创业教父李开复先生的话。

创业者不那么功利的时候，就能够看到很多少赢利和不赢利的商业运作背后隐藏着的商业赢利模式，因为企图一步完成价值创造的时代已经过去了。这个时代的领导者需要具备穿透多层表象的眼光和整合资源的能力，而太过功利的人做不了这个时代的领导者。

熊彼特定义的企业家的内在动力是要做一个独立的企业王国，在他的经济发展理论中，企业家就意欲做一个"国王"。现实中，越来越多的企业主和企业经营者沉迷于这个角色，认为这就是定义的个人成功，通过创办一个企业来实现自己的个人理想。其实，他们忘记了企业家是为创造而生的，那种单纯追求金钱游戏的组织，最终都会变成隐藏着"三叩九拜"规仪的封建堡垒。

但是现在时代变了。企业的赢利系统变得越来越复杂，以前，生意和买卖都是一步就能够赢利的；而在互联网时代，持续赢利目标的实现，需要面对许多不确定的因素，需要分步骤建造一个内外连接的开放系统，需要维护好至少一个社群系统。

维护好社群系统的逻辑和管理好一个企业的逻辑是不同的，认识到这两个模式的差异，其实是一个新的管理鸿沟。此岸和彼岸之间存在一个时代性的差异，两种观念的分别足可以使两个人在同一时空却处于不同的时代。

在这个时代，内部组织资源的挖掘潜力的管理模式让位于跨界资源的众筹和组织能力，而"众筹＋"管理就是一种全新的企业管理范式。这样的经济学意义是非常深远的。

"不懂众筹，您将错过一个时代。"这是笔者一直在说的话。这个时代的企业管理者已经不能满足于在一个企业中做老大，做探索者的角色，而是要做用户的"总统"。互联网时代的商业逻辑是用自己的钱投票，用户买产品，其实就是一个投票的过程。词句是思维的通道，同样一件事情，用"用户选民"的视角来看，一切经营活动的逻辑就会立即变得透明。

在经济短缺时代，用户的购买行为都是在满足自己的基本需求，而在经济丰裕时代，用户用钱投票，不仅仅是在满足需求，而是在满足愿望。因此，在一个众筹社群里，领导者需要关注社群组织中一切影响社群运作的要素，最终让群员满意。由此可见，每一个众筹领袖都堪称"平民总统"。

领导众筹社群这样的组织，你不是在玩，不是那种"市井"式的低效聚集，而是在高效聚合、整合之下实现人脉、智慧、资源的价值最大化，通过建立共享机制将群员的需求落到实处，或者满足社交需求，或者实现创业梦想。

总统是一个国家战略的总执行人，众筹社群需要一个富有行动力的"平民总统"。众筹组织说到底应该具备一定的执行能力。

企业从"堡垒"变成"公众事业体"，帮助用户群体去解决他们迫切要解决的问题，而不再是满足自己的成功欲望，以及给企业的员工发高薪。企业从一个完全的经济组织变成一个带有社会价值的事业体，这种组织的领导者需要修炼全新的领导方式。21世纪的管理模式是领导数十万用户，而且他们不仅仅是自己的员工。这种管理模式的转变，历史上从来没有过，所有的管理教科书上没有说过。所以，笔者觉得"平民总统"的称呼是给众筹领袖加冕。这些众筹领袖需要在社群中体现出自己的领导力，不仅仅具备领导力，而且是一个能够整合企业生态群的人，他能够站在时代的高度，有着前沿的思考力。

人类文明从来不是建立在"客观世界"之上的，而是建立在思想家的"思想通道"之上的。如果说人们都活在思想家开辟的思想通道里，那么每一个众筹领袖都是社群的思想通道的开拓者。众筹组织的"平民总统"必须为组织注入理想的光芒、平等的参与、自由的选择、个性的表达、开放的空间，只有使组织具备核心价值，才能散发出思想的光芒，才能引领组织成员积极参与并获得成功。

这多少有点理想主义，好像是一个梦境，但是这并不奇怪。因为众筹领袖们的思考，其实就需要理想主义的精髓，激励大家一起来实现"中国梦"。否则，我们绝不可能超越这个时代。美国硅谷的那些创新的引领者，哪一个不是理想主义者？当然，理想总要有步骤地落实到现实中才会创造价值，也就是需要创造一个又一个极致的产品和服务。

拥有技术和知识的年轻人，他们有激情、有梦想，具有强烈的创业渴望。这些年轻人"无资金、无团队、无经验、无背景"，很多人心中的创业欲望蠢蠢欲动，并未随时间的流逝而淡化，始终希望有兴趣、有能力的人帮助他们实现梦想。就在这个时候，众筹领袖出现了，他把这些人聚集起来，形成一个组合，这就是众筹的人才重组。正是因为有了这种组合，才为许多无资金、无团队、无经验、无背景等缺乏主客观条件的创业者们提供一个可能能创业的平台，使得"众筹＋"梦想更加容易实现。众筹领袖在做好企业家角色的时候，化身为公共青年领袖。

"平民总统"的做事逻辑和企业家不同，总统有个人荣耀，因为他们能够领导一个国家走在正确的道路之上，为一个国家民众引领光明之路。总统的荣耀在于自己的工作惠及了他的民众和国家。众筹领袖的角色区别于一个普通的经济人，他只有协助别人成长之后，才能够获得自己的存在价值。众筹领袖获得的回报不是单纯的经济回报，还有作为一个社群领袖的荣耀感，这种荣耀寄托着几千、几万甚至数百万人的信任。这是一份以自身人格为起点的事业。在充分信息化的组织中，众筹组织是透明的，这种透明性决定了众筹领袖需要在透明的空间里做事，领导社群。正如总统被国民监督一样，民众的信任是维系执政地位的唯一准绳，众筹领袖也需要接受全体群员的监督；同时，社群对于领袖的信任，是维系社群、实现社群繁荣的唯一基础。

在经济学界的观念中，赢利是企业天经地义的事情，也许在当下的中国，"成王败寇"的经济文化仍在起着一定的作用。众筹领袖恰恰是企业新文化的领导者，需要将真正的极客精神引入中国，让每一个众筹社群都能够支持创新，让社群成为极客文化的载体。

世界上没有永不倒塌的堡垒，为了防止堡垒坍塌，进攻才是最好的防守。众筹领袖必须要有进击精神、进取精神，让最优的资源配置给最有创新精神的人。这是众筹领袖的使命。

众筹工场创始人

中国众筹节 & 世界众筹节发起人

北京大学众筹金融课题组组长

张迅诚

2015 年 7 月

目　录

第一章

平民总统：众筹+商业领袖

众筹领袖是"平民总统"，作为社群领袖，实际上就是社群的领导人，在领导着一个生态化的组织。这个组织不是企业，企业有企业的逻辑，这个组织是松散型的前资源形态，众筹领袖要做的就是将资源对接起来，形成企业，让企业实现发展。

透明时代：黑箱经济的终结

在移动互联网时代，整个经济活动的过程的逻辑发生了改变，披露信息成为一个公司面向公众的必然要求；不仅仅是企业，所有的组织逻辑都要建立在透明化的基础之上，包括政府，建立一个透明政府，就不会和商界发生权钱交易，也不会通过公共工程"放水自肥"。经济逻辑回到经济竞争本身，而对于正常的市场经济而言，最重要的就是科技创新和文化创意成为经济的主导形式，这才是正常的经济形态。

众筹概念正在中国迅速普及，很多企业了解了众筹概念之后，觉得这是一个难逢的机会，可以成为卷积资金、代替传统金融融资的新工具，似乎不玩一把，就是不时髦了、不赶趟了。人类的一切创造物其实都建立在前人创造的基础之上，众筹也不是建立在沙滩之上的高塔。为什么当代众筹能够在美国、欧洲兴起，而不是在南美洲或者非洲？因为在一个成熟的市场里，最可贵的隐形资源不是人才，也不是资本，而是市场人的诚信，以及诚信人营造的诚信环境。没有诚信，交易成本就会非常的高昂，人在非诚信的环境中游走，会变得扭曲失落。

中国股权众筹联盟理事长、人人投创始人郑林，创立了专注于实体店铺的股权众筹平台。在完成了几轮融资之后，人人投市场估值已经突破了 40 亿元人民币。

2015 年 6 月 6 日，郑林在中国众筹节主题演讲中讲述了他的故事。他在之前从来就没有担心过自己的人身安危，但是现在他身边总跟着几个膀大腰圆、特别能战斗的保镖。因为在人人投股权众筹平台上，总会有一些不诚信的项目方对资本方进行欺骗，人人投平台对于这样的行为是零容忍的。人人投在网络上建立了"黑名单制度"，不诚信的交易方都会被纳入黑名单中。公众能够在人人投的网络平台上去找出这些商人的不诚信行为记录。在中国的经营环境下，这种做法有一定的危险性，所以很多人都劝阻他，但他坚持要挂黑名单，自从接到几个威胁电话之后，他便找来了几个保镖。事业还没有做得多成功，自己却成了为诚信战斗的斗士，这一点在创业之初，他是没有想到的。他说："非诚信的市场中，人们的生存逻辑就是尽力建立信息不对称的黑箱，展示光鲜的一面，屏蔽自己的短板。我们接触的预选项目中，90%的项目方存在不诚信的行为，这些基本在走上平台之前就被淘汰了。所以对于做股权众筹平台的人来说，特别不容易。"

众筹的逻辑就是透明，在透明的环境下，还有着让投资方认可的市场运营能力，这是非常重要的事情。互联网无法让三流、二流变成一流，只能够让有一流竞争力的企业和个人有更好的机会。靠信息不对称制造黑箱，玩弄资本，这种方式对众筹是一种莫大的伤害。

在传统的市场中，信息不对称表现为买方和卖方之间的信息不对等，由此造成了市场的缺陷，影响了资源配置的效率。解决信息不对称交易产生了委托和代理关系，交易中拥有信息优势的一方为代理人，不具信息优势的一方是委托人，交易双方通过信息博弈来达到各自资源配置的目的。

能不能诚信地玩众筹是所有众筹人都必须思考的问题。在互联网时代，通过众筹的方式去欺骗一个人，那是需要押上全部人格和个人品牌的。因为这是人人都可以把握自媒体的时代。

人人投这样的股权众筹平台的核心在于促进交易双方诚信做事。平台不涉及资金操控，与第三方支付平台易宝支付形成全面战略合伙伴关系，从而保障资金100%安全。该众筹平台拥有一套完善的财务监管系统，涉及美食、娱乐、教育、生活各个细分领域，投融资双方可随时监察资金流向。仅仅做到制度完善还是不够的，该平台拥有国内最大的专业化的股权众筹团队，专业人员能够帮助用户防范风险。

众筹时代是一个透明时代，除非一个人还按照传统的方式在做事，一旦进入众筹的逻辑，那一切都在指向开放透明。在透明的状态下建立自己的运营系统，这是参与众筹者首先需要解决的问题，这也是能力问题，能力和诚信一样重要。

1. 黑箱经济的本来面目

黑箱经济和黑箱政治是一对孪生兄弟，都能够向外界释放误导性的信息，创造一种信息严重扭曲的政治空间和经济空间，个体在这样的时空里，往往成为被观念奴役的羔羊。这样的信息路径已经伴随了人类几千甚至几万年。自从有了人类社会，就有了私欲在操弄一切。集体组织的领导者有组织利益，也有自己的一份利益。我们必须承认任何组织领导者都是有私欲的，这需要自我面对的勇气。换句话说，揭示出黑箱经济的本来面目，这有助于在互联网时代为众筹模式中的众筹领袖们立下规矩。

事实上，在任何信息不透明的地方，都会存在黑幕交易和密室交易的"黑箱经济"，商业和权力的勾结形成了官僚和阶层式的资本主义。在全球的后发资本主义经济中，官僚资本和国家资本占据了经济的重要方面，阶层固化严重。这是全球资本主义的问题。世界上所有国家的资本市场、金融市场、教育界等领域，都存在类似的"黑箱"现象，而催生这种败德行为和不利选择的原因，都是由于信息不对称造成的。对信息的有意曲解成为一门技术活。

在传统的政治和企业组织中，由于信息传播的规律使然，信息在传递的过程中是不断衰减和变异的。人际信息传播的机制以及传播工具的单一，决定了在组织中只有少数人能够共享核心和战略层面的信息。组织中存在的信息鸿沟不是互联网发展之后才有的，而是伴随了整个人类的组织化发展进程。信息垄断一直是社会管理阶层和经济管理阶层的私密武器，这种武器导致政治黑箱和经济黑箱，信息不对称产生的杠杆效应，加大了财富创造过程中的不平等。

美国斯坦福大学的迈克尔·斯宾塞教授看起来是一个文文静静的学者，每天都将胡子剃得干干净净，时常喜欢穿着随意，他的兴趣就是研究具体的市场交易中，信息不对称形成的一些稀奇古怪的行为。这位从哈佛大学经济学院毕业的帅哥，在2001年获得了诺贝尔经济学奖，因为非对称市场信息理论。斯宾塞喜欢研究那些他不能理解的、正在市场上发生作用的经济理论。这就是所谓的应用微观经济学。应用微观经济学是指导众筹模式运作的主要理论基础。

斯宾塞认为，掌握市场信息更多的一方可以通过向信息贫乏的一方传递可靠信息而在市场中获益。许多市场都存在信息非对称现象，买卖的一方往往比另一方掌握着更多的信息。而一个市场的有效运作，需要买者和卖者之间有足够的共同信息。如果信息严重不对称，就有可能限制市场功能的发挥，而且在极端情况下，会使市场不存在。斯宾塞的这一理论突破了传统经济学关于市场信息假设的理论框架，构成了信息经济学的核心基点之一。限制信息流动不是好主意。

黑箱经济所带来的信息不对称行为，是经济学研究的热门领域，专门的信息经济学其实就是研究信息对称和不对称对于微观经济的影响。近年来被看好的众筹模式，也正是互联网发展到连接每个人的时候，人际之间的根本变革。这也算是信息经济学的范畴。

在众筹组织中，如果没有众筹领袖的领导力，众筹组织就会形成一个新的黑箱。线下的众筹组织实际上还是普通的融资和股权合作行为，由于没有信息透明化的机制保证，其实没有什么创新的地方。当我们谈到经济时，我们总认为人人都懂得他们应该懂得的道理，例如，买者能找到卖者，或是无论产品多么复杂，每个人都了解价格。事实并非如此。众筹组织如果落入塔形组织行为中，结果一定会让外界大失所望。众筹领袖需要去除组织中一切阻碍信息流通的行为，这是众筹组织运作的基础。

2. 互联网时代终结黑箱经济

随着技术的进步，人类迎来了信息革命，信息不对称的现象得到了改变，人人都是媒体，人人都在释放信息，信息在互联网这个公共信息场中被讨论也被检验。信息权力的构成方式发生了前所未有的改变，信息能力代替信息权力成为互联网影响力的最主要特征。说假话的权威不见得比说真话的普通人更有本质的影响力。

互联网技术为信息发送提供了一个更大、更快、更有效率的平台，有利于分散于全球的资源再分配，降低了交易成本。由于网络技术发展，信息转换瞬间就能完成，所有的信息都成为可数字化的，而所有的数字化信息可及时为任何地方的任何人所用。在获取信息方面，不同地域所存在的巨大差异将会消失。

由此可见，互联网时代是信息透明的时代。"透明"照射"黑箱"，必然是黑箱经济的终结。

透明化是公平和公正的技术条件，也是先决条件。互联网的本质，就是连接一切，消除距离，并由此冲击一切基于信息不对称的商业模式，把选择权真正交回到用户手中。比如在众筹领域，透明化管理已经成为共识。透明化管理就是将项目运行的信息公开化和透明化。作为互联网金融的一个重要领域，众筹方式就是为投资人和融资者搭建一个公平、透明、安全、高效的互联网金融服务平台，在某种程度上，信息公开化和透明化程度的高低决定了众筹企业的长远发展。

组织行为学上有一条基本常识：任何看起来伟大的事情都是私人推动的。这也符合众筹组织的运作规律，只是在封闭的体系中，推动大事的都是密室谋划；而在众筹模式之下，密室谋划带不来公众的参与，众筹的本质是开放的、透明的，这一个时代的逻辑就是在玻璃房子里面做事情。私人通过互联网影响大众，学会在完全透明的状态下站着把钱赚了，这才是这个时代的赚钱逻辑。

所以基于互联网的众筹模式的兴起，本质上是一种信息红利。

虽然众筹模式不是什么新的组织形式，在人类的整个发展进程中，类似于众筹组织的行为方式一直存在并且具有很强的组织生命力，但是基于互联网的众筹组织还是有着自己的运作规律。在互联网打破了地域限制之后，众筹组织的起始方式一定是一个共享信息的组织，而且组织的信息是指向共享和开放方向的。对于众筹组织来说，讲真话的组织才具有足够的维系力量。讲真话是众筹组织中的领导原则。他们努力制造组织内的信息共享，促进组织内的信息对称行为，如此才能够产生下一步的信息融合。众筹的价值往往产生在信息融合之后的组织行为。

符合事物的本质和规律的，就是对的；不符合的，就是错的。问题来了，什么是事物的本质和规律呢？在移动互联网时代，凡是基于信息不对称的行业都将被互联网打击，凡是基于信息不对称的环节都将逐渐被颠覆或被边缘化，凡是基于信息不对称的既得利益都将被渐进式清剿。这就是事物的规律。具体到现代企业经营中，信息的对称和零距离的沟通，使得商品交易中各相关利益者都可以自由、瞬时表达自己的价值诉求与价值主张；反之，靠信息的不对称和黑箱运作获取利益的赢利模式及股东价值优先的思维定式终将被彻底颠覆，取而代之的是以用户价值和人力资本价值优先，相关利益者价值平衡基础上的赢利模式。

总之，在移动互联网时代，万物互联、互通有无，将使一切更加人性化、民主化、高效化。这样的透明时代，就是黑箱经济终结的时代。

恒星：质能加速器

众筹是未来人类的组织形式，不是短时间来了就走的一个浪头，"众筹模式"本身就是社会基础设施，正如几百年来的股份制公司制度成为基础设施一样。"众筹＋"管理形态代表着现在和未来。众筹不是流星，而是基于网络时代的组织管理工具。它是一颗恒星，伴随人类走向更加深远的未来。

人类经济管理学的观念之"锚"已经投放在量子物理学上了，以至于很多企业家在思考企业的形态的时候，突然发现互联网时代的企业运营规律具有很强大的"量子特征"——未来不确定，不可预测；发展是非线性的，是跳跃的；人与人之间的连接跨越了地域的限制，借助网络社交工具能够随时交流。

互联网致力于人的连接和聚集，在众筹组织的核心，人与人之间被紧紧地联系在一起，这样紧密的交互行为，使得人与人之间能够进行充分的交流，不仅仅关于人的能力，人的一切行为均能够被暴露在社交组织中。比如一个人的性格、做事节奏的快慢、坚韧的人格这些软性的东西都能够被大家感知。而且最重要的是，人与人在一起纠缠的时候，会产生情感。这些褪去了"社交外壳"的众筹人，实际上并不知道自己能够在众筹组织中做什么。事实上，在众筹这个聚合炉中，单个人就跟等离子体一样，随时都能够跟相应的人发生聚合反应，释放出巨大的核能量——在不确定的人与人之间进行重组，快速完成事业资源的全部整合，然后产品和服务在众筹组织中进行市场推广，对项目进行加速，获得快速成长的基础。这种模式颠覆了以前个人奋斗的路径，摒弃了长期缓慢前进的过程，个人展示自己，越是开放透明，越是能够获得他人的认可，越是能够加入适当的团队中快速地推进事业。由此可见，众筹组织正在发挥着社会发展和经济发展"加速器"的功能。

个体创业模式的完全改变，这在以前是想都不敢想的事情，个人奋斗的历史进程处于一种加速的通道中。这类似于原子物理学中质能之间的转换，在物质转化为电磁波的过程中，物质就变成了光速前进的高能量射线。比如在太阳的中心，从物质态转化为能量态，持续的核聚变正在进行着这样的过程。就宇宙而言，其中的重元素和万千的精彩物质世界，就是在这种持续的聚变中产生的。

核聚变反应不仅是质能的加速，也启发了人类智慧并随着时代的进步同样产生了"加速"，比如移动互联网时代的"众筹＋"，它所创造的资源聚合体系，它所优化的资源并使之价值最大化，使得众筹组织发挥出了"聚合器"和"加速器"的功能。

李开复在很多年前就教导年轻人，要努力奋斗，要做"最好的自己"。这符合互联网时代做事的要求，只有让自己在某一个人方面做到最优秀，才有机会参与到更高能级的事业游戏圈中去。"众筹＋"系统是为精英服务的，正如欧洲庞大的加速器一样，上百千米长的巨大的加速线圈只为加速数百个甚至只有几十个等离子体。事实说明，能够借助加速器进行加速的物质粒子都是经过精心挑选的。

众筹对于创业者来说，只为优异者加速，而成为优异者是离不开积累的，这是一条既残酷又现实的规律。因此，年轻人在进入"众筹＋"系统之前，依然要苦苦地寻觅自己的优势，积累和建立自己的优势，如此才能够变成众筹组织中的领军者。

1. 由太阳核聚变引发的思考

太阳每时每刻都在进行着约束性的可控核聚变，其核心的核聚变在自我修正下达到平衡：速率只要略微提升，就会造成核心的温度上升，压强增大，更能抵抗外围物质的压力，因此核心会膨胀，从而降低核聚变速率，修正之前核聚变速率增加所造成的扰动；而如果反应速率稍微下降，就会导致温度略微下降，压强降低，从而核心会收缩，使核聚变的速率又再提高，回复到它之前的水平。

平衡，是宇宙间一切物质存在和发展的前提，太阳通过自我修正实现平衡就佐证了这一规律。推而广之，人类社会的任何组织发展道路都不能在短时间内保证所有人都能够被放置在发光发热的合适位置，因此也需要在失控和控制之间做一个平衡。这个过程就像太阳的核聚变，其每次氢原子核聚合成氦时，大约只有0.7%的质量转化成能量。尽管一次性的转换效率不高，但是持续不断的核聚变反应就能够让更多的物质加速，让更多参与核聚变的物质转化为能量。众筹组织作为加速器，尽管每次仅能够推送少数人冲向顶峰，为他们配置好资源，但众筹组织的魅力在于持续地成就企业和个人，只要是有价值的创想团队，均能够在众筹组织中完成加速过程。

从宏观的视角来看，众筹组织和众筹组织之间是天然的联盟关系，而非传统商业竞争中的"零和"竞争关系。在目前的国内众筹组织中，众筹领袖们往往都在相互借力，一个组织孵化出的优势项目不是压制另外一个众筹组织，而是一种正向的激励体系。这种分布式的推进全民创业的系统，正在改变中国的创业环境。多少年来，中国人的创造力广受诟病，现在有了众筹大系统，中国的创业环境就会焕然一新。

太阳内部的分布式的核聚变是以一种极速的爆炸方式进行的，爆炸是宇宙中一种很普通的物质运动的形式。我们站在离太阳1.5亿千米外的地球上，看到的是安静的光芒，实际上，爆炸随时都在太阳内部核心处持续发生。在众筹组织的内部，在为企业配齐了"核聚变"所要的所有资源，那种爆炸式的爆发就成为了期待中的事情。

爆发式的创新发展是众筹时代的一个发展规律。这和以往急功近利式的发展模式不同，新的事物的崛起速度都是指数式的，不是平和地代替旧的事物。而这种交替模式会让很多旧的企业感到不适应，但这是现在正在发生的事情，并且预示着未来。

中国正在变成一颗恒星，众筹模式就是这颗恒星中心的核聚变系统，让无数有才智的年轻人能够借助新的平台系统实现创业加速。众筹在宏观上正在重构中国的创业环境，这确实是互联网时代中国人的机会。中国的国运不错，能够直面众筹组织管理模式在中国的全面铺开。

太阳的本质就是一个质能加速装置，能够让物质变成宇宙中最快的光波。人类也在打造可控核聚变系统，让氢氦物质爆炸是容易的，不是横亘在人类面前的难题，但是可控的持续聚变，就需要非常复杂的技术工程系统，这需要不断努力，积极创新。

要在地球上使用受控的核聚变反应堆，就必须把气体加热到超过 1 亿摄氏度。这在工程和材料上的挑战将非常艰巨。有关科学家设想兴建一个圆环型的磁力悬浮实验室，把聚合反应堆放在里面。科学家预计，即使将有关设施建好以后，核聚变研究也需要几十年的时间才能获得成果。

国际热核实验反应堆（ITER）计划被称为"人造太阳"计划。该计划是一个国际级的能源众筹计划，没有一个国家有能力单独降服可控核聚变技术工程，合作并且汇聚全人类之力来推进这个庞大科学计划，就需要全球主要科技国家的参与。国际热核计划也是一个大型的国际科技合作项目。该计划将历时35 年，总投资额近百亿欧元，已成为中国参加的规模最大的国际合作项目。

ITER 计划最初由俄、日、美、欧四方共同承建。这个项目的众筹人基本都是各个国家的最高领导者，这些做了一把"众筹领袖"的领导者站在全人类的高度来推进这个项目。2003 年 2 月，在圣彼得堡召开的"ITER 第八次政府间谈判会"上，中国宣布作为全权独立成员加入该计划谈判。这意味着中国承诺承担 ITER 工程总造价 100 亿欧元的 10%，并享受全部知识产权。2006年 5 月 24 日，中国、欧盟、美国、韩国、俄罗斯、印度和日本七方代表在欧盟总部布鲁塞尔共同草签了《成立国际组织联合实施 ITER 计划的协定》，这标志着中国实质上参加了这一计划。

分享众筹事业的好处，这是众筹的初衷，虽然"人造太阳"计划是一个弥天偷日的宏伟计划，但还是按照众筹最基础的原则在做事：聚集、交互、创造、共享。这符合众筹的核心价值体系。每一个参与者能够享受到众筹得到的全部公共资源和益处。

2."众筹 +"的核心问题

众筹带来的结果，现在很多人已经看清晰了，互联网技术继续发展，人与人之间被紧紧地连接在了一起。大家在一起，总要做一些事情，可以断言，众筹模式就成为将人连接在一起的组织形式，成为互联网影响组织管理模式的主要方式。

资源从来都是跟着人走的，一旦人的组织开始重构了，那么资源的形态也会重构。重构是这个时代的主旋律，也是核心。对于很多人来说，这不是什么愉快的事情，这意味着现在和过去一些成熟的系统要被众筹模式撕扯得支离破碎。一些企业主在过去几十年打下的江山，可能会在新的模式面前变得不堪一击。

即将到来的产业重构浪潮呼唤金融体制和企业组织形式的创新，众筹尤其是股权众筹的横空出世，对于企业的所有者、经营者、投资者及其他利益相关者来说，都无异于一场经济解放运动。由此也可以看出，这个时代需要新的胸怀更宽广的企业家领袖转变成众筹领袖。人类几十万年的进化史，组织行为从来都需要一个领头人，这是写在人类基因中的。众筹组织不会形成理想型的"去中心化"的组织，众筹组织同样需要领导力。

很多人都认为"众筹＋"是孵化器，实际上这种理解是具有局限性的，"众筹＋"具有聚合与加速功能，而发挥出这种功能的关键在于有一个领袖。在众筹组织中，领袖将人的资源在聚合过程中彼此发生碰撞、产生互动之后，加速资源的整合，让项目落地，企业成型，进入快速发展的公司逻辑，并非众筹本身的逻辑使然。这才是"众筹＋"的核心问题所在。

人类即将步入一个技术主义时代，这是人类社会经济发展的必然趋势，新技术和新工程革命已经迎面而来，众筹模式更是方兴未艾，成为众筹领袖或者跟随众筹领袖一起去共创事业。这是一个注定没有隐士的时代，未来也是如此，游离于星系的单个小星球不会发光，边缘是暗淡并且冰冷的。加入恒星，参与聚变，然后变成宇宙间最快速的光，发散出去，才有机会穿透整个宇宙。

竞争生态系统

竞争是策略性的、暂时的，创造是永恒的，竞争是因为短缺，创造却能够

在有限的资源之外创造出新的竞争体系。人类几百年来的现代经济史，都是建立在新的经济类型对旧的经济类型的覆盖和部分覆盖之上的。并不是旧的不行了，而是旧的经济模式从经济舞台的中央被排挤到了边缘，从经济主角变成了经济配角。新经济的繁荣并不意味着旧经济的没落，只是产业的生态发展特征，决定了经济总是在新老更替。这和生态系统是极其相似的。

在一个生态系统中，每个物种根据其在时间、空间上所占据的位置及其与相关种群之间的功能关系与作用，相应地占据着不同的生态位。在这之中，竞争关系就是生态位（即每个个体或种群在种群或群落中的时空位置及功能关系）存在重合的两个物种之间的关系，竞争的强弱就取决于两个物种生态位的重合程度。生态系统中的竞争，其本质上就是优胜劣汰。强者得以保存和发展，弱者被淘汰和灭亡，这就是竞争的本质和普遍规律。

资本主义经济在现实中总是兵分两路，一路是建立垄断性的资本对产业的控制；另一路是对产业创新的追求，以期于获得新的相对垄断地位。彼得·蒂尔在他的著作《从0到1》中，直言不讳地说明了企业的目标就是建立垄断，让平庸者去自由竞争吧，杰出的企业都在建立自己基于技术创新的垄断地位。他在一次访谈中，对于中国市场的竞争状况感到恐惧，认为自己在中国这样的同质化竞争环境下，也会感到无助。

放任竞争，不进行从0到1的原始创新和基础创新，建立在自由竞争之上的企业都会失去利润。这是彼得·蒂尔对中国企业的忠告。良性竞争有利于促进创新发展，最终实现社会和谐；恶性竞争又称"自杀式竞争""毁灭性竞争""破坏性竞争"及"过当竞争"，轻则造成频繁发生的价格战、资源战、广告战等现象，重则引发军事灾难。第一次世界大战和第二次世界大战都是由资本主义的恶性竞争引起的。

低水平的垄断产业建立在经济逻辑之外，往往是建立在政治权力的庇护之下，在全球一些发展中国家和地区，这是很普遍的现象，政治权力深度介入经济游戏规则的国家占据大多数。这是很多缺乏竞争能力和创新能力的经济组织能够存活下来的原因。

政治权力替代企业家的角色主导经济运营，往往会导致经济结构的失衡，过度保护资源垄断型经济组织会损害消费者的利益。良性的资本主义竞争体系建立在对消费者的深刻洞察之上，立足于满足未来的战略性的需求。也就是说，动态超越现有的经济体系才能够让经济获得良性发展的空间，这也是经济学的常识。

互联网经济的本质就是将人连在了一起，消费者说出自己的需求，生产者满足这种需求，杰出的企业则面向未来，发展前瞻性的科技，创造未来才会出现的需求。这是互联网经济的基本价值。"众筹＋"正是建立在互联网经济之上的，消费者和生产者直接对话。政治权力靠边站是一种发展趋势，这对于习惯于立志为万世开太平的全球政治家来说，既是一个好消息，也是一个坏消息。互联网经济的发展，社会需求的多元化，注定了这不是一个政治巨星时代，而是一个群星灿烂的时代。

经济模式是一元治理模式好还是多元治理模式好，互联网经济已经给出了答案，多元企业的创造，把创新的资源还给全球企业家，真心诚意地让企业家成为经济的主角，让他们成为经济发展的社会责任者，这对于全球政治家来说，担子真的轻了很多。减少对低水平垄断企业的保护，将宝贵的资源通过政策配置给创新性组织。从这个意义上来说，每一个"众筹＋"组织未来都是一个孵化器，新的产业革命和新的企业科技很可能在这些平台上诞生，这是一个时代的机遇。

1. 资本主义的竞争生态系统

资本主义从来就不是全球一盘棋，资本主义在经济现实中呈现出一种万花筒般的特征，观察资本主义模式，如果觉得它们都一样，那就是你教条化了。良序的资本发展模式其实依然有很强大的生命力，因为它是企业家经济，还能够不断地推动创新，将相对垄断推进到新的知识高度。

在一本说众筹的书中，也许不应该出现这些东西，似乎扯远了，但是众筹不是石头缝里蹦出来的东西，众筹模式基于市场和经济的现实，不可能脱离现实环境独自开花。"众筹＋"建立在旧的经济模式之上，只能够基于现实，改变现实，整体传承经济资产，局部实现创新颠覆。

良性的竞争生态系统是全球制度设计者们所追求的东西，相对公平公正的经济环境是制度设计者们首先要考虑的问题，在这些全球政治家的眼中，公平公正从来都是一种顶层设计。没有这样的基础元素，只能够发展出坏的经济模式。

在全球，坏的经济模式导致了经济失灵，导致全球经济危机的发生。众筹模式的发展，就需要在不同的基础上再出发。众筹资本在互联网经济模式之下，在相对较小的平台范围内，约束资本的贪婪和垄断一切的企图，建立一个公平公正的小环境，形成一个"小社会圈"。更多的众筹组织将各自的"小社会圈"连接起来，就能够创造一个好的发展环境。这也是人们对于众筹模式的社会期待。

尽管众筹模式在整个经济体系中还是比较弱小的，但是没有关系，蒸汽船刚刚进入河道的时候，也被沿岸的人嘲笑过，作为一个未来的基础经济制度设置，全球众筹领袖有必要建立起自己的信心。

近 20 年来，国家资本主义和互联网经济在全球都在角逐鏖战，不得不说，现在传统的资本主义的竞争生态还占据主导地位。在这种形势下，企业家的创造力被压制在一个很低的水平之上，这是一个不正常的经济发展模式。

国家资本主义的发展模型是生产集中和资本集中。生产集中是指生产资料、劳动力和商品的生产日益集中于少数大企业的过程，其结果是在市场份额和经济总量中大企业所占的比重不断增加。资本集中是指通过大资本吞并小资本或小资本合并而成大资本的过程，使单个资本的规模不断扩大，其结果是越来越多的资本为少数大资本机构所支配。

资本主义发展模型基于竞争替代，排斥新的竞争体系，当生产、资本的集中发展到一定阶段，就自然而然地走向垄断，即通过联合达到独占和瓜分商品生产和销售市场，操纵垄断价格，以攫取高额垄断利润。这是资本主义经济发展的必然趋势和客观规律。这种低水平的经济垄断危害了经济体竞争性的生态系统，导致了全球资本主义的失败。

垄断组织是以垄断高额利润等特殊利益为竞争目标的，由于垄断组织力量强大，使得竞争的强度更大、更为激烈并具有更大的破坏性。正是由于垄断，资本主义在全球的失败昭然若揭。失败的根本原因就是由于资本集中而被资本家所支配、"资本替代企业家"成为经济的主导因素，因而无法散发新的经济活力，无法跨越中等收入障碍。这对于任何经济体来说都是一场灾难。

1998 年 9 月 9 日，美国《洛杉矶时报》发表了著名经济学家罗伯特·萨缪尔森的文章《民主不是恩赐》。这篇文章最值得注意的一个见解，是指出"全球资本主义的失败"。萨缪尔森并不隐瞒自己的立场，他所说的"全球资本主义的失败"，是指它"破坏着贫穷国家的经济稳定，使富国投资者的利益受到重创"，曾带来引人注目的繁荣的全球资本主义体系正在濒临崩溃。事实上，当前的全球化是不平等的，各种负效应产生的实质是对平等的忽视，而资本主义生产方式的内在矛盾是产生这种不平等的根源。

尽管萨缪尔森的观点已经发表了有十几年的时间，但是他的预言还是成为了现实，国家资本主义和垄断资本主义走入了死胡同。很多当初被看好的经济体在今天都遇到了经济瓶颈。靠着旧的发展模式已经完全不能够解决问题，相反，经济问题变成了社会问题，有大幅度蔓延的趋势。"中等收入陷阱"就是一个典型的例子，已经成为全球大部分国家所面临的问题。

"中等收入陷阱"是世界银行《东亚经济发展报告（2006）》中首次提出的概念。其基本含义是指，一个经济体从中等收入向高收入迈进的过程中，既不能重复又难以摆脱以往由低收入进入中等收入的发展模式，很容易出现经济增长的停滞和徘徊，人均国民收入难以突破 1 万美元。原因主要在于，进入这个阶段，经济快速发展积累的矛盾集中爆发，原有的增长机制和发展模式无法有效应对由此形成的系统性风险，经济增长容易出现大幅波动或陷入停滞。

从近 200 余年的经济史来看，欧美相继实现工业革命，从传统农业社会的低成长、低收入状态，达到了中等收入水平。但从第二次世界大战后世界经济的发展进程看，仅有为数不多的几个国家和地区成功跨越"中等收入陷阱"，大部分国家则长期在中等收入阶段徘徊，迟迟未能进入高收入国家行列。拉美地区和东南亚一些国家则是陷入"中等收入陷阱"的典型代表。一些国家的人均收入水平长期停滞不前，如菲律宾 1980 年人均国内生产总值为 671 美元，2006 年仍停留在 1123 美元，考虑到通货膨胀因素，人均收入基本没有太大变化。还有一些国家收入水平虽然在提高，但始终难以缩小与高收入国家的鸿沟，如马来西亚 1980 年人均国内生产总值为 1812 美元，到 2008 年仅达到 8209 美元。拉美大国资源丰富，曾为欧洲殖民地，经济发展条件得天独厚。比如，20 世纪初，阿根廷的人均国民收入水平曾名列美洲第二，在 1964 年时人均国内生产总值就超过 1000 美元，在 20 世纪 90 年代末上升到了 8000 多美元，但 2002 年又下降到 2000 多美元，而后又回升到 2008 年的 8236 美元。拉美地区还有许多类似的国家，曾陷入停滞，人均国内生产总值增长缓慢，经历了"失落的二十年"，经济发展几经反复，一直没能跨过 1 万美元的门槛。究其原因，主要是在大萧条后，拉美国家出现了激进的民族主义和民粹主义，严重地伤害了经济的发展，这些都是有毒的药方，不是真正的解决方案。进口替代、限制外资、不可持续的公共部门工资福利政策、腐败和收入严重不均等，使拉美经济和社会丧失了活力，其天然的发展优势无从发挥。

南美的公共资本垄断也是私人推动的，这里面一定会产生"经济黑箱"，这危害了一个国家的经济竞争力，也产生了制度性的腐败，很多政客成为制度的牺牲品，成了官僚体制中的贪腐机器的组成部分，他们贪腐一分，社会往往就要付出十分的代价。

对于南美国家来说，众筹这种新的发展模式不能够给经济带来什么，由于这些国家经济结构单一，过于依赖某一个产业或者几个产业，这样的经济结构是不能够和互联网经济进行天然契合的。很多南美国家的问题是几十年积累下来的，即使有了互联网，也暂时发挥不了经济作用。

笔者一直说中国的国运很好，尽管在过去几十年内中国的问题也很突出，经济结构已经严重失衡，但是中国是一个大国，有十几亿人口，只要一个亿的人口能够被导入企业家创新经济中，中国的未来就会完全不同。

关于中国能否跨越"中等收入陷阱"，对中国而言，"中等收入陷阱"肯定要迈过去的，关键是什么时候迈过去、迈过去以后如何更好地向前发展。我们有信心在改革发展稳定之间，以及稳增长、调结构、惠民生、促改革之间找到平衡点，使中国经济行稳致远。这让全世界看到了中国政府的决心和能力。

总的来说，无论是国家资本主义还是自由竞争资本主义，一旦垄断者开始守成，社会资源就失去了上下的对流特征。因此，在现在的全球资本主义体系中，需要一种新的竞争文化，来推动人类的经济进步。

2. 众筹对竞争生态系统的重构

管理学大师彼得·德鲁克说，企业经营的本质是知识，当消费阶层和一般的用户也开始拥有系统性的知识之后，这些基于知识而不是基于有形资本的创业者开始在经济中展露自己的价值。互联网时代中国兴起的"众筹＋"正是民众连接起来，颠覆传统的资本主义模式，让梦想者和勇敢者成为大众领袖，去共同创造美丽新世界。

2014 年，众筹进入"跑马圈地"时代。阿里巴巴、京东金融、平安集团、万达集团、苏宁金融纷纷进入众筹领域，天使汇、人人投、众筹网、原始会、大家投、微投网、云筹、天使客、众筹工场、合伙圈、翼龙众筹、京北众筹、易人众筹、股权众筹家，利用众筹模式"淘金"的创业者不在少数，众筹成为投资的重点。

海外看好中国的众筹市场。2014 年 4 月，有消息传出，世界排名第三的众筹网站 Pozible（澳洲最大的众筹网站）进军中国，它由安徽人陈钢和一个爱尔兰人在墨尔本创立。该平台成立 4 年来，已累计上线了 6000 个项目，筹得资金 2000 多万澳元，合人民币 1.16 亿元。陈钢选择开辟中国市场的原因在于，国内智能硬件发展迅速，而 Pozible 的项目偏文艺，澳洲没有科技和硬件产业。

尽管对于整体经济来说，中国众筹带来的实际价值还是九牛一毛，但是，这种模式正在逐步深入人心，创业者的"武器库"中，众筹已经是一个标准装备。要做好众筹模式，使用好众筹工具，还需要对于资源进行深度融合和重构。

过去几十年来，中国人发展都是靠"低端的制造业"，实际上，大家觉得制造业低端，这是一种认识的误区，无论是什么经济形态，经济的根本竞争力还是产品。制造业为中国培养了数以亿计的技术工人，这些拥有技能的人才是中国进一步发展的核心资源。关键是近年来移动互联网在中国高速普及，这些人已经被纳入互联网中。

"众筹+"的一端是众筹领袖，另一端是千千万万的专业人士，没有这些散落在社会中的资源，重构和整合就无法谈起。新一代的企业家都是互联网原生的一代人，天然地和互联网连在了一起，这些企业家的创造力被激发出来，众筹领袖们将资源整合给企业家，那么中国的前景会非常好，中国能够成为世界级的创新中心，引领下一轮的发展。

中国的众筹之所以如此火爆，是因为众筹是和平主义的，很多基于移动互联社交平台的"众筹空间"，就给年轻人的创业提供了全新的资金渠道。事实说明，众筹可以解放人类的创造力，激发人类自己的好奇心，去建设一个新的社会形态。这无疑是对资本主义模式及竞争生态系统的颠覆与重构。

共享生态系统

国际绿色产业合作组织执行主席胡石英先生在中国民间金融大会上曾经

说："社会主义运动从权力社会主义过渡到普惠大众的社会主义是世界性的趋势。互联网内核的精神就是社会主义价值是吻合的，共享和交融的特征，有利于个体创造力的挖掘，我们应该拥抱互联网，这是时代给予中国的机遇。"普惠式的发展意味着普通的阶层也能够拥有资源要素，而互联网带来的社会形态的颠覆，正在改变每一个人。

中国的"众筹＋"是一种新的社会形态，正是互联网时代开始连接个人和个人之间的技术形态之后，形成的新的社会形态。共享型的社会生态系统将成为人类社会未来的发展趋势。笔者提出"人人都是众筹家"的概念，正是基于众筹是每一个人的生活方式和做事方式。从针头线脑的小事到国际顶级的重资产科学投资项目，众筹都能够发挥其独特的作用。每个人的创造都能够共享出去才能够成就自己，成就人生。越是分享越有价值，这是互联网的逻辑，这和"零和博弈"的游戏规则有着本质的不同。

"众筹＋"组织不是一个封闭的企业，组织的价值是和大家共享的。每一个参与进来的人，其实都能够获得群体的资源，众筹组织的资源不属于众筹领袖，众筹领袖只是公共资源的管理者。人类的组织形态从原始部落开始，部落主就有了支配公共资源的权力，这使得他们逐步开始占据公共资源，变成奴隶主；而众筹组织是信息技术发展到高水平之后，拥有共同价值取向的人的信息部落，部落信息的透明化，使得众筹领袖的私人利益能够曝光在阳光之下，这可以保持公平性。众筹领袖需要接受整个部落群体成员的监督，而不能够为所欲为。限制权力能够保持组织运营的可持续性。

1. 互联网技术打造"信息共产共享主义"

互联网思想家里夫·金在他的《零成本社会》一书中提出，互联网一代人的思维方式开始和他们的父辈不同，父辈的占有性的文化和他们的共享文化之间存在一定的冲突因素。但是分享经济是一种趋势，每一个人的创造共享都能够让其他人收益。

互联网一代年轻人习惯于在网络化合作共享的范围内开展大部分经济生活，就像在市场下一样，彼此在社会经济中沟通交流。他们新发现的开放性推翻了长久以来按照性别、阶级、种族、民族和性取向来区分的壁垒。随着全球网络将每个人联系起来，"同感"文明正在迅速横向扩张。

中国经济发展模式的代价是比较大的，领导人也承认这是不可持续的发展模式。"互联网＋"是中国经济为数不多的活水之一，所以李克强总理对于互联网经济发展模式寄予厚望。他对三大国内互联网基础运营商提出了要降价提速的要求。因为带宽等基础网络技术参数的发展不足正在阻止网络经济的进一步发展。现在人根本就不能够预测带宽达到 1G 甚至 10G 的时候，能够产生什么革命性的应用。但是这种革命性的应用一定能够产生。

带宽这个事情，看起来是个小事情，但却是整个新经济的"牛鼻子"。李克强总理对于此事的关注，做到了一刀精准，抓住了矛盾本质。中国要发展领先的互联网经济，信息基础设施必须首先做到领先应用，用"超级信息基础设施"来推动建立一个领先的经济发展模式。

在互联网思想家里夫·金看来，每一种伟大的经济范式都要具备三个要素：通信媒介、能源和运输机制。每个要素都与其余要素互动，三者成为一个整体。如果没有通信媒介，我们就无法管理经济活动；没有能源，我们就不能生成信息或传输动力；没有运输机制，我们就不能在整个价值链中进行经济活动。总之，这三种操作系统共同构成了经济学家所说的通用技术平台。

过去十多年来，马云、刘强东推动的电子商务模式，推动了中国的物流业和交通运输业的发展。应该说，里夫·金提到的共享经济的三大基础设施，中国已经初步布局完成。里夫·金在与中国国家发改委、能源部、交通部的学术交流中，已经对中国过去对于共享社会的基础设施建设给予了很高的赞誉。第三次工业革命将率先在中国发生，前两次工业革命正是由于通信交通方面的技术革新以及能源结构的变革，使得消费者能够享受到更廉价的能源、产品和服务，从而提高了亿万人的生活水平。在错过了 200 年的几次工业革命之后，中国这一次是主动地和世界齐头并进，并且有意愿在社会信息化方面保持领先地位，中国领导层的开放精神使得里夫·金感到由衷地钦佩。

马化腾的企业腾讯在过去的 10 年时间内都在做一个跟随者的角色，对于基础技术创新和应用创新方面没有表现出全球顶级创新能力。但是微信的发明和应用，以"微信之父"张小龙为代表的互联网才俊将整个社交、连接和商务合并到了一个微信连接器中，这是一个伟大的创新，意味着中国在信息服务社会的方面，已经开始超越。张小龙的很多言论已经足以让他成为世界级的互联网思想家。以前，中国的产业发展一直缺少思想弹药，而现在，以马云、马化腾、雷军、张小龙等为代表的经济思想精英和深具探索精神经济领导人之间的对话，正在对中国的未来产生深远的影响。预计中国的创业环境将会发生根本性的改观。

里夫·金的"产销者"概念其实在国内的一些众筹组织中已经获得了印证。众筹者正在利用微信这样的工具完成新的价值创造，并且以极低成本的运作方式来推进事业。在中国，拥有几百万社群成员的社交组织可以快速搭建起来，这些社群经济如何发展，正在悄悄地改变中国经济的运行模式。

例如，"慕课"（MOOC，Massive Open Online Course）模式已经在国内的移动互联网获得了广泛应用。慕课是一种大规模开放式的网络课程，虽然是网络课堂，但它有规定的上课时间，有规定的名额，有学籍的注册，有作业的布置，有小组的讨论群，有成绩的考核，等等。它与我们线下的课程管理模式类似，只不过打破了地域限制，也是一种趋近于零边际成本的生产方式。因为增加一个远程学习的学生，其实很少会增加原有的总成本，所以慕课的学费从理论上来说会比实体学校的低。如果真能做到低学费，而且所获学分能够得到认证，那么再加上网络课程不受地域限制的优势，慕课的前途无可限量。

国内的一些互联网社群组织和众筹领袖正在使用微信达到建立社群群体，并且通过"网络课堂"这种形式进行众筹模式的推广，这些社群既是一个网络大学的平台，也可以随时提供路演和融资服务，成为企业项目的孵化机构。

中国人正在重新部落化，事业和生活方式都可能在新的社群中完成。比如，中国资源能够在股权众筹这些新的模式中重新组合起来，个人积累的人力资源能够成为众筹组织的共享资源。

在众筹组织中，按照中国知名的自媒体领袖罗振宇的观点：在社群和众筹组织中，人才就和一个自带数据的 U 盘一样，随时能够在新的事业组合和项目组合中，插到一台新的电脑上，完成自己的任务。这既是一种分享，也是个人价值的一种体现形式。信息使用方式的改变也在根本上改变了中国经济本身。

由此可见，互联网技术所产生的价值首先就是"信息共产共享主义"，信息流本身也是财富的一根柱子，信息流动性打破了阶层和"信息精英主义"的特征，为拥有创造力的人开路，同时具有普惠的经济价值和世界观，为弱者争利，为强者铺路，制衡公共管理机构，实现公共管理功能。

2. 众筹在创造共享过程中的价值

众筹不能改变基础的商业逻辑，资源作为商业的重要元素，前提是必须有价值，能够在组合中有新的价值产生，否则，没有任何东西能够救助一个竞争中的落伍者，什么工具都不可能。很多中小企业在面对众筹这个概念的时候，感到莫名的兴奋，以为自己的机会来了，其实，众筹不是什么灵丹妙药。对于真的要在商业上立志于做事业的人来说，真正的"修炼"还是在网络之下，众筹不能化腐朽为神奇，只是一个锦上添花的系统。

"越分享越有价值"的思想没有错，而且会成为未来"共享社会"的分享设施。但是对于个体或者企业来说，只有做到了自己的独特性，才能具有分享价值。如果在一个行业里做得排名靠后，那么能够分享出去的价值是有限的。众筹者提供的资源最好能够具有"第一名"的潜力，这才能够吸纳资源，分享价值。在全球，参与商业众筹的人都会有独特的价值展示，能够脱颖而出的项目大部分都能够超越当下的市场所能够提供的价值。

科技是推动社会进步的根本动力，所以众筹对于新科技的偏好，在全球众筹网站上，都是重要的一块。因为科技是时代的杠杆，现有的成熟资源如果没有科技的引领作用，就很难创造出奇迹。新知识是众筹者能够和大众分享的重要内容，大众能够在参与项目的过程中得益。

众筹模式让深深地潜伏在实验室的科技原创研发者获得了机会，而在这之前，科技研发和应用之间有一道鸿沟。在全球，包括公认的创新能力最好的美国，科技成果向市场应用转化的过程其实也很不顺利，科学家很少能够参与社交，在研发的过程中遇到的困难很难和企业家去分享，成果的市场前景等信息只能等到全部圆满之后再进入商业转化程序。就商业来说，科技和产业之间应该是没有缝隙的，都是"立即马上"地快速度导入才会有意义。众筹模式可以打乱科技实验室的线性的运作程序，一切都是非线性的。众筹组织本来就应该提前和切入到科学家的科研过程中，赞助或者支持科学家获得成果，然后共享价值。

众筹模式让很多传统的做事流程乱套了，但是从资源重构的角度来说，却是一件好事情。

互联网能够连接一切，科技人员也能够站在路演的舞台上，去讲一些对科技未来的看法，企业家可以在台下做听众，这种跨界社交的意义既是一种分享，也可能立即成为新商业价值创造的过程。

"众筹＋"模式的意义在于社会重新部落化以后，对于中国创业环境的改造将是颠覆性的。在这方面，TMT（科技、媒体和通信）企业生态理论创始人邱道勇先生在他的著作《众筹大趋势》中，就提到了众筹模式对于中国社会的改造意义。全球商业人士都很讲究人脉资源在事业中的助力，中国人也都是讲人际关系的，亲疏远近排列得特别清楚，人们倾向于信任和自己亲近的人，而对于比较疏远的弱关系采取防范的态度。事实上，在众筹组织中，众筹领袖作为组织各方群员的"信托方"，能够建立一种公平公正的连接关系。在平台上来往的商业项目，能够做到公开透明。这是平台的价值，也是众筹领袖的领导价值。

共享资源的意义不再是"零和"竞争时代的竞争关系，而是一种从共享到创造的关系，共享创造是下一个时代的主流价值观。在创造共享的过程中，众筹将起到一种核心的组织作用，而众筹将能够孕育并且发育为一个共享型创造的经济资源新形态。

压制自私

自私是经济学内核中的人性因素，也就是说，承认人性自私不是什么可耻的事情，人总要讲真话，敢于面对自己的内心。众筹领袖的内心里有两个利益，一个就是众筹社群的利益，另一个是自己的利益。不承认自己的利益，刻意隐藏自己的利益，乃是不诚实的表现。

众筹领袖和众筹领投人是一场彻彻底底的"真人秀"，我们之所以愿意看真人秀节目，恰恰是因为其中的人物的生活全部暴露在镜头之下的时候，如果这个时间足够长的话，那么这个人的性格和价值观就会完全暴露在公众的视野之下。藏是藏不住的，一个人的自私、暴脾气、不合群、没有责任感、性格坚韧以及一些以前不能碰触的心灵创伤等，这些人性的因素都会展示出来。人们愿意看到人性背后的东西，这些东西被活生生地展示出来的时候，虽然有一丝残酷，但具有可贵的真实性。人们愿意看真实的东西。

众筹领袖是不能玩"商业性政治手腕"的，有时候整个组织的维系靠的就是众筹领袖的人格和个人品牌。说众筹领袖是"平民总统"，因为他必须知道自己的利益边界在哪里。他不能够在帮助协调公共事务的过程中过界捞取自己的一份利益。社群的利益大于他自己的利益，治理好社群的利益，才能够拿回自己的一份利益。

众筹领袖知道自己的价值在哪里，他最可贵的资产就是他的名望，其次才是自己的有形私产。众筹组织的结构关系天然地要求众筹领袖具有压制自己内心私利欲望的能力。领袖必须自律，因为他是公众人物，是众多资源的价值节点，如果做不好这种公平公正的角色，是无法成为众筹领袖的。企业家可以声称自己赢利手段的正当性，因为已经确权的财产就是他自己的。众筹领袖所领导之下的社群不是他自己的私产，这是每一位众筹领袖必须认识到的。连接关系不是附属关系。拥有财产和治理领导 200 万人的社群，这是两件事情，前者是彻底的商业行为，后者既是商业行为，同时也是一种社会事业。

人性中的利己与利他已成为经济学不可回避的问题。人生来就是社会动物，有社会属性，因而既有利己之心也有利他之心，这是人的本性。经济学既讲法律也讲道德。人性的利己位于经济学的最底层，基于数字分析的经济学必须建立在人性的基础之上，这是经济学对人性利己的贬抑、禁止和压制，对人性利他的劝导、鼓励和推广。

1. 利己与利他

自私是社会进步的动力，人们因为自私而利他，这是现代经济学鼻祖亚当·斯密的话，也是其代表作《国富论》对于市场人的根本的人性描述。除却暴力掠夺之外，所有的商业逻辑都致力于价值的交换和交易。想要交易，就要创造价值，商业就是这么简单。一个人之所以穷困，最根本的原因就是自己没有创造价值，没有进场交易的资格。为自己积累价值的过程，就是个人的奋斗因素，也是自私在起作用，让自己更优秀的动机来自创造更大的交换价值。但这仅仅是商业逻辑，不是生活逻辑。

众筹模式基于社交和社群，这是一个由外而内的组织架构，在社群中，最优秀的创造力不是来自社群领袖，而是来自社群中拥有资源的群员。所谓由外而内，实际上是一种彻底的"用户思维"，即从"我要什么"到"我能提供什么价值"，再到"用户有什么样的价值需要我们提供"，虽然看上去只是词句之别，但是会导致完全不同的思维方式和做事方式。

众筹模式中，做事方式是向外观察，在和用户互动的过程中发现那些需求强烈的、用户有痛点而且具有一定消费频率的需求，这样的需求能够用成熟的资源去满足。在满足群员需求的过程中获得自己的私利，这是参与众筹的完整流程。

众筹之外的做事方式，使用什么样的手腕去解决问题，那是个人的能力和谋略。但是在做众筹的时候，这些谋略是用不上的，因为项目在公众面前展开的时候，就需要能够回答众筹参与者的一切问题。透明化的自私行为完全是能够获得公众认可的，一个先期进入项目的众筹领投人理应得到最大一块的利益（风险）。

道德家的说教总是让人生厌，因为道德家在叙说利益的时候往往将美德架空到圣坛之上，脱离生活的本质。事实上，众筹领袖面对利益的时候，不可能无动于衷。但是在利益面前能够按照规则做事的人，才是值得尊敬的，因为他能够维系众筹组织中的信任关系。

在一个组织中，处于相对优势的领导者制定公平公正的规则，为组织创造一个公平公正公开的透明化的环境，这不是在防着别人。处于优势地位的人很容易就可以剥夺别人的利益，领导者制定规则，最主要的就是防范他自己。人在利益面前都不是圣人，事先划定好边界，并且借助信息工具大白于天下，如此，在碰到利益节点的时候，众筹领袖们就能够压制住自己的自私自利的欲望。

2. 众筹领袖的情怀和内驱力

企业家觉得自己存在的价值就在于创造，他们痛苦于简单的重复劳作的经济形态。这是一种人性的偏执，如果我们来审视乔布斯这样的人，他就是为创造而生的，他脾气很坏，下属常被他骂得狗血喷头，他对现状不满意，他要改变现状，任何阻碍他改变现状的行为都是他决意要搬开的石头。创新是乔布斯的内驱力量，这不是自私的问题，而是内心中一种超越现实的力量。他生活简朴，却想创造永恒的经典。

乔布斯是个企业家，不是众筹领袖。全球研究企业家的学者多如牛毛，但是对于众筹组织架构和众筹领袖的研究，笔者是比较早介入的。乔布斯内心的一些东西不是简单的利益堆砌起来的，这是一种内心的力量，可以说是一种内驱力。相比之下，众筹领袖却扮演着另外一个角色——部落联盟的酋长，这是靠情怀在领导的新组织形态。情怀和内驱力是众筹领袖的一体两面，众筹领袖不仅要有企业家自发的内驱创新的力量，也要有为大众服务的情怀。这是笔者在对众多众筹人的角色进行分析后得到的结论。

在众筹组织中，很多建立组织的目标就是建立一种非营利的组织，在全球，至少有1/3的众筹组织都在从事公益活动。这些富具行动力和企业家精神的人，在本质上却在做着对公众有利的事情，而不是一个营利系统。当然，众筹领袖能够鼓动参与公益的人，很多从事公益的人都是社会的领导者，往往具有非常好的经济地位，和他们建立社群，也可以做成营利组织，即企业。非营利组织是一个连接器，而创立企业则是一个自然而然的融合过程。

国内很多众筹组织在做公益的事业，公益是建立优势社群的一种方式。教人行善本来就站在人性的制高点。

在"众筹+"时代，众筹组织模糊了企业和非营利组织的边界，众筹领袖的做事逻辑发生了很大的改变，贪婪和恐惧不再是他们显性的人格体，而是具有内在共享精神的新型的企业家形态。熊彼特认为，企业家从事"创新性的破坏"工作，是为了推动资本主义经济"飞跃式的发展"。彼得·德鲁克被称为"现代管理学之父"，所以他强调企业家应该提升管理水平，"做正确的事"。显然，众筹领袖这种企业家形态，已经超越了熊彼特和德鲁克定义的企业家形态。这个时代需要众筹领袖这种新角色来推动人类文明的进程。

"众筹"已经成为互联网金融领域的一个"一日千里"的绝佳样本。众筹领袖具有打造共享精神的情怀，具有支持社群经济发展的情操，其作用就是引领金融实践，架设资金和创业者之间的桥梁，扮演丰富社会生活、助推社会经济发展的新角色。因此，众筹领袖必须具有公共领袖的特征。

资本家

资本家在东西方都是污名词汇，东西方都接受"历史是由罪恶推动的"这一陈述。对于原始资本主义的黑暗描述，虽然已经经过了100余年，但是人类对于资本竞争的伤痛还是记忆犹新的。全球的近现代战争几乎都是资本战争，全球矛盾都是无产阶层和资产阶层的矛盾，例如在图书的文字描述中，资本赤裸裸的贪婪正不加掩饰地攫取每一分利益。

资本家是金融的人格体。金融这种产业的逻辑，比一般具象的制造业包含更多的智力因素和知识因素，所以谈到金融，那是聪明人的职业，因为大众很难深度理解金融运作的范式。一大堆的金融词汇就足以让一般大众望而却步。对看不懂的事物抱有一种恐惧、害怕的心理，这是人类的普遍心理活动，正所谓"非我族类，其心必异"。大众由于对于金融运作的不理解而产生的恐惧心理，可以倾泻在人身上，所以，金融资本家不会是什么好角色。金融资本家是金融产业的"替罪羊"，这和房产价格高开发商挨骂是一个道理。

善于讲故事的企业家冯仑说我们要知趣，不要和大众的认知来作对，"有钱就是有罪"这种逻辑太简单了，人人都能够理解，所以要配合一下别人的认知。但是对于经济发展的复杂性，很多人是不理解的。"我们是尿壶"就是角度定位。

在谈众筹的时候，我们是绕不开金融的，因为众筹和互联网金融是密不可分的。互联网金融已经介入每一个人的生活，它使得人人都能够做以前只有银行才能够做的工作，"人人都是资本家"的时代来临了。当大众参与众筹的时候，其实在不知不觉中就变成了一个金融投资者，自然而然就会进入金融人的状态，开始设身处地地理解"资本家"的工作状态。有限的金融资本需要投给最具价值的商业事业，这和众筹群体中的每一个个体的行事逻辑是完全一致的。比如，股权众筹行为往往基于线下社群中人与人的深度磨合，然后参与众筹者才会决定是否需要参与到领投人的事业中去。

在投资商业企业的时候，众筹人向投资人角色转变的时候，其心理状态和历史上资本家投资企业的心理状态是一样的。做过投资人的众筹人，也许对于资本家的认识会完全不同。这也印证了互联网的另一个逻辑：做事不要隔岸观火，而要深度参与其中，才能够得到真正的知识，而不仅仅是一个"知道分子"。众筹的价值就是参与其中，并且在实践中体验越来越深刻，最终众筹组织变成一个商业人的"大熔炉"和学校，众筹人最后都能够在实践中变成合格的投资人。

在历史上，资本家是人类社会发展进步的历史产物，对人类社会进步已经发挥过或正在发挥着推动前进的作用。资本也对经济发展具有助推作用，美国最大的资本来源是民众的养老金系统，这些资本的性质远不是人们对于资本的直觉感性描述。那些能够帮助公众理财的金融机构也不是资本家，而是汇聚资本之后所形成的专业金融投资集团。现代金融集团的股权结构很多都已经大众化，他们的股东就是广大股民，"帮助人们理财"已经成为国际投资集团的主要业务。如果从股权确权来说，拥有股票的股民就是"大众资本家"。

众筹在改变着传统的金融服务业，随着金融知识的普及，大众金融就会越过金融机构，大众也能够成为投资者，在投资的过程中，也能够参与到具体的事业中。这是一种趋势。

很多人预测互联网金融要"革"传统金融的"命"，这样的预测为时尚早，职业投资人所拥有的投资经验是一般大众所无法比拟的，在这个比赛专业度的世界里，资本家有他们独特的经济作用，作为资本的调度者，在协助企业家配置市场资源方面处于核心地位。

1. 资本家的作用

"人人都是资本家"只是一个提法，事实上人人成为专业人士才是更加科学的个人成长道路。用当代的眼光去看，资本家也就是金融运作方面的专业人士。在商业的世界里，资本家的工作绩效就是致力于资本的回报最大化。众筹模式在全球得到重视，成为人类面向未来的管理模式的转变方向，这种转变是从信息连接开始的。众多的众筹人士成长为专业的金融投资者，对于中国和很多发展中国家来说，确实是一个福音。

对于任何一个经济体来说，高效的金融体系是经济健康发展的基础。一个国家能否走出"中等收入陷阱"，关键要看这个国家的金融服务能力。低水平的经济发展，不需要什么发达的金融体系。但是经济在发展到一定阶段的时候，金融在经济体中资源配置的角色就会愈加重要，因为创新产业都是建立在未来市场的预测和"赌博"上的，低端的经济发展是循序渐进的，但是创新产业都是跳跃性的、颠覆性的。作为掌控金融运营的资本业者，也就是我们所说的资本家，将在未来产生越来越重要的推动作用。中国也会迎来"大众金融"和"大众资本家"时代，也是金融在中国经济中第一次真正实现资源配置主导的时代。

世界经济史早已经证明，"从商品到货币"不是最惊险的一跃，知识转化为市场资源才是最艰难的环节。通过对资本主义经济的深刻洞察，就会发现，创造超越现实的需求需要长期艰苦的努力，基于知识积累的产业创新从来都是资本喂大的，而不是靠技术家的个人努力。从发现到发明、到实验，再到商品的转化，如果没有富有眼光的资本家的参与，知识就不会成为社会财富。

约在公元前100年，也就是中国的西汉时代，古罗马亚历山大大帝时期的希罗（Hero）就研究了蒸汽的原理，设计了蒸汽装置，即一种沿切线进行喷气的蒸汽发动机。加热的时候，正切方向的排气口将蒸汽排出，于是带动圆形器件转动。希罗写出了自己古代论文《压缩空气的原理和应用》，但是没有什么价值被挖掘出来应用于生产。在当时，由于没有人支持他继续做实验，他的想法仅仅体现在图纸上以及制作成小模型，这些知识没有得到实践验证，就不可能快速迭代再创造。

此后，直到17世纪晚期，技术家才意识到蒸汽压力能够产生动力，当时英国的梅地奇家族企图将这一技术实用化，他们找到了伽利略，伽利略又找到了托利拆利，但都没有成功，都是花出一笔钱就结束了。科学家克里斯蒂安·惠更斯也做过在燃气缸中燃烧火药来产生动力的装置，这是内燃机的模型，也是花了一笔钱做了个实验就结束了。后来，英国人帕潘、托马斯·萨法里等人都做了一些尝试也都失败了，没有进入实用化阶段。

18世纪初，英国工程师纽科门发明的常压蒸汽机是第一种能够进行矿井排水的蒸汽发动机，也是瓦特蒸汽机的前身。这一装置每分钟循环12次，有5.5马力的动力。在此后的几十年内，由于技术能够应用于生产，在30年之内，技术不断进步，该发动机功率达到75马力。这种机器曾经制造了几十台，只和现代一辆小轿车的动力相当，所以根本无法改变工业面貌。到此为止，蒸汽机的原理等知识才都已经齐备了，就差最后进行知识的整合了。

此时，一种新的制度开始推动技术的发展，这就是专利权。这时候，英国青年才俊瓦特开始在蒸汽机领域入场了。他改进了纽科门蒸汽机，但是他当时和前人一样碰到了同样的困难——谁来投资呢？由于没有技术工人，没有足够资金来生产，瓦特和同伴约翰·罗巴克都到了破产的边缘。罗巴克本来也是一个小有成就的资本家，但是钱花光了。瓦特不得不放下手里的研究，接着又等了10年，直到1774年，遇到了大资本家马修·博尔顿。博尔顿为瓦特组建了团队，其中包括善于给大炮钻孔的约翰·威尔金斯。这样保证能够生产高精度的缸体和活塞。从此人类才真正地进入动力时代。

一切具备的时候，技术才能够实用化。而大众记住了瓦特，忘记了博尔顿。实际上，正式的历史答案是：无数的博尔顿才推动了产业革命。如果说企业家是天然能够组织资源的人，那么资本家也是。科技是第一生产力的论断是现代经济中最根本性的正确判断，知识和资源的整合是未来经济的主要突破方向。

在互联网连接一切的当下，金融服务行业的服务能力也遇到了巨大的挑战，传统的资本家面对自己难以理解的新事物的时候，做出的判断也是难以面向未来的。由于知识发生了爆炸性的革命，综合性的金融服务体系让位于垂直型的金融服务体系是一个趋势。

实际上众筹模式的核心价值还是在于人的连接，而众筹领袖类似于"博尔顿"的角色，不是撒芝麻盐一样的推动资源整合，而是一次就为参与众筹的项目提供足够甚至冗余的资源。众筹组织的开放性能够在全球帮助创业者找到短缺的资源，这是众筹领袖的新工作。

2. 民间资本运作

美国最大的资本来源是民众的养老金系统，这些资本的性质远不是人们对于资本的感性描述，大众的资本需要专业机构来代理理财。聚沙成塔，这些大众的金融投资品已经成为全球资本市场的重要力量。可以这样理解，这些养老金的投资公司本质上就是一种制度化的"众筹模式"。资本通过投资全球最优质的公司来保证资本的增值。在这里不要再骂"资本家"，金融机构赚到的钱都是为民众的福祉服务的，他们赚取佣金，这是一个生意。

美国存款利率很低，民众手中的资本就需要通过金融机构进入新经济循环。制度上采取低储蓄率的方式，让资本能够丰裕，从而支持新产业的发展。

美国的养老保险制度分为三个层次：第一层次是社会保障养老保险制度，由政府强制执行；第二层次是由雇主（包括公共部门和民间部门）自主出资的养老金计划；第三层次是个人储蓄养老金计划，即在个人自愿、联邦政府提供税收优惠的情况下，设立养老金账户。

美国大量的养老金计划投资于股票、债券、货币市场、房地产等领域，养老金、共同基金和保险基金已经成为美国资本市场上的三大主要机构投资者。成熟的养老金体系和广阔的投资渠道加大了金融市场的深度，这种机制化的储蓄模式也可以提高企业和金融机构在危机期间的融资能力和抗风险能力，也有助于美国吸引中长期投资和促进经济增长。

和其他国家不一样，美国可以是一个特例，全球优秀的企业集中在美国，美国的资本监管机构的工作是卓有成效的。当然，安然和雷曼兄弟这样的金融企业不是美国金融机构的主流，对公众的欺骗最终也让百年企业跌入尘埃。美国一流的创新企业能够给资本带来稳定的回报，大众投资资本和投资项目是分离的，通过大资本机构将全部的资源都给予了股市。

阿里巴巴在美国上市，投资它的资本依然是美国公众的。当然也有全世界的优质资本的参与，这些资本是跨越国界的，这合乎了互联网时代的做事逻辑，即全球最优质资源的整合。实际上，全球市场中的众筹模式也自然遵循这样的逻辑。

即使没有众筹模式的发展，美国的金融对于资源的配置能力也是全球领先的。华尔街上的年轻精英们有着自己的投资路数。马斯克和彼得·蒂尔这样的创新投资金融家代表了一个流派，以巴菲特为代表的古典金融投资者也算是一个流派，以索罗斯量子基金为代表的（国际游资）对冲基金也是一个流派。这些不同的投资路数，组成了美国金融的"万花筒"。其实，这些金融"大佬"都是在代理大众资本，在为大众争取金融收益，同时自己也获得收益。

中国当代的金融系统是低效的，尤其对于创新的支持是有待加强的。笔者认为这不是当代管理者的错，中国没有什么好的金融传统，这从2000年的经济史数据中是得到验证的。历史是割裂不开的，一个农业国家有着深厚的农业文化，土地被认为是最宝贵的资源。人们对于土地资源的偏好似乎是写在骨子里的，大众对于房地产和不动产的偏好，很可能归根于对土地资源的偏好。笔者的这些观点没有经过严格的学术论证，但是作为一个国人，对于自己内核文化还是有感悟的。

中国在出口纺织品和瓷器方面有着悠久的历史，但是这些工业比例在整个经济中不够高，不足以让近代中国人和欧洲人一样脱离农业生产。羸弱的工业提供不了让产业继续发展的充足资本，一般的金融服务能力都没有建立起来。

通过对唐宋时期和明清时期一些民间借贷问题的研究，笔者发现即使在中国最发达的宋朝，当时世界范围内的古代经济处于最高峰，人均 GDP 冲高到 1000 美元的时候，宋朝的金融都没有起到推进经济发展的作用。以上几个朝代的年和跨季借贷利率基本都在 3 ~ 6 成，而且大量的借贷是按照月息在支付。如此高的借款利率是不可能支持经济发展的。如果有心的话梳理一下中国古代的金融史，那么民间金融基本上就是一部高利贷史。

经济史学家理查德·希拉认为，利息率能够精确地反映一个社会的健康状况。当文明发展到顶峰的时候，利率应该保持在一个较低的水平。比如在公元 1—2 世纪，罗马帝国处于发展的巅峰，年利息率低至 4%，在出现社会危机的情况下，利息率短期会升到 12%。荷兰在 1200 年的利息率是 8%，经济史学家认为当时荷兰的高利贷限制了经济的再循环，束缚了其工商业的发展。

中国当代的民间金融其实沿袭着中国古代的传统，民间借贷的利率非常之高，基本的用款成本年利率应该在 2 ~ 3 成，这在全世界范围内，无论从 2000 年的历史视角来看，还是从横向的利率比较，都处于历史的最高点。民间资本的角色性缺位已经成为中国经济前行中最可怕的"短腿"，如果任由这样的局面发展下去，中国民营经济的整个运营基础环境都可能被高利率破坏掉。

笔者在这里又一次谈到中国的国运，中国人的运气是好的，本来，外资企业使用国际高效的金融体系进入中国，不断利用资本杠杆差就可以攻城略地，国内企业则是使用高利率融资的方式对抗这些国际企业的竞争，但随着人口红利的迅速消失，国内企业的竞争优势消失了。如果中国企业没有补上金融这条"腿"的话，民间创业如果没有低成本的金融支持，那么中国是无法走出"中等收入陷阱"的。

笔者预言：中国的"众筹+"模式是有效遏制中国民间高利贷和影子银行胡乱发展的主要方式。

解放民间资本可以拯救中国经济，这是笔者的观点。中国贵阳众筹交易所创始人、董事长刘文献先生在他的著作《解放众筹》中，提出了相似的观点：借助互联网带来的信息优势，建立有世界级竞争力的互联网金融服务体系。不寄希望于传统银行体系的服务能力的提升，另起炉灶，让互联网金融体系和中国创新经济之间形成紧密的服务关系。激活民间资本，让中国的资本供求关系不再失衡，中国的借贷需要低至5%的低利率水平。

中国政治家一定要以开放的心态对待互联网金融，中国的经济领导人对于中国金融的重构是有远大构想的。在美国《乔布斯法案》推出以后，中国也立即提出对互联网股权众筹方面的政策性支持。放手民间力量提供资本，让民间资本和资本需求方形成平衡的供求关系，这对于中国下一步的创业大潮会起到推动作用。

众筹资本运作，是指通过市场法则，整合、引导社会资本，实现社会资本的合理化流动和高效配置，实现价值增值、效益增长的一种经营方式。其基本形式包含银行存款、贷款，股票、债券发行，信托、风险投资，企业兼并、债务重组、资产整合以及其他各种形式的融资行为等。

在互联网透明监管的条件下，充裕的民间资本会进入各种众筹创业组织，众筹组织不需要集资，既可以让民间金融投资者直接投资项目，而平台也能够提供公平性，这就很好了。民间资本会按照比较效益的原则，像空气一样不断地从效益低的行业和企业流向效益高的行业和企业，及时填补社会生产和服务的空白，并实现最大增值，同时实现整个社会效益的最大化，这也被称为市场经济条件下的要素配置。民间资本实现了这一目标，它就起到了经济社会发展助推引擎的作用，是一种生龙活虎的力量。

中国众筹最大的价值在于它是一个放大镜和聚光灯，它为项目能够带来的不只是投资，还有把产品从小众推向消费级市场所需的资源。往往那些在传统

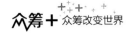

渠道得不到风投或捐助的项目，通过众筹却能大放异彩。我们已经走在具有中国特色的众筹之路上，而且这条路将会越走越宽。通过民间资本运作，大众投资者会成为最大的投资群体，也会在未来的投资比例中占据最大的股份，大众也会成为未来的资本家。

梦想阶层

中国人是比较务实的，这既是一个好事情，也是一个坏事情。在我们的文化中，认为好奇心太强是一种病，显然，这能够保持社会结构的稳定性，能够约束那些离经叛道的年轻人，但是这对于一个国家的创新是不利的。中规中矩是不能够成为领导者的。众筹组织欢迎那些不太务实但是勤奋、按流程行事的人参与到组织中，成为项目的发起人。有梦想的人能够将事业引入人们从未探寻过的领域。当文化能够宽容接纳"离经叛道"者的时候，这个国家才真正做好了冲击世界巅峰的准备。

众筹组织理应是开放的，这种无边界的开放体系能够使得善于梦想的人在组织中聚集。企业家精神是稀缺的资源，这些为创新而生的人，是需要一个支持系统的；而众筹领袖和在其带领之下的众筹社群，也正是为企业家和梦想者服务的。一旦这些梦想者有创造，众筹组织就会立即将他们的作为导入企业的逻辑中，在众筹孵化器中进行孵化。

创新精神不一定就局限在企业家身上，科学人身上的企业家精神照样可以在众筹组织中找到自己的价值定位。创造社会价值的人士不仅仅是企业家，而是具备企业家精神的人。政府里的创新人照样具有企业家精神。正是政治家的企业家精神，才能够推动社会平和但坚定的变革之路。

众筹组织不一定是企业组织，也可能是另外创造社会价值的事业组织。众筹能够承载人类几乎所有的组织行为。具备创新精神的人都能够成为推动价值创造的人。

第一个成功预测了彗星轨道的发现者埃德蒙·哈雷就是一个伟大的梦想者，这个于 1658 年出生在英国的富裕之家，既有着科学精神，也有着一个商人拥有的天赋的人，对于天文学和数学都有无限的热爱。哈雷对于物质重力的思考，迫使他自己去求教当时的数学天才牛顿，因为牛顿能够解决他思考的问题。牛顿告诉他天体运动的轨道是椭圆的，并在他之前的 20 年前就得出了正确的公式。哈雷觉得这样举世瞩目的成果竟然被关在牛顿的抽屉里，这是不应该的，于是他鼓励牛顿将自己著作出版，这本书就是大名鼎鼎的《自然哲学的数学原理》。哈雷甚至资助牛顿图书印刷的费用，哈雷觉得这样的知识应该成为社会财富。

哈雷资助牛顿，不是为了自己的功利，而是出于自己的热爱。1682 年，哈雷发现了一颗彗星，他计算出这颗彗星的椭圆形的轨道运转周期是 76 年。这颗彗星以他的名字来命名。

哈雷的创造热情不仅仅局限于他自己的领域，他还是现代保险业的探索者，有空的时候，他将德国布雷斯劳市收集来的死亡数据制作成了一个保险精算表格，这是保险行业的基本要素。他的精算表促使了新保险行业的产生，对于世界金融史产生了深远的影响。

由于对未知世界的无限好奇心，老年的哈雷建议派一支探险队到太平洋去观测金星的运行轨迹，以计算太阳和地球之间的精确距离。这个时间点是 1761—1769 年，那个时间他知道自己都看不到了。他死后 20 年，英国人詹姆斯·库克承担了老哈雷的任务，成为第一个访问太平洋地区的欧洲人。库克的描述带回欧洲以后，激起了社会更大的好奇心，这事实上引导了欧洲人去发现新大陆。

哈雷这类人其实是一个独立的阶层，我们的社会往往忽视他们的存在，实际上，这些人是天然的领袖。他们能够用梦想引领未来。在特斯拉创始人埃隆·马斯克身上是否也有着和哈雷一样的好奇心元素？

　　众筹组织就是一个亚社会的群体，闻名遐迩的硅谷就是创业者所建立的亚社会的群体，在硅谷，人们羞于创立那种平庸的、仅为了改善自己生活的事情。活着就要改变世界，这种文化在深深地影响着硅谷的创业者。在硅谷，人们不以创业失败为耻，为梦想而踏实地做一些科技玩意的事情，是值得尊敬的。

　　众筹组织的核心其实就是让社会更美好的梦想在起作用。这不是套话、大话，组织使命的高远决定了众筹组织能够走得更远。众筹领袖能够探寻生活本身的意义，这是很多以前的组织形态所不太注重的问题。基于社交形态组合的群体形态需要建立自己的组织文化。

　　人类几百年来的高速发展史是梦想者推动的，表明了人类思维的边界不断被梦想者打破。在互联网时代，由于组织发生了很大的变化，梦想成了组织真正的顶层设计。而对于众筹组织的未来，需要有梦想的团队，更需要具有梦想的人作为领袖。众筹不仅是梦想家的翅膀，而且更能够成为一种场外的普惠的股权和商务的交易系统。

　　在"众筹＋"系统中，让梦想阶层做引领者，这是中国人为世界做出较大贡献的新希望。

　　马云认为，互联网的逻辑不是培养人才，而是直接选择价值观不同的人，直接"下一个"。他说："只要是思想不对的人直接下一个。看不到商机的人直接下一个。我要找到的是合适的人，而不是把谁改变成合适的人。我基本改变不了谁。"

　　在众筹组织中，按照互联网的逻辑，只要做好现成资源的连接就可以了。互联网是不能让人变得更优秀的，优秀的是长期努力的结果。众筹组织同样是不培养人才的，这也是现实。

　　众筹的群员都是拥有自己优势的人，不是若干"臭皮匠"的结合，事实上，三个皮匠在一起还是三个皮匠，这是一个三个人的市场，而不是一个具有优势竞争力的团队。有了领袖的皮匠组织，那才是一个正常的组织。领袖是善于为梦想实现建立制度的人。西方有句谚语："建立制度，繁荣自然会到来。"

众筹领袖扮演的是一个组织者的角色，在这样的组织中，创造是自下而上的，或者是上下互动的，大家都是发动机，在以往的组织中，组织中只有领导者是发动机，其他人都是齿轮。一种自上而下的驱动力，使得组织的管理往往是低效的。人人都是驱动力的组织，一定是需要一个梦想支撑的组织。

在互联网时代之前，做事不太讲求快速推进事业，而是多强调一步一个脚印地稳步推进。而现在，社群化的组织中，所有的人都是带有资源的人，一旦有了工作方向和事业方向以后，组织中的人和资源立即就会变成一个企业，按照一个完整股份制公司的形式来运作项目。众筹组织是不需要太多的控制能力的，前期只是一个人际的连接器，直到将资源导入到企业，才会需要一个完整的团队。

事实上，众筹组织中的人群是没有目标性的，而且是一种多中心的结构，这是进行内部平等交流的基础，团队往往基于一种热爱，而不仅仅是为了功利。碰撞是众筹组织最基本的运动特征，不过在众筹组织中，组织追求的目标不是物理变化，而是化学变化，或者人与人之间的深度融合。

众筹领袖应该保证让团队表现出色。无论是谁，领导者能做的只是通过创造条件来提高团队成功的可能性。在这之中，梦想才是组织团队真正的顶层设计。那些站在高处，敢于担当和描绘愿景的人将能够引领团队的未来。这也从一个侧面反映出组织团队对领袖的渴望，并且这种渴望在世界经济领域具有普遍意义。

众筹只是一种平台，一个让梦想有机会落地的平台。组织领导者要想把梦想或者创业计划付诸实施，重要的是让梦想落地。众筹要让你的项目和营销活动具有趣味性、吸引力、可实现性，以及最重要的，它应该是独一无二的。要让众筹成为一种场外的普惠的股权和商务的交易平台市场，构建金融中心、服务中心、信用中心、信息中心、创新中心、孵化中心，总之要为梦想或者创业提供全方位解决方案。

众筹组织是梦想组织，组织对知识进行融合的能力分清了众筹组织本身的

高下。众筹团队的眼界和开放性是成就众筹组织的核心能力，识别能力决定了众筹组织本身的发展前途。

技术革命

比尔·盖茨最近这几年突然对避孕套来了很大的兴趣，不是他对做爱这件事情突然来了兴趣，作为一个创新企业家，他看到了革命性技术给产业带来了新的革命。现在，石墨烯是一个全世界都在关注的超级新材料。在未来，石墨烯能够用来做成基础的芯片材料，因为这个材料有超高强度，比钢铁强度更高，材料具有单层的原子网状结构，能够做成极薄极薄的材料，而且具有非常高的强度。

本来，比尔·盖茨期望石墨烯技术能够支持一种超级计算——量子计算技术的发展。但是量子计算的实用化还需要一个过程。全球主要的资本机构都在布局这一前沿技术。但是盖茨在对核心材料有了理解之后，他决定在超薄型避孕套技术方面进行一次技术创新，用石墨烯复合材料掀翻以前的技术体系。他的目标是向市场提供 0.01 毫米厚度的无感避孕套，而且具有出色的抗破损能力。

盖茨在做这件事上的思维，不仅体现了技术家的思维，也充分体现了他的企业家的创新整合能力。在全球，性是人类的基础需求之一，人类需要安全可靠的性爱，在产品的使用迫切性、体验和使用频度上均能够形成革命性的用户价值，具有年度 100 亿美元的市场价值，形成数百亿美元的市值的企业品牌也不是不可能。这样的小产品革命，照样能够创造一个不同的未来。

全球艾滋病毒、性疾病病毒、致病菌感染、HPV（人乳头瘤病毒）等危险病毒的肆虐，使得盖茨的技术变得更加具有社会价值，安全的性爱对于全世界都具有公益价值。用最好的技术服务社会，这是金融资本和技术资本服务社会，让社会更加美好的主要例证之一，同时也是知识融合的最佳例证。

知识融合的速度在加速，这一次不是知识创造，融合造就指数式的知识增长，每两个专业知识界限被打通，都可能产生革命性的产业应用。对于技术的进展，可以造就更多的跨界的技术人才，这些人才都可能引领一场技术革命。

盖茨不用走众筹模式，因为他的基金会具有足够强大的资本，足够的全球尖端人才，足够强大的人脉资源，顶级的企业家做的事业的方式和逻辑与一般的众筹组织不同。但是众筹组织的价值也在于能够支持顶级创新，靠的不是盖茨的实力，而是靠资源聚集之后的整体推动能力。对于中国这样的国家来说，民间企业组织能够支持顶级创新，这是一种前所未有的突破。

1. 知识增长促进产业发展

农业时代，土地资源是经济稳定增长的源泉，在大工业时代，对于土地资源的占用就大大减少了，少量的土地也能够发展成为世界级强国，比如当时大英帝国的本土比较小，也能够成为世界级的工业中心。同样的，海尔公司一亩土地能够产生 140 万元人民币的营收，这是农业时代所无法想象的。

知识产业的发展是后工业时代唯一的发展路径，知识创新在新的经济体中占有举足轻重的地位，经济的驱动力有 70% 是由创新驱动的，也就是知识驱动的。知识融合造成的指数式的知识增长在产业上得到广泛的应用，从而促进了产业的发展。

知识产业是后现代经济中唯一能够突破旧范式并且出现奇迹的地方。要想创造奇迹，就要为知识投资。众筹模式就是要为知识投资，这是全世界经济界都需要关注的问题。打造一个伟大的公司，你只需要 55 个人就够了，要知道，美国互联网公司 WhatsApp（一款用于智能手机之间通信的应用程序）的 55 人团队创造市值 190 亿美元的价值，知识团队所具备的威力又是海尔这样的工业型企业要追赶的目标。

对于中国企业来说，很多企业依然在跑马圈地抢资源，一份产出就有一份资源投入，这样的商业逻辑是不对的。工业产品的大量复制模式，在中国也已经被用烂了，中国的纺织品出口利润只有5%，这样的产业利润和农业经济比起来，其实效率也高不了多少。中国的大部分企业还没有意识到知识创新是如何产生超额财富的。这段认知的空白使得人们不愿意做原创的知识创新，而愿意做技术复制。但是众筹组织将改变这样的现状，众筹组织的逻辑和投资银行的内在逻辑是一样的。投资于原创性产业，才能够突破现有市场的限制，这个虽然风险有点大，但是收益也会创造奇迹。

WhatsApp的发展对中国新生代企业家们有什么样的启示？

首先，知识共享是产业发展的基础。现代产业是各种知识的集合，产业发展表现为知识的交流、共享与融合，产业发展就其实质而言是知识的融合。众筹模式如果不玩知识产业，是不能够替代旧模式的。

其次，知识是产业发展的支配性要素。众所周知，事实上知识已经成为现代经济发展的核心，人类已经步入一个以知识的占有配置、生产、分配、使用为重要因素的经济时代。国际上，只有几个国家的人能够意识到知识产业能够引领下一波的产业革命。没有在灵魂深处认识这一问题的国家和企业，把知识创新当成口号和过家家游戏，是无法系统性地落实到实践中去的。作为众筹领袖，需要让"知识颠覆未来"成为中国的社会共识，这是众筹领袖的领导使命之一。

再次，知识要素是产业发展的黏结剂。不论是产业发展的哪一种形式，如产业交叉、产业延伸或产业重组，相对于原产业来说，都发生了较大的变异，从这一点来看，产业发展的本质不同于原有产业的产业创新。在产业发展中，知识要素以技术、信息、经验等形态为不同产业所共享，使产业与产业之间分离的边界通过某种形式连接起来，导致生产要素和生产条件的重新组合，形成新的产业形态。在产业发展的进程中，知识是自始至终起作用的因素，知识是使不同产业连接起来发生产业发展的黏结剂。

最后，产业发展需要知识创新推动。知识创新是知识共享的结果。产业创新形态，必须依靠知识创新来推动，知识创新通过知识共享来激发和完成。在这个过程中，通过产业异质知识的交流、共享从而融合与创新，实现了产业之间的渗透与融合，显然知识融合推动了产业发展。

总之，知识在产业发展中发挥着非常重要的作用，通过知识共享，知识要素物化于具体的产业之中，同时知识融合也是一个知识创新的过程。因此，必须加强知识共享体系的构建，为产业发展提供一个良好的知识共享平台。

2. 跨界技术人才下众筹领袖引领的技术革命

营销很重要，商业模式比营销重要，产品比商业模式更重要，但顶尖人物才是最重要的。企业家是经济发展的核心资源，好的企业需要杰出的跨界人才，众筹领袖本质上就是跨界人才的杰出代表。具备全局管理能力，具备前沿的科技知识，这样的人才应该能够成为新企业的领袖。美国登月计划的总指挥是一名律师，而不是一位航天专家，因为这位律师是杰出的资源整合大师，具有全方位的大系统整合能力，是一名"软科学"专家。

跨界人才是指具有两个以上行业的专业知识，并都能有所精通的跨界型复合职业人才。众筹领袖就是跨界人才，并且是跨界人才中的精英人才。同时，众筹活动参与者中也不乏跨界人才。受众筹概念影响的行业五花八门，众筹需要的资源几乎囊括一切。

无论是电影、出版业、音乐还是慈善活动，众筹让消费者的资金更快速地注入发起的项目中，而在这之中从硬件到软件都需要定制。因此，众筹领袖组织的众筹活动，也就等同于引领一场技术革命。

众筹的价值是能够在前沿知识产品上市之后形成一个实验性的市场，是一种实验室模拟所不能比拟的快速进步的方式，第一批聚集过来的用户，在使用产品的时候，会成为真正的参与者。众筹能弥补项目传统研发中缺掉的一环——产品是否受市场欢迎的试验。这说明，众筹组织形式是目前支持原创性市场创新的最好形式。

以前，研发是在实验室中，现在研发直接面对市场，那些在众筹过程中聚拢过来的人才，为产品提供近乎免费的建议。这些跨界的资源只要和组织内具备高度识别能力的顶尖人才结合起来，就能够不断面向市场创造奇迹。

抛开资金、人力等软性资源，当硬件模型的便利性遇到众筹的魔力，奇妙的化学反应就发生了。传统的硬件研发过程就是"你去创造，它就会问世"。由于将产品推向市场不仅需要研发，而且包括量产能力。所以若想知道你的产品是否受欢迎，先把成千上万的产品搬到货架上再说。有时候产品很赞，但是卖得太慢，还有的时候根本没法满足最低销量标准。这时，众筹领袖就可以组织工程师以低成本的方式建立一个产品模型，他们可以设立众筹项目，查看是否有人喜欢他们的设计。如果众筹项目进展顺利，不仅表明他们的产品有市场，而且为生产制造提供了资金；如果不顺利，他们也可以避免浪费大量时间和金钱在上面。

众筹改变了企业知识创造的过程，学会在研发产品的时候就和用户共创，更重要的是，和同行、和跨界的顶级人才实现共创，这是"众筹＋"模式引领未来的主要方式。

大众领袖

越是纷繁复杂的年代，混乱主导的经济越需要大众领袖。在传统的经济学中，经济人因为自私而利他，而在移动互联网时代，在资源搭建的过程中，社群领袖需要有大众领袖的社会担当。大众领袖因为利他而得益。这是"众筹＋"最底层的运作逻辑。移动互联网时代的组织的转型，对大众领袖提出了新的要求，不仅要懂得领导艺术，更要外向，有激情、有担当。众筹领袖不仅仅是一个企业家，还是一位社会活动家，要能够成为大众的领袖。

1. 大众领袖因为利他而得益

众筹之所以叫众筹，最主要的特征就是面向公众，众筹领袖的特征就是向大众沟通商业价值的可行性，这在本质上扮演的是一个公共沟通协调人的角色。参与众筹就需要给公众不同的东西，这种东西就是著名自媒体人罗振宇说的"产品一定要性感"。其实乔布斯在面对用户的时候，他回过头来对于苹果的员工提出自己的要求："think different"（不同凡想）与"要么杰作，要么狗屎"。

能够为用户提供杰出的产品，这就是众筹领袖应该具备的思维，也是利他思维的一个体现。利他是利己最快的方法，一个利己的人，往往不能得到自己想要的人生；一个利他的人，往往容易得到自己想要的人生，就容易让别人愿意长期与他合作，最后获得最大的成果。

大众领袖通过众筹参与者来完成项目，善于与人团队合作是大众领袖的重要技能，而利他的思维模式才能让团队合作更加和谐有效，打造团队的凝聚力，同时自己也能从中得益。

企业家一般只能够领导企业内部的几十人、几百人，在全球，能领导具备几万人规模的企业的企业家只有极少数。这些顶级企业的企业家往往要向公众负责，非常注重处理好用户关系和公众关系。互联网社交工具兴起之后，一个社群组织往往就能够领导几百万人。

Wehome（我们家）社群创办人、中国知名众筹人刘小华就领导着至少200万人的用户社群。为了支持宁夏农业项目，社群选择了宁夏枸杞项目，让这个产品能够和"老干妈辣酱"一样惠及西部农民。于是他们联合宁夏农业部门，创立"杞美人"这个品牌，在社群中提供优质产品，实现年度一亿元的销售规模。这惠及了大量农民，提高了他们的收入。

社群成为当代最具影响力的营销工具，但是社群是由活生生的人组成的，Wehome社群需要建立起为200万大众互动的能力，让农民受益，让社群人受益。这就需要站在中间，去思考如何平衡，在利他之后，获得回报。

一个对团队共同目标做出最大付出的人，往往是团队中最有威望的人，大众领袖的威望，来自贡献的价值观，也就是利他的思维模式，而不是权谋关系资源，别人会因为你的资源而来，哪天也会因为资源而走。

大众领袖的利他不仅体现在思维模式上，还体现在沟通上，况且众筹活动中的沟通尤为重要；此外，大部分人合作的心态在于我分享出的资源越少越好，拿到别人的资源越多越好，这样的想法是看着资源去交朋友、去合作，很容易引发别人也是这样的心态来合作，这种互相撬资源的做法，双方合作通常是以失败告终，因此失去了朋友也失去了"钱"途。

未来的中国经济属于社群，众筹模式能够引领社群。100 多年前，面对机会的不平等，美国钢铁大王卡耐基就说："我们这个时代的最大问题，就是富人如何和穷人相处成兄弟。"现在，这也成了我们的难题，众筹组织能够在一定程度上解决这样的问题，将穷人组织起来，向他们提供资源，使他们有更好的机会把握未来。

虽然众筹的内核在于让优秀者更优秀，但是对于普通人而言，民众被组织成社群，在社群中还需要找到自己的位置。普通人可以通过自己的社群圈，来代理销售最优质的产品，并且从中得益，而在以前，这样的机会都在商业的渠道霸权中。使互联网和众筹能够让穷人得益，这是众筹领袖的社会责任。

2. 大众领袖的领导艺术

公众领袖都是需要自我宣传的，网络时代是需要连接一切的，大众领袖成为自己的角色，关键就在于他是众多连接的节点。创造更多的连接，就是领袖们要做的事情，这样的事情看起来很小，实际上这就是"众筹＋"模式的核心环节。领袖具有越大的汇聚资源能力，组织就具有越多的资源。

领导公众是需要公共政治艺术的，当然，这不是传统的政治模型，而是一种战略平衡能力，不是传统政治的拉一派打一派，而是聚集一派共享一派，这是"众筹公众政治"的新逻辑。在资源聚集在平台上以后，领导者最重要的能力就是选优的能力。领导者需要大量的支持者，这些支持者能够成为社群中新的资源聚集核心，聚集能够创造，这就是众筹领袖和公共领袖的价值观。

领导艺术是领导者个人素质的综合反映。大众领袖的素质包括远大的理想、异于常人的智慧、超常的适应能力、服务大众的态度和引导舆论的能力。

大众领袖的领导艺术，一个是关于"人"的艺术，另一个是关于"事"的艺术，但有两个原因使得人比事重要。第一，事是人做的。人的问题不解决，事的问题会一再出现。第二，所有的资源都要通过人来发挥作用。如何用好人，除了要端正用人思想，让那些想干事的人有事干，能干事的人干好事外，在用人技巧上还要注意善于用人所长，最大限度地实现优势互补，还应适时调整对人的使用，让他们在更适合自己的发展空间里施展才华。

拉住最优秀的人，把普通人的资源配置给他，这是互联网众筹的核心逻辑，也是"众筹＋"系统的核心逻辑。优秀的人带动大众，而不是继续玩精英间的游戏，这是"众筹＋"组织的使命，也是众筹领袖的社会理想的核心体现。

人又是最复杂、最难领导和管理的。人的复杂性表现在他不是理性的，而是感性的；不是静止的，而是变动的。可以说，众筹活动能否成功，除了项目本身的可行性外，最重要的是大众领袖整合人力资源能力的大小。众筹领袖是精英人才和大众的连接器。

有担当，是大众领袖的可贵品格。作为大众领袖，担当与能力相比，担当更重要、更珍贵，需要能为的敢为，该担的勇担，遇险不畏缩，遇难不后退；应当敢于担当，勇于负责，要以宽阔的视野、宽阔的胸襟、宽阔的思路推进工作，守得住摊、把得住关、盯得住事。

伟大的领导者都有一种激情与使命感。有激情，也是大众领袖的一种可贵品格，包括对工作的激情、对人的激情和对组织目标的激情。富有激情是成为一个真正的大众领袖的先决条件。它为大众领袖提供了坚持目标的动力，建立了一种表达对人们的热爱与关怀的环境，点燃了大众领袖为更伟大的目标而努力的热情。

第二政府：事业体

众筹组织是一种资源不断分化组合的新的组织形态，众筹是基于营利和非营利组织之间的一种模糊状态的组织。人类社会中很少有这种基于梦想和愿望的组织形态，正是得益于互联网这个伟大的社交工具，人性的创造欲望能够在同愿者组织中找到价值，并且成就事业，这在以前是没有的，即使有，也没有机会让全国甚至全世界的同愿者组织起来。众筹社群和众筹组织正在将整个民营经济变成一个大孵化器。众筹组织的社会功能化正在一步步显现出来。

模糊不是一种贬义，而是一种待分化的"干细胞形态"。每一个众筹组织都是一个理论上的孵化器。众筹组织既有企业的功能，也有社会公益组织的一些功能。在传统的经济学中，在非营利的组织中都找不到一个这样的形态。

但是，众筹经济组织和众筹型社会组织很可能就具有"第二政府"的功能。在世界上秩序良好的国家中，政府会让渡一部分权力给社会组织，让社会组织来治理社会和实现自律。

社会组织是非营利的系统，而众筹组织则既有帮助资源连接的作用，也是社交和人际交友的场所，很多众筹组织都将慈善公益作为自己的一项实务，自觉进行公益援助活动，其实这样也是一种公益社交活动。公益归公益，创造归创造，连接人是众筹组织的核心功能。让公众组织起来，这是众筹组织的社会功能，因此，说众筹组织会成为第二政府，这是毫不夸张的说法。政府和众筹领袖之间建立联系，可以跨过无数个层级的官僚系统，而能够直接实现社会治理，这是扁平化时代的政治和管理社会制度创新。现在，技术型社会已经能够做到扁平化政府。一个扁平化治理的国家在社会服务效率上将会有巨大的提升。

1. 众筹组织形态与扁平化政府

众筹是一个自组织的资本市场，它是去中心化的P2P（个人对个人）资本市场。众筹是一个价值发现的过程，无论是众筹一个咖啡馆，众筹一个博物馆，众筹一栋别墅，还是众筹一场论坛，价钱都是通过大家共同议价慢慢形成的，这是一个价值发现的过程，在这个过程中会形成价值的实现。如果说金融监管的最高境界是公开、公正、公平，众筹就实现了最高境界。它是独立、自由、平等、博爱的，价值观是正确的。只有众筹是符合我们的价值观的，符合监管的最高境界，让众筹自我监管。

笔者曾有机会和美国《连线》杂志主编、世界级互联网思想家凯文·凯利进行一次互动对话，他认为社群和众筹组织的变化将迎来政府扁平化的潮流。

2015 年，笔者发起中国众筹节和世界众筹节。关于人类的部落化，在《失控》这本书中，已经准确地说明了一种社会组织形态的发展过程。2015 年 6 月 6 日，通过众筹模式来举办中国众筹节。中国众筹节通过社群放大，最终成为改变社会的力量。

众筹组织是一种以同愿者社区为主要分别的人的聚合体，作为社会组织和经济组织（新企业）的孵化器而存在，它的功能既能够服务社会（公益组织），也能够引导创造，将资源配置给优秀的创业者。这种自组织形态可以成为政府最好的治理助力，众筹领袖能够将民众真正的需求和真正的知识给予政府，协助政府成为知识型政府。

但是，众筹组织服务的细腻性是政府组织所不能比拟的，众筹组织的服务价值能够细化到个人。比如，产品众筹一般都使用"团购＋预购"的形式，通过互联网向民众募集项目资金。股权众筹主要的功能就是融资，你的钱为一些创新型企业、一些中小项目提供启动资金，回报方式为资金发放。现在，众筹已经不单纯是指商业项目，有时候一场旅行、一个公益活动，都可能通过众筹方式获得资金，当然，回报可能就不一定是资金，有可能是旅行的照片或者开发的新产品。

政府和众筹组织之间的合作模式，很可能带动一场社会变革。精确治理型的政府将在未来出现，这些变革很可能会在中国的某些发达经济区域中产生。这也是一些发展中国家实现社会高效治理的机会。扁平化政府和高度自治的市场相结合，能够推动一场深刻的社会变革。

2."第二政府"的功能

所谓"第二政府"的功能，就是政府会让渡一部分权力给社会组织，让社会组织来治理社会和实现自律。政府确立一个国家的钢铁架构，一些细腻的服务社会的具体服务则能够让渡给社会组织。人类处于一种知识大爆炸的时代，每一个社会治理都包含了更多的知识因素。这种变化在倒逼政府转型，回到自己最擅长的维护社会公平公正的领域，以及使用强力部门对于公平公正的维护。

社群组织是互联网时代的新的民间组织形态，这样的社群通过互联网信息连接在一起，众筹组织是社群组织的主要功能价值，众筹领袖既能够领导众筹组织，同时也在领导社群大众。从现在国内外的社群经济的发展模式来看，由于中国微信等社交连接器的超前布局，中国在社群建设方面一开始就有了超越的可能性，体现了社群组织基于人的关系结构的整合和贯通。

社群组织有四大功能，即整合、协调、维护利益和实现目标的功能。

第一是整合功能。所谓整合，是指调整对象中不同构成要素之间的关系，使之达到有序化、统一化、整体化的过程。具体表现在组织的各种规章制度（包括有形的、无形的）对组织成员的约束，从而使组织成员的活动互相配合、步调一致。通过组织整合，一方面可以使组织成员的活动由无序状态变为有序状态，另一方面又可以把分散的个体黏合为一个新的强大的集体，把有限的个体力量变为强大的集体合力。这种合力不是"1+1=2"，而是"1+1>2"。显然组织整合功能的有效发挥有利于组织目标的实现。

第二是协调功能。组织内部各职能部门、各组织成员尽管都要服从组织的统一要求，但是，由于他们各自的目标、需要、利益等方面得以实现或满足的程度和方式存在着事实上的差异性，因此，组织成员之间或组织的各职能部门之间必然存在一些矛盾和冲突。这就需要组织充分发挥协调功能，调节和化解各种冲突和矛盾以保持组织成员的密切合作，这是组织目标得以实现的必要条件。

第三是维护利益的功能。社会组织是基于一定的利益需要而产生的，不同的组织是人们利益分化的结果。组织利益与个人利益息息相关，正所谓"一荣俱荣，一损俱损"。维护利益功能的有效发挥能充分调动组织成员的积极性、主动性和创造性，提高组织的凝聚力，增强组织成员的向心力，从而顺利高效地实现组织目标。

第四是实现目标的功能。组织目标的实现要依靠组织成员的统一力量，而这种统一力量的形成，需要组织整合和协调功能的有效发挥作为基础，以利益功能为动力，从而使组织达标功能得以充分发挥。各种社会组织都是社会大系统的一个分子，因此，达标功能就既包括实现组织自身目标，同时也包括实现社会大目标。

当然，以上述及的四种功能并不是相互割裂的，而是作为一个系统发挥其作用。值得注意的是，组织功能的正常发挥，要以健全的组织构成要素为基础。因此，加强组织自身建设，是充分发挥组织功能的基本前提。

面对众筹这种新社会组织的出现和发展，政府要从小心翼翼的管制转变为大胆的培育，这是社会组织运行的轨迹，是社会发展的必然。一是要以政府转型为契机，将可由社会组织承担的具体社会事务、微观经济调节职能以及专业服务职能归还、转移或委托给具有相应能力的众筹组织承担，尽快把某些公益性、服务性、社会性的公共服务职能转给具备条件的众筹组织；二是尽快开辟社会组织管理登记"绿色通道"，建立敏捷高效的服务平台和培育机制，并建立众筹组织的诚信标准、评估机制，强化监督管理职能，使众筹组织步入健康发展轨道；三是通过财政补贴、购买服务等，破解众筹组织的发展瓶颈。

众筹社会组织使人实现了兴趣、价值观、年龄、性别、区域的细分、聚合。在当前的商业实践中，众筹成为一种创业、融资、推广的新形式。一个创意、一个产品、一家咖啡馆，都可以通过这种形式与无限广泛的人们达成一种合作关系，来进行对它的赞赏和参与。商业的实践往往是一种社会政治管理思维的启蒙。从这个意义上来说，众筹本身就是一种政治，基于万人互联到万物互联的发展，高度集权将在未来走向碎片化，众筹也就将成为公共管理的核心。未来，所有的社会服务组织都会采取众筹的形式。

用户即选民

　　社群和众筹组织中的人是多元的，不是一个用契约实现的组织形态，这样的组织形态有自己的优势，也有自己的劣势。和以往的企业组织不一样，众筹组织的边界是开放和模糊的。这种模糊性带来了资源和知识的分化重组，以及最重要的人的组合。众筹带来的组织类似于广场，不断有人进入广场，也有人走出广场，人是否愿意留下来，最重要的一点，就是那些站在舞台上的演讲者是否能够给予一个激动人心的愿景。

　　众筹和传统资本市场的根本区别在于，资本有资本的逻辑，都是钱在自己玩，让金钱进入增值的流程，但众筹一定是众筹人自己参与的，众筹的核心是互动，是彼此真实的表达。"链接、互动、解构、共创"成为众筹组织的核心的发展流程，共创不是一个终点，而是一个起点。

1. 众筹组织是人的组合

　　中国式众筹最关键的不是筹到钱，而是筹对人，是人的合理组合，其核心就是选好股东。选择股东一定要有清楚的定位，筛选要非常严格。在项目可行的情况下，如果选股东足够严格，项目就一定会成功。

　　对于具体项目而言，股东和功能定位不清晰，你会发现来的人非常杂，一二十个人的时候还不会感觉有什么问题，五六十人的时候，问题就暴露出来了。粗看每个人都应该加入进来，仔细一看，每个人都不应该加入进来，后面都不知道该去找谁加入。所以如果定位不清晰的话，后面的难度会特别大。这就是为什么很多人刚开始找一二十个股东特别容易，到五六十人以后就在到处找人要钱了。

众筹组织由于寄托了参与者的梦想，所以人能够精诚合作。项目一开始大家处于亢奋期，好比热恋，只看到彼此好的一面，没看到坏的一面，对远景没概念。所以一定要想清楚问题，这个项目三五年之后，这些出资人会得到什么好处，他们为什么还要来。如果这个问题不想明白就干，一定会关门。

1898 咖啡馆定位非常明确，叫北大创业校友之家，定位是服务北大的创业校友。第一批股东，基本上都是比较厉害的北大创业校友。2014 年春节之后，位于金融街的金融客咖啡馆开始筹备。金融客咖啡馆的定位是金融界精英社交网络和思想互动平台，股东是金融圈比较主流的人士。因为特殊商圈及行业人群定位，募集金额较高，第一批 100 人，每人 30 万元；第二批 100 人，每人 50 万元，还有部分机构会员的钱，加起来差不多有 1 亿元。事实证明，只要核心股东和功能定位想清楚，募集资金就会相对顺风顺水。

2. 从用户到选民

众筹组织一定深度嵌入用户的生活当中去，用户和众筹组织，以及众筹组织孵化的企业的关系，不是简单的买卖关系，而是在深度互动之后，用户做出的选择，这个选择不仅仅是顾客，而是选民，企业的营销行为越来越像一次总统选举，为获取支持者付出的努力一刻也不会停止。企业领袖和众筹领袖直接和用户进行连续的对话，以期获得用户的继续追随。

企业维护企业之外战略资产（用户群）的努力越来越类似于经营一个政党，这不是什么奇怪的事情，领导公众的逻辑和政党之间有很多运营方式重叠的地方。企业需要适应这样的环境变迁。

从 C2C（个人对个人的电子商务模式）、B2B（企业对企业的电子商务模式）到 B2C（企业对个人的电子商务模式），从团购到团订，从众包到众筹，基于互联网的商业模式可谓层出不穷。变化主要在于商品和信息在买卖双方之间的流动方式，流动的拓扑结构被改变了，特别是消除了大量中间环节，而在新近出现的众包和众筹中，更深刻的改变出现了。总之，参与者的角色正在发生变化，不同角色之间的边界开始模糊起来了。

众筹组织设计出项目，聚合必要的资源，大家盈亏公担。在这一过程中，一方面，每个参与者都是用户，有参与和不参与的权利，同时又都是选民，有对众筹组织的所有事宜发表意见甚至否决的权利。另一方面，每个参与者各自扮演着不同角色，执行上述过程的若干项功能，并从中获得回报。这些回报包括：（1）创造某种东西所带来的成就感；（2）参与某个创造过程的满足感；（3）看到某种东西被创造出来的满足感；（4）看到某人获得创造成就的满足感；（5）享受被创造出来的东西；（6）知道某种东西在被人消费的满足感；（7）看到某人享受某种东西的满足感；（8）获取红利。

在上述分析中，通常只有（5）、（8）项得到考虑，但实际上其余各项也在起着不可忽视的作用，忽视它们就难以识别和理解某些角色的行为。比如慈善家，他们的满足来自看到某种商品被某些他们希望帮助的人消费（6），而不是自己消费（5）；再比如某位父亲，他的满足来自看到儿子在创造神奇的东西（2），但他可能并不理解那到底是什么，也说不上喜欢；又如某位母亲，她的满足来自看到儿子在开心地玩着某种玩具（7），即便她看不出那有什么好玩。

众筹这样的新模式，将打破职业身份的界线，让参与者可以更灵活地参与不同的事业，形成前所未有的新型搭配，或许还会创造出一些新角色。比如，你不必成为职业投资家，也可以为你乐见其成的项目提供一小笔投资；你不必成为企业的雇员，也可以为自己所从事的事业出一份力，参与完成其中的一小部分工作；你甚至可以仅仅构思、描述和发起一个项目，而让其他更有精力和经验的人去完成后续实现过程，或者你只是扮演项目布道者的角色，凭借你的表达能力和号召力去招募参与者。

实际上，在传统模式中，也有一些生产消费活动的角色搭配是比较特别的，比如有些蔬菜合作社，每位入股者分得一块地，不必自己种，有雇员代为打理，股东回报就是这块地里产出的蔬菜；再如几个家庭的烧烤聚餐，各带食料，共同加工，将生产和消费组合在了一起，其回报几乎囊括了从（1）到（6）的全部。由于社交网络能够在庞大人群中找出志趣相投的少数，有着可信的提前意愿表达机制（当然还需要借助支付工具）和高效率的协调组织手段，因而众筹模式下的角色搭配将更为灵活。

价值观重构

所谓价值观重构，实际上就是用一种比较简单直接的方式去解决问题的方法，而不是使用让社会复杂化的方式来做事，比如不正当竞争和行贿行为。透明的经济行为中，社会经济中的人不仅要用自然语言说话，也要用量化的技术语言和数学语言说话，做到货真价实的最基本、最简单的商业逻辑。在移动互联时代，由于有众筹这样的工具，人们的冒险精神会受到鼓励，这种"勇敢经济"将重构世界经济。对于已经发生阶层固化的国家和地区来说，创业家的热情其实是活力经济的基本保证。

在中国，创业者往往带有更多的感性而系统性和理性不足，缺少和用户进行共创和共享的经验。中国人特别强调个人的血亲人脉，而很少具有直接面对用户的勇气，有事找关系还是一部分创业者的思维，这种价值观加重了一些社会低端阶层的挫败感。中国人至今还是处于在一种深厚的宗亲文化圈之中，个人的奋斗，往往离不开血缘强关系的连接和支持，而众筹组织则打破了这一宗亲圈子，一个出身普通的年轻人，能够利用社交工具和任何资源拥有者对话，前提是拥有足够的优势知识。以前，弱关系连接没有多大的价值，在今天，弱关系在众筹组织中，能够快速转变为强关系。依靠血亲家族的时代已经过去。

知识成为打破阶层界限的最主要的依托，这对于中国的创业者来说，读书无用论和知识有用论之间可能在未来数年之内见分晓。这是对价值观的一次冲击。基于知识的实干能力和拥有梦想是主流价值观，一旦付诸实施，就会对价值观进行重构。众筹正在全球掀起一场创意风暴，为那些怀揣理想的创业者搭建一条通往成功的桥梁。

1. 国外的例子

最初，众筹只是一种为艺术家筹集资金的方式。得益于 Facebook（美国的一个社交网站）和 Twitter（美国的一个社交网络及微博客服务网站）这类社交媒体的普及，众筹已经从艺术界扩展到商业界，从产品回报发展到分红回报，其性质已经不仅仅是单纯的支持理想了。

2012 年 10 月，美国众筹业内资深人士露丝·赫奇斯（Ruth Hedges）创办了第一届"年度全球众筹会议与培训"。大会的初衷是帮助新一代创新型企业融资，形式类似于众筹国际展会，首次采用现场展示的方式推介众筹产品：与会人员只要走近展台，都能当场参与以捐赠和报酬为基础的众筹活动。大会的范围非常广泛，包括股权众筹和回报型众筹，涉及的领域包括科技、电影、时尚、游戏、房地产、图书等，参与的项目不仅来自美国各州，还有来自荷兰、秘鲁、澳大利亚、新加坡、加拿大、英国、意大利、以色列、西班牙、澳大利亚和新西兰的创意。"创业是一种冒险，"Ruth Hedges 说，"我眼中最好的创业故事就是我自己的故事，没办法细述，我想告诉创业者们，不要等待，马上学习并做好准备。"

Ruth Hedges 介绍，《创业企业融资法案》对发起人的准入门槛设定把很多人都排除在外，而且，大部分人在没有指导的情况下难以完成整个众筹程序。因此，她认为，一个公开的交流平台能够帮助创业者学习众筹，也能促进行业的发展。地球上生活着 70 亿人，这是一个很好的机会帮助这些人知道如何使用众筹。意识到企业、经济和社会目前正在进行着巨大的变革，我们想要创造一种方式，将重点放在如何拓展新的众筹模型，怎样把众筹发展为一个持续的协作过程。

以回报为基础的众筹在美国获得了巨大的成功，显示出公众渴望通过购买产品或者捐资的形式来支持创新。2014 年上半年，美国国内众筹模式共发生募资案例近 5600 起，参与众筹投资人数近 281 万人，拟募资金额共 10426.99 万美元，实际募资金额 21508.61 万美元，募资成功率为 206.28%。这就是众筹的魅力。

2. 国内的例子

众筹是一场刚刚开幕的金融革新，它会打乱传统的初始资募集金渠道。张先生通过美国的 ProFounder（众筹平台名称）平台创建了"克莱叔叔之家"项目，他向 75 位朋友和客户进行了项目推介，其中 19 人共为他投资了 5.4 万美元，他准备在未来 4 年用 2% 的利润回报投资者。张先生对众筹成果很满意，紧接着进行新一轮众筹，继续筹资 6 万美元。

位于杭州清河坊古城街区的杭州景像精品酒店在爱创业网站上完成了自己的股权众筹之旅。所谓酒店众筹，是指出资人用相对小额的资金购买酒店项目的股权，然后再根据各自融资额的大小按比例分成，获得分红回报。景像酒店其实当时已经成立了 3 年，因为要筹建一座新的酒店，需要资金，所以利用原有酒店做众筹融资。此次众筹共筹集到 100 多万元的资金，新增了近 20 个股东。景像酒店给股东的回报是，每年一定数额的免费住宿券，以及一定比例的现金分红。景像酒店最成功的地方在于找到的这些新股东对公司的发展很有帮助。新股东的素质高，对品牌宣传有很大帮助。比如说，新股东到酒店试住，给酒店写评价、建议，能帮助酒店不断完善。有一个新股东是烘焙师，他自己有时会举办现场活动，他把活动地点定在了酒店，并举办了手工月饼的活动。另外，股东们在他们的社交平台上发布关于酒店的信息，比如在微信朋友圈、微博上，也能提高酒店

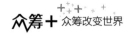

的知名度，起到宣传的作用。有的股东有专业技能，如网站设计，也能为酒店出力。相对于资金上的帮助，新股东对公司的帮助更多的是在品牌建设与推广上。在众筹网站上招募的这段时间内，该酒店的知名度有了一个飞跃。

股权众筹的过程是，平台网站与发起人商谈方案后项目上线。之后，发起人通过电话、微信等形式回答意向投资人的发问，然后组织投资人进行实地考察。开始投资之后，以某个投资人的名义开设一个公共账户，全部资金都存入这个账户中。众多股东联合成立一家合股公司，通过这个公司给项目进行投资。线上的操作其实只是万里长征的第一步，更难的还在后面。创建新公司需要所有股东的身份证原件和签字，而这些股东来自大江南北，基本不可能在同一时间聚集一起。所以，线下的工作往往需要更长的时间。杭州景像精品酒店创始人之一陈建红认为，如果是一家急需资金的项目，进行股份众筹的意义不大。

据有关统计结果表明，2014 年上半年，中国股权类众筹融资需求近 20.36 亿元，但实际募集金额仅 1.56 亿元，市场资金供给规模仅占资金需求的 7.64%。可见，从出资人角度出发，即使是没有经验的普通人，在投资的时候也非常谨慎，众筹还不是一个让人放心的方式。

上述类似的案例还有更多，每天都在全球各地发生着。事实说明，保守的经济形态开不出创新之花。人们尊重实干和拥有梦想的人。一旦社会出现这样的主流价值观，一切都会改变，一切都会变好。

容错和风险

在经济和社会生活中，容错是一种文化，接受风险也是一种文化。容错和风险需要成为"众筹+组织"的一种最底层的文化，如此才能够实现"一个社群一个硅谷"的勇于探索的社区。未来会有一些高风险和高失败率的世界性的众筹组织，这些组织会对艾滋攻克、癌症攻克和人类永生等技术工程进行投资，这些会成为拥有巨额资源的人的新游戏。世界上的每一个人都可以参与这样的历史进程中。这种冒险行为，会激发全社会成员开疆拓土的精神。

1. 硅谷社群及其文化

创新的本质是容忍失败。从简单的逻辑来看，创新就是做别人没有做过的事情。它的潜台词是什么？别人为什么不做？如果这样做有很多好处，大家一定都会去做，所以一定是因为这样做很容易输，很容易失败。因此，"创新"背后的第一个词就是有很高的风险。无论是在硅谷，还是其他地方，公司要想生存下去，就必须有所突破，有所创新。而对整个社会来说，要鼓励创新，其中最重要的就是要容忍创新所带来的后果，也就是说容忍失败，因为绝大部分的创新都是失败的。只有这样，创新才能持续。

在硅谷，失败文化盛行已久。失败的创业者们不再需要躲起来独自舔舐伤口，也不需要对自己的失败经历遮遮掩掩，耿耿于怀。相反，有意义的失败在这里被推崇、被追捧，创业者们纷纷在公开场合分享自己的失败经历，以及从这些经历中学到的宝贵经验。我们来看看 Everpix（一个在线照片聚合平台）和 Wesabe（一个在线理财平台）的故事。

　　Everpix 被誉为"最佳大量图片储存方案之一"，主要创办人是法国人拉图尔。拉图尔与他的团队花了近一年半的时间完善 Everpix，到了 2013 年 3 月他们终于推出自己满意的 1.0 版本。两年来媒体对他们的喜爱也一直持续，媒体上几乎每两三个月就会出现一篇 Everpix 的报道。Everpix 一出发就拿到了 500 Startups（硅谷知名孵化器）的 5 万美元投资。紧接着在 TC Disrupt（一家名为 TechCrunch 的科技类博客网站举办的线下活动）一鸣惊人后，很快又拿到了 Index Ventures（一家著名风投机构）领投的

180 万美元大型种子轮资金。这些钱足够支持团队运行两年。

Everpix 采用 Freemium（用免费服务吸引用户，然后通过增值服务，将部分免费用户转化为收费用户）的收费模式，免费用户可以看到过去 1 年份的相片，如果想要看到所有照片则需付 49 美金年费。两年下来累积了 5.5 万个会员，其中 6800 个转换成付费用户，Free – to – Paid（免费—收费）转换率高达 12.4%，这比起一般游戏 1%~5% 的转换率，或是 Evernote（印象笔记）的 6% 转换率都还要高上许多。

糟糕的是，180 万美元的启动资金几乎全都投入到产品上，没有给营销推广留下几个钱。在其他图像服务获得上百万用户的时候，Everpix 的用户量还不到 19000。随后 Everpix 走向崩坏。

2015 年，拉图尔开始一一拜见硅谷创投。由于 Everpix 团队大有来头，又得到 Index Ventures 的支持，几乎所有创投都愿意接见他们。问题是拉图尔跑了一圈，居然没有任何创投愿意投资，最后甚至连 Index Ventures 自己也不愿意继续加码。

由于银行账户即将见底，他们紧急与买主接洽，试图把公司卖掉。但这时无论是 Facebook、Dropbox（一款网络文件同步工具）等这些两年前兴趣高昂的买家，现在也失去了动机。最终他们与 Path（一个私人图片分享应用）达成了初步协议，但就在签约的前一刻，Path 也收回了他们的 Offer（出价）。一天之后，Path 宣布裁员 20%。这时 Everpix 耗尽了所有的选项与资金，面对即将收到的 AWS（亚马逊云服务）3.5 万美元账单，他们只能宣布破产倒闭。

Everpix 由于在资本市场上遭遇滑铁卢而关门，说来令人扼腕。一个旁观者清的创业者，应该从中看到创投、市场、赢利模式多个方面的经验教训。

Wesabe 也是硅谷的一家知名公司，创立于 2006 年，是一家提供财务管理服务的美国互联网公司，主要技术为运用电脑科技分析用户的财务资料，并借此提供适当的理财建议。事实上，Wesabe 一直被公认为市场的领先者。一直到 2007 年 9 月，Mint（一家个人财务管理软件提供商）赢得 TechCrunch40（著名科技类博客网站 TechCrunch 主办的研讨会）冠军之后，形势才被逆转，两年后 Mint 风光地以 1.7 亿美元被 Intuit（财捷集团）收购，对比 Wesabe 被迫关站倒闭的结果，实在令人不胜唏嘘。

事出必有因，作为市场先行者、原本形势大好的 Wesabe 为什么会败给后起之秀 Mint？一是 Wesabe 的团队意见太过单一，二是 Wesabe 放弃使用 Yodlee（一家银行财务软件开发公司），选择自己开发系统，也是错误的决定。其他可能致命的原因有很多，比如，Wesabe 这名字太烂了，根本不知道怎么发音，听起来很像"芥末"的日语发音，甚至连 logo（商标）都是绿色的。再比如，Wesabe 对于保护用户隐私权益简直到了狂热的程度，Wesabe 的团队花了非常多的时间在保护用户隐私上，这或多或少分散了团队改善使用者体验的注意力。举例来说，一开始开发取代 Yodlee 的系统时，为了让使用者的银行账户资讯存留在本机上，他们开发了需额外下载的程序而非将服务运行在 WebApp（基于互联网的系统和应用）上，这无疑降低了使用者体验。虽然他们保护用户隐私不遗余力，不过很可惜大部分的使用者对自己的隐私不是很在意。在创业场上，让用户越早对你的产品感到满意，就越可能击败对手，在这一点上，Wesabe 彻底地输给了 Mint，虽然 Wesabe 所做的事情都很棒——不依靠单一服务提供者、保护用户隐私、提供有效的工具等，但如果这些会导致你的产品更加复杂而难以使用，做这些其实意义并不大。

Wesabe 的故事告诉我们，在这个用户体验至上的时代，尽快地在使用者体验上击败对手（而且要专注在"显而易见"的使用者体验），才是制胜的关键，任何合理但会降低使用者体验的决策，都可能会为对手制造超越你的机会，不可不慎。

在硅谷，并不是每个项目都能够配伍到合适的资源。以下五个方面是硅谷投资人评估投资对象的重要标准，当然，不同投资人的侧重点会略有不同。

一是CEO（首席执行官）。对于一个公司而言，CEO是灵魂，他更像是一个重要部门，而非仅是公司的一员，CEO把握着公司重大事情的决策，这直接影响着公司的发展，其个人的价值观和做事风格也会潜移默化地渗透到公司各个角落，从而对公司理念和员工行为产生影响，所以对于一个公司而言CEO十分重要。例如，是否拥有乔布斯，苹果公司完全不同，正像苹果公司的logo一样，它永远不是一个完整的苹果，乔布斯就是那缺失的部分，苹果公司加上乔布斯才是一个完整的苹果。

二是商业模式。在互联网泡沫破灭前的一段时间，投资人几乎不看商业模式，只要企业是基于互联网的，投资人就会投资，但是，那样的时代已经一去不复返，每个企业对自己的商业模式都必须了如指掌，对于如何一步步地赚钱要有非常清晰的规划，并且能让投资人很清晰地了解这些规划，因为风险投资正变得越来越谨慎，而且倾向于减少对单家公司的投资额，许多初创公司的估值都在下降。笔者看到的数据是硅谷风险投资家们在2013年第二季度仅投资了大约26亿美元，创下自2009年以来的最低纪录。

三是团队。创业公司需要有一个成熟的团队，这个团队在产品、技术、市场、商务拓展和人力等方面都能够展现自己的能力并有极强的进取心。当然，绝大多数创业公司在早期阶段都不可能拥有全部专业领域的人才，但是，产品和技术方面的实力必须具备，公司要想成功，最好还是要拥有一个由各个核心领域的人才组成的强大团队。

四是技术。虽然技术是公司重要的组成部分，但是技术本身并不能使公司成功，一个好的技术团队确实能为公司创造最初的竞争优势，帮助公司在早期阶段成功，在公司发展过程中，技术团队也能通过提供更加优秀的技术，为公司打造一个强大的产品，形成公司独特的竞争优势；然而，有必要意识到的是，技术只是公司的一部分，处在执行层面，所以我们看到有非常多的技术高手能写出令人惊叹的程序，但没法创立一个公司。对于创业公司而言，还有许多更加重要的因素，正如前文所述。

五是产品理念。在创业公司，有一个伟大的产品创意并不意味着有了一切，因为没有创业公司能靠最初的创意而成功，产品方向、理念不断变化和调整的原因太多了，诸如用户反馈、商业模式、市场竞争格局等，是团队、CEO通过不断地对最初的产品创意做改进、创新，不断适应新的市场需求，才能将一个产品做成功，一个成功的产品是不断变化的。在竞争激烈的行业中，尤其是互联网行业，没有一个一成不变的产品能够成功。

此外，创业者要做好充分的心理准备，风险投资在投资决策过程中，可能存在大量的"怀疑"和"担忧"，如果投资人的担忧都是短期的，企业家就不要担心，更不能放弃，只要一个公司长期的方向是正确的，公司的CEO、团队、商业模式都是值得称道的，长期导向的投资人会看得更远，那么他将把钱投给你。对任何创业公司而言，好的长期导向的投资人是公司成功的重要因素之一。

2. 全球众筹社区的容错和风险

德鲁克在《创新和企业家精神》一书中说，由企业家操纵的商业项目理论上是风险最小的，而不是风险最大的，否则这就不会体现出企业家的价值。在当下的中国，由于巨大的人口优势和单一的语言系统，一个企业完成几万甚至几十万人的社群聚集不是什么困难的事情，但是这些社群是不是都值得资本去关注呢，这又得回到产品和服务价值本身，因为仅仅能够聚集社群并不代表就具有商业能力。

对于如何防范风险，德鲁克认为，在企业界，防守是最大的风险，也就是什么都不做，失败是商业探索必须付出的代价。众筹参与者承认众筹模式的风险性，这不是游戏，股权众筹这样的模式一样是有风险的，国内有将众筹娱乐化的短期趋向，这是非常不专业的行为。众筹项目允许犯错，但是依然需要规避风险，众筹领袖需要对参与者负责。

众筹模式是能够最大限度地规避风险的，因为众筹模式在一开始都是公众参与进去的，直接面向用户的项目，一般都不会牵扯到重资产投资。对于一些初创具有巨大成长性的项目，以前这样的原始投资机会都属于少数大型风险投资商，但现在小型的众筹组织也能够组织起最初的资源来投资于未来的马化腾、马云和扎克伯格，小资产也能够获得超额的成长机会。

对于领投人来说，他必须诚实地面对风险，参与者允许领投人对于项目投资的失误，这和风险资本具有一样的投资逻辑。但是，领投人不能使项目方形成一种类似于股市中的"老鼠仓"的行为以及其他关联行为，这种欺骗行为在众筹模式是不允许的。资方需要有自己明确的立场。

众筹组织在投资项目的过程中，需要将信息毫无保留地分享给参与者，而不是截留信息。项目的风险需要全面地展现在参与者面前，而不能经过刻意的包装。实际上，经验丰富的领投人需要用自己的学识在社群中不断地分享自己的判断心得，这种过程经过分析透彻以后，理性的跟投者需要自己来决断。一个人不能够为别人作出决断，这其实也是众筹领投人的原则，这和资本代理是明显不同的。

互联网金融的本质上还是尽量绕过投资代理人，而让投资人直接投资项目，成为项目的股东，这种民间金融的发展，将为中小企业市场提供充分的资本和智力资本。智力因素在众筹模式中也是一种重要的参与方式，每个参与的智力资源均能够为项目的进展提供资源支持和预警，从而减小众筹风险，学习投资经验，让中国社会顺利进入大众投资人时代。

财富观重构

国际绿色产业合作组织执行主席胡石英说："人类出现的众筹组织，应该由不爱钱的那种人来领导。"随着移动互联技术的发展，爱钱和不爱钱已经不是众筹组织领袖的主要问题。经济学的本质就是在承认人性自私的基础上发展起来的，"拥有"和"控制"已经不是领袖们的思维方式。众筹的价值在于能够用足够的资源去完成梦想，"众筹＋"模式下众筹领袖从"财富拥有者"变成多要素公共资源管理者，这是众筹领域的领导特色与规律。

1. 从财富拥有者到公共资源管理者

人类财富观的重构，这是历史的大事。人类的生活在富足之后，对于有意义的创造会表现出异乎寻常的热情。这种创造嫁接在众筹组织之上，作为众筹领袖，对于事业的热情和对公众的领导力，产生的价值创造荣耀感，能够替代单一的对个人财富的追求。

企业家成为众筹领袖，这是值得欢迎的事情，因为这意味着大批的众筹参与人能够分享他的经验和创新价值。众筹模式还是"以人为本"的，一个杰出的投资人能够带动很多人跟着发财，成为公众财富英雄需要出色的项目投资眼光，有一部分企业家能够向投资家转变。在 2013 年的《胡润百富报告》中，认为企业家向投资家的转变将能够改变中国。对于世界其他的地区情况，大致也是如此。

企业家角色向投资家角色转变，同时，成为社群领袖，领投众筹项目，成为众筹领袖，这是在中国企业界正在发生的转变。

社群领袖应该如何看待财富，关键是从财富的拥有者，变成人、智、资本等多要素公共资源的管理者。在这方面，英国"社区布告栏"（Stickyboard）联合创始人詹姆斯·斯威特曼做得非常出色。社区布告栏为社区和地方机构建立网站及在线交互式平台，已覆盖全英 167 万个邮区，是英国的第一家也是唯一一家全国性在线社区布告栏。

众筹在英国的增长极为迅速，在 2012—2013 年就增长了 600%，融资规模从 2012 年的不到 400 万英镑扩张至 2013 年的超过 2800 万英镑。2014 年初至 8 月份，全球范围内发起的众筹项目略超过 25 万个，而英国首都伦敦独占全球各个城市之首，平均日新增众筹项目 12 个，平均融资额为 17834 美元，筹资目标达成率平均为 32%。伦敦已经超越美国纽约与旧金山，成为全球众筹之都。

看来，拥有金融传统的国家对于新的金融模式的接受程度还是优于其他国家，人们不会对于社会诚信这些市场基础工程产生怀疑，这能够让众筹者专注于项目本身，而不必费心于一些无价值的环节。众筹领袖参与到众筹的过程中，就是转变成一个公共资源的管理者，众筹领袖的诚信问题，在英国不是什么大问题，但是在其他一些发展中国家，由于没有诚信文化的积累，众筹模式想要发展起来，成为社会的发动机，这还要建立透明的平台信息发布机制。而建立这种机制，也是笔者在很多场合中一直呼吁要做的事情。

詹姆斯·斯威特曼作为众筹组织中的领袖人物，他认为有野心的众筹领导者需要不断累积对自己有利的筹码。詹姆斯·斯威特曼根据众筹成功的自身经历，提出了以下五条建议。

一是合适的平台。如果希望通过众筹成功融资，就要选择和你的指导精神、机构以及品牌相匹配的众筹模式。詹姆斯·斯威特曼做社区布告栏时选择了 Crowdcube 平台（在英国的股权众筹平台中，影响力广泛的就是 Crowdcube 和 Seedrs）进行股权融资。"我们服务于社区，提供社区网络发展，因而由社区所有符合我们的整体原则。你选择的平台将成为你众筹活动的门面，因此可以多上网浏览一些，感受一下平台上的项目，或是注册几家网站看他们多久会发出电子报宣传平台上的项目。"

二是专注于为什么你的项目是一项好投资。詹姆斯·斯威特曼起初花了很多时间解释他的社区布告栏为什么非常棒，而不是直截了当地点明为什么投资社区布告栏会是很好的选择。"专注于投资者如何受益（如企业投资计划所得税减免、奖励、在某阶段后能得到的回报等），以及你如何知道他们能得到这些好处（如你的独特卖点、多年经验、良好记录、团队及非执行董事的高质量等）。"

　　三是准备好开启全日制"选举活动"。在詹姆斯·斯威特曼看来，众筹活动不同于以往的营销及其项目，众筹的团队和整个机构品牌都需要个性化，受人喜爱，并且出现在越多人面前越好。他认为把众筹活动想成是一次"大选拉票"，"发邮件、短信给你认识的每一个人，主持并参加活动，专门举办一些开放性环节安排与投资方的见面，并出现在视频采访中。"

　　四是手中掌握利于自己的牌（积累有利筹码）。在开始众筹几周后，詹姆斯·斯威特曼在一项活动中得知，一般来说前1/3的投资都来自他们的朋友和家人，接下来的1/3来自他们更广泛的同事、伙伴、合作方圈子，而最后1/3才是来源于"大众"。詹姆斯·斯威特曼发现尽管人们可能很善于转发信息，推送微博，但为了保证资金源源不断，他认为众筹领导者需要亲自接触潜在的投资人，并预先在每一个阶段前确保已有投资人决定投资。"要做到这一点就需要你的众筹活动不是从零开始，一些平台在活动公开发布前会采取软启动的形式。从我们的经验来看，核心的早期投资人将会是解锁更高层级并扩大你的众筹规模的秘密武器。"

　　五是留意10%~50%的危险区域。在众筹活动中，募集资金越多，投资倾向越高。比如众筹目标是50万元，每突破一个万元关口时，得到投资的可能性就会增长4.1%。换句话说，离目标越近，最后就越有可能会实现。但众筹启动初期常常是最有可能失败的时期，据统计失败项目的平均获得资金比重约为10.3%，而97%筹资失败的项目最后筹资额都没有超过50%。因此，10%~50%都属于危险区域。对此，詹姆斯·斯威特曼认为要尽可能地及早离开这个区间，他采取的措施是"持续不断地向你的支持者展示你的成功，这就意味着你要依照筹款阶段考虑分时期地推出成功案例、新闻稿，以及预先已经谈妥的投资"。

　　詹姆斯·斯威特曼的众筹范式是可以学习的，但是学习者的价值观的改变确实困难。

　　公众将钱投给项目发起人的时候，并不是无缘无故的行为，而是基于事先充分的沟通机制的建立，众筹领袖需要事先在社群中进行充分的沟通行为。在全球范围内，目前线上众筹都不能够算成功，原因就在于线上不能够进行深度沟通，玩不好沟通，也就做不好众筹。国内众筹项目基本都是轻资产项目运作，追求快速的回报，这是众筹模式的弊病，更深层次的认识应该是社会急功近利的浮躁心理在金融投资领域的集中体现。

众筹模式能够让人专注于产品和服务的创造，将自己的所长发挥到极致，余下的短板就要众筹市场去做模块化的组合，而不是去做垂直的价值链。虽然价值链建立起来之后有着比较好的自主控制性，但是这种控制性必须做到全球最优才能够具有价值。所以现代企业越具有开放性，越能够与最强的资源进行跨界整合，越能够体现资产的价值。这从根本上已经颠覆了财富观，拥有的如果不是最优的，很可能就是不良资产。

詹姆斯·斯威特曼的成功实践，体现了一个众筹领袖对人、智、资本等多要素公共资源是如何进行管理的，这对众筹组织的领导者来说具有普遍意义。众筹领袖从财富拥有者变成多要素公共资源管理者，显露财富的方式会被用来做社会价值的创造，这是众筹领袖对传统企业家和资本家的心灵洗礼。

2. 分享哲学和财富观重构

我们喜欢标榜中国人是"重义轻利"的民族，其实大可不必装什么圣人，说什么"君子爱财，取之有道"等。按制度拿自己应得的私利，不算什么问题。

在写作本书的过程中，笔者多次和国内的一些前沿的企业管理者进行交流，他们建议我，在中国的众筹行业的发展中，现在主要缺的是"道"，而不是"术"，缺少对全球经济体发展模式的最基础价值的认同感。重构财富观看起来是一个大问题，在文化层面确实是我们所缺失的。

实际上，中国人的财富观是有问题的，北京嘉德咨询创始人郭嘉先生认为，中国人对于财富的认识是固态的，中国社会底层的社会伦理依然基于农业社会的一些特质。中国古代就有轻视商业、忽略金融的传统，这对于古代金融发展是非常不利的。在做事的过程中得不到荣耀感，得不到社会主流文化的鼓励，导致了人们羞于做金融投资运作，资本极端短缺，有产地主阶层也就不会发展工商业，而满足于老实种田了。

其实，致力于知识再创造获取财富，比夺取别人的土地资源的社会负面效应小多了。不仅在中国，而且在世界上所有金融体系和产业体系不发达的地区，都需要完成这种财富观的重塑。

文化这东西是打断骨头连着筋的。因此，我们需要改变我们的财富观，需要让财富流动起来，将财富看成是液态或者气态的价值体系，将眼光从土地、矿产这些实体的资源移开，致力于去做更高层次的知识层面的竞争，学会用虚拟资产来整合实体资产。

郭嘉先生认为，中国人需要出现大量的投资家，众筹时代就是投资家横行的时代。郭嘉先生和笔者一样，认同中国走出目前经济困境的方式就是放手发展"互联网＋"。但是要落到实处，须从一处结果，然后放大成果。政府不要在互联网方面设置阻力就够了。比如在 Uber（优步）进入中国的问题上，那是美国人自带干粮在中国干惠及老百姓的事情，虽然中国监管层不需要主动，但是也不需要拒绝，保持一定的开放性，就能够享受到互联网带来的红利。民间运力资源（私家车）的整合仅仅是互联网大潮的一个浪头而已，如果不能够创造，那就放手让民间来创造。私家车既是一个分享工具，也是一个社交工具，而不仅仅是运力工具，理解了这种多维特性，就不会再单纯从出租车利益视角来单维度看待问题。

人与人的关系在分享中重构，人都是在舒服的时候最容易被拿下的。这是符合人性的策略。事实上，生产与消费都是分享。在未来世界，越分享越创造，这是下一个时代的发展哲学。再次强调，这重构了财富观。

我们这个社会原来的生态圈模式是由一条条生态链组成的，这些生态链的生产的起点与消费的终点是没有任何联系的，而当众筹出现后，将消费的终点与生产的起点进行链接，由一条线变成了一个圆，形成了消费链条的闭环，我们这个社会的生态圈日后可能会因为众筹的出现变为由一个个消费圆组成，这就是对现有社会形态的颠覆，也就是为人为众。因此，众筹领袖应该抱有的财富哲学应该是分享哲学。

第二章

平民弹药：众筹+普惠金融

众筹作为一种先向目标客户借钱，再进行产品生产的融资模式，是互联网对金融业最时髦的贡献之一，以至于成了平民的金融弹药。众筹本身充满了理想主义的气质，同时也是互联网互助分享精神的最好表达，并对创意产业和资本市场产生深远影响。

精英 + 精英：冷金融

全球国家资本主义和官僚资本带来的社会经济的结构性失衡，是全世界很多国家的共同问题。在以往的阶层社会中，传统金融是精英和精英玩的游戏，即"精英 + 精英"的形式，这个圈子是封闭和稳定的，不会和普通阶层的圈子重叠，使得金融变成冰冷的"玩钱"游戏，故称之为"冷金融"。

"精英 + 精英"经济结构意味着生产和消费的分离，普通的阶层作为一个独立的消费者存在，因而导致金融特有的"资金融通"功能的丧失，金融作为经济要素，被隔离在一些阶层之外，这些普通阶层不能够享受到相应的金融服务，造成了巨大的机会鸿沟。这种社会的发展只会造成阶层固化。这也是全世界经济中的最大的问题之一——两极分化。

1. 高高在上的精英金融

"精英"，说的是在社会的各个领域，都有一个顶层人群，他们集聚了资源，掌握着权力，作出的决策能够左右普罗大众的生活，他们的影响穿越了国家和民族的界线。精英是权力与货币资本的结合，不只在财经界，而且跨越许多领域，他们堪比受人尊崇的"造物主"。

虽然美国人普遍具有理财的传统，而且喜欢将自己的余钱投资给金融机构，但是这种代理机构太强大的了，他们利用信息不对称，架空了大众投资人，让社会投资者付出了巨大的代价。

美国"次贷危机"本质上是一场史无前例的信用危机，少数金融理财集团向老百姓推送有毒的不良资产，成为害群之马。由于"金融创新"名义下杠杆效应的过度放大，加上美国政府对金融创新监管的缺失（宽容态度），引发了全球的金融海啸，不仅动摇了美国的金融霸权地位，动摇了全球对美元金融体系的信心，也动摇了世人对华尔街精英的信任。

那么，华尔街精英在次贷危机中扮演了什么角色？诺贝尔经济学奖得主斯蒂格利茨以"伪善之果"为题在英国《卫报》撰文指出，次贷危机是"美国最优秀、最聪明的一些人，都把他们的才智用在了如何逃避条规和标准的管束上，而这些条规是为了确保经济效率和银行体系的安全而设计的。遗憾的是，这些人做得太成功了，而我们所有人，包括屋主、普通工人、投资人和纳税人，却为他们付出代价"。

"精英"这个词来自复杂的政治学、社会学领域。在英国人的字典中，这个词不指单数，而是意味着一部分人，或一个阶层，特殊的家世、社会地位或财富把他们聚集在一起，贵族、政治强人和金融城里的富绅就是典型的传统"精英"。他们数量不多，高高在上，编织了大英帝国的社会组织，欲在金融界出人头地，没有特殊的背景，想爬升到机构的上层是困难重重。除了传统的出身世家、名流教育、住宅编码、交叉持股、任职董事等，精英们在各大城市举行论坛与研讨会，在高档酒店餐厅、家庭聚会、私密俱乐部、旅游休闲圣地与空中的头等舱里，都可能出现他们业务讨论或握手成交的隐秘身影。

在英国伦敦以及美国纽约之外，更多的城市里出现了中心商务区与金融区，东京、新加坡、迪拜、法兰克福，20世纪末新加入的城市中少不了北京、上海、深圳，还有此前的香港。在这些城市的高楼大厦的某间办公室坐一坐，精英们就可能找到解决难题的思路与途径。

在所有的精英圈子里，一个电话就能找到正确的人，一个电话就能够解决任何问题。原因就是金融精英在全球有一个超级网络，沟通高效率，互动全覆盖。金融精英的权力与影响实在是太大了，他们的所作所为被演绎为隐秘的"大阴谋"。

全球权贵金融将普通的民间企业排除在外，全球普通民众都没有参与感，精英阶层开始和生产消费领域逐步分离。金融是经济体的血液循环系统，血液被全部用来供应社会少数经过挑选的器官，最终造成社会局部苍白、坏死、失血。少数人的金融游戏最终导致全球性的经济结构失衡，导致金融危机和经济危机。

2. 精英金融下的金融功能的丧失

金融的功能总体来说是资金融通，具体来说包括以下内容：便利投资和筹资；合理引导资金流向和流量，促进资本集中并向高效益单位转移；方便资金的灵活转换；实现风险分散，降低交易成本；有利于增强宏观调控的灵活性；有利于加强部门之间、地区之间和国家之间的经济联系。

从上述这些功能可以看出，金融功能的发挥不仅需要强有力的组织体系保障，更重要的是这些功能其实涉及了社会各个阶层。但在精英金融下，由于少数人掌握着权力，影响了社会各个阶层对金融功能的共享，因而造成金融功能的丧失。更为严重的是，由于精英的操纵，在一定程度上造成了阶层固化，而这种固化恰恰就经济中的最大问题之一即两极分化现象的出现。

领袖＋大众：暖金融

具有人情味的金融体系，应该是建立在人类重新部落化和社群化之上的一种互助金融。这就是"领袖＋大众"的众筹模式。"领袖＋大众"是一种与"精英＋精英"完全不同的形式，"领袖＋大众"模式下的金融，是在大众参与的下一种新的财务结算体系，故被称为"暖金融"。一个重要的原因，基于互联网这一"民主化"技术，普通人第一次能够跨越阶层，共享资源，"众筹＋"模式就是一种经济民主化的模式。

"领袖＋大众"的众筹模式强调每个众筹人的价值资源的组合与优化，社群领袖和委员会能够在充分评估每个人的基础上，将个人拥有的资源折算成新的资本要素。这种新的结算体系开始在风险投资界被认可，也将被众筹组织所认可。

因此，对于社群中富具企业家精神的"事业领袖"，事业是有温度的，能够激发人的潜力，而且众筹项目的运行是基于大众认可的，必须以事业理论为基础。这种模式不是纯粹的资本体系，而是富具人性的资本和事业运作系统。

1."众筹＋"，首先就是加人

所有的众筹，一定是筹人。筹人意味着筹来的东西包括人身上具备的全部东西，如人脉、智慧。有人认为，众筹第一是筹人，第二是筹智，第三是筹谋，第四是筹道，最后才是筹钱。八八众筹创始人、中国风口会发起人何丰源长官开玩笑说，一切不以筹人为目的的众筹都是耍流氓。这句话说明了众筹的本质。人与人之间的相处，不是单纯的买卖关系，而是一种互助和支持的关系，相互点赞的关系。这其实就是交互时代的本质。一切都是人的关系，没有需求，只有追求；没有广告，只有话题；没有营销，只有关系；没有门店，只有体验。一切的商业活动都在围绕人而展开。

人是一切经济的根本。所谓"众筹"，即有一定实力的投资人和小创业者筹集资金，通过股份分红或享受服务、产品回报的方式，共同投入某一项目的形式。互联网技术的发展改变了人与人之间的关系，独立经济人和经济组织在信息技术的先导之下实现了新一轮的汇聚。人是首要的，众筹的核心价值在于将散落在独立经济人手中的消费资源和生产资源配置给需要的人。社群加人，没有壁垒，只有能力。

2. 众筹领袖的角色、素养及定位

从 20 世纪四五十年代开始，企业管理从泰罗制转向人文管理学，即从人是机器的一部分，到人是独立的人，再到独立经济人的联合。这种转变是一种历史的进步，而对社群经济的意义在于，管理者的管理对象已经和以往的企业组织的内控式管理完全不同，管理者更注重的是人本管理，因而社群管理者是一种新角色，也就是未来经济的领袖。

众筹领袖应该具备什么样的内在和外在的条件，这需要社群管理者站在全球角度做深入的想定和思考。总之，众筹领袖的角色、素养及定位问题不解决的话，中国和世界很多国家的众筹经济活动就没有健康发展的机会。

3. 暖金融打造众筹产品和服务的人文价值

对于经济活动中得到的商品和服务的价值，需要放在社群经济中进行重新思考，独立经济人群员在做这个事情的过程中，有着什么样的领导规律？为什么众筹圈的产品和服务能够超越传统电子商务渠道中的产品？其中的人文规律和参与价值，我们通过下面这两个项目就可以看出。

2010 年，婺源尚逸轩度假有限公司 CEO 吴志轩和其他两个合伙人辞职踏入婺源，开启了古宅改建。2015 年 1 月 29 日，全国知名股权众筹平台天使街对外宣布，其平台项目"梅泽堂"古宅项目在 22 小时内完成 150 万元融资，成为中国众筹史上最快成功的股权众筹项目。底蕴深厚的婺源老宅和极富情怀的众筹方案一天内便成功地俘获了投资者的心，创造了中国股权众筹界的新纪录。吴志轩和天使街股权众筹平台一起启动"抢救最美乡村"的众筹方案，除了筹集更多资金进行古宅改造外，更希望通过众筹这种方式让更多的人参与到古宅改造、古宅保护和乡村旅游中来。这是一件非常有意义的事情，抛开金钱，对人文情怀的追求有着精神归宿的意义，这次项目这么快完成众筹，充分说明了这一点。

耳目网的核心竞争力在于，围绕残友异于常人的机能特点进行的服务产品开发，培养专业的人做专业事。成立 3 年多来，不仅聚集了一大批残友的加入，更挖掘出很多技术型的优秀人才，在国内已颇具影响力。在中

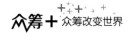

国，残友是一个庞大的群体。谈起耳目网成立初衷，CEO郑勇颇有感触："残友不是无用的人，而是人才金库，拥有巨大的职业潜能。耳目网想要做的，就是挖掘这种潜能，让残友发挥各自特长，并获得相应的劳动回报。"

耳目网员工之一王女士是一位截瘫患者。因为念高中时候的一场大病，导致她现在也只能依赖轮椅生活，90%的时间待在家里。"以前大多数时间就通过看电视、看书消磨时间，后来有了电脑，对外面的世界了解得更多了，打开了视觉窗口，可以在网上学习、发现很多好玩的东西，心情也好了很多。"不过，有个问题一直憋在王女士心中，眼看着自己的父母一年比一年衰老，看着朋友都有工作能赚钱，而自己不得不靠父母来养活，心里越来越觉得不是滋味。由于身体的限制，她没法正常地走出家门，也失去了绝大多数的工作机会。而正是耳目网的出现，激活了这位折翼天使。

不难看出，以上两个项目的意义绝不是为了赚钱那么简单。前者是极力挽救濒临灭绝的古建筑，而后者则是想要服务残友、帮助残友。这些项目背后的深层意义是吸引投资者的重要原因，更重要的是，有了这些因素的推动，项目后期的运作会更有方向性，目标更精准、定位更清晰，这样将有效保证投资者的本金安全，收益可期。事实说明，对股权众筹有兴趣的投资者在观察项目时，不妨注意项目发起人的出发点，除了赢利为目的外，是否还有其他的推动因素。这样对你来说除了从众筹项目中获取收益外，其实也是参与一项颇具人文价值的事业。

普惠金融

普惠金融，是指为有金融服务需求的社会各阶层和群体提供适当的、有效的金融服务。从全球情况来看，传统金融业没有尽到它应尽的责任，没有实现普惠金融，因为传统金融完全是嫌贫爱富。"事业金融"而不是资本金融，才能够成就普惠型的金融体系。从"精英＋精英"到"精英＋群体社区和用户"，是普惠金融文化和传统金融的差异所在。

1. "精英＋群体社区和用户"的合作民主

现实的社会"是一个能够变化并且经常处于变化过程中的机体"，在有机集体社会中，民主其实是一种生活方式，民主的基础是"对人性之能量的信赖，对人的理智、对集中的合作性的经验之力量的信赖"。桑德尔指出，公民有超越自身利益去关注更大的公共利益愿望。金和斯迪沃斯则主张，行政官员应当分享权威并减少控制，把公民当作公民来看待，并相信合作的效力。罗伯特·B. 登哈特与珍妮特·V. 登哈特在新公共服务理论中强调，政府关注的是公共利益，注重的应是服务而非掌舵，应确保所提出解决方案的过程和方案本身符合公正、公平和平等原则。上述观点为合作民主提供了广泛的理论基础。

合作民主为"精英＋群体社区和用户"管理创新提供了新的视野。这一形式下的大众需要经济领袖，众筹领袖致力于经济创造，对于政治不再有兴趣，全球政治问题边缘化，不需要意识形态领袖和政治领袖，因此众筹领袖解决的是经济创造幸福的问题；同时，这一形式下的合作民主在一定程度上解决了选举民主对边缘文化和少数群体利益的漠视，解决了协商民主对大众参与决策过程中知识和能力的忽视。当然，合作民主并不主张精英要完全被群众取代，而是注重优势互补，充分利用和吸纳各界精英浩瀚而分散的专业知识储备，真正实现举众人之力、集众人之智。

2. 从"精英＋精英"到"精英＋群体社区和用户"

在新的经济形态中，"精英＋精英"的圈子正在被"精英＋群体社区和用户"这样的新的社交群体替代掉，传统金融所创立的一整套的知识壁垒被普惠金融所打破，随之而来的是整个旧经济和需求的瓦解和重构。"精英＋群体社区和用户"是未来的全球社会组织形式，从众筹的视角来看，在社区金融模式下，人人都是消费者，人人都是金融家，人人都是投资家，从而真正体现了普惠金融的价值。

普惠金融所带来的观念变革正在全世界发生。那么在中国，当前业界和学术界对互联网金融尚无明确的、获得广泛认可的定义，但对互联网支付、P2P网贷、众筹融资等典型业态分类有比较统一的认识。一般来说，互联网金融是互联网与金融的结合，是借助互联网和移动通信技术实现资金融通、支付和信息中介功能的新兴金融模式。

众筹融资平台扮演了投资人和项目发起人之间的中介角色，使创业者从认可其创业或活动计划的资金供给者中直接筹集资金。按照回报方式不同，众筹融资可分为以下两类：一是以投资对象的股权或未来利润作为回报，如"天使汇"；二是以投资对象的产品或服务作为回报，如"点名时间"。众筹融资在我国起步时间较晚，目前约有 21 家众筹融资平台。其中"天使汇"自创立以来累计有 8000 个创业项目入驻，通过审核挂牌的企业超过 1000 家，创业者会员超过 2 万人，认证投资人达 840 人，融资总额超过 2.5 亿元。

中国普惠金融通过众筹这种形式展现出它的意义：中国众筹的发展不仅仅是经济层面的，也是中国社会变革层面的。人们在做企业的时候，不再思考做大做强这个单一的路径，而是根据自己的生活理想，去构建自己的一份小而美的事业。

硬件共享

众创空间是顺应创新 2.0 时代用户创新、大众创新、开放创新趋势，把握互联网环境下创新创业特点和需求，通过市场化机制、专业化服务和资本化途径构建的低成本、便利化、全要素、开放式的新型创业服务平台的统称。发展众创空间就是为创业者提供良好的工作空间、网络空间、社交空间和资源共享空间。

中外有许多案例可以说明众创空间的意义，比如当年一些全球性的企业在车库创业的一些案例。而在移动互联网时代，"众筹＋创业"模式在全球的一些演变，不仅说明创业模式的改变，而且证明这种模式能够降低创业的成本。

1. 车库创业——众创空间的另类形式

笔者在和创业者们聊到中国的基础众筹环境的时候，谈到国内的创业环境其实还是比较令人担忧的，社会对于创业的理解处于一种非常肤浅的层面，创业被简化成了快速发财这样的一维思路，人们在创业之初就摆样子、好面子是要害死人的。笔者曾见过几个"90后"的年轻人，好不容易从亲友处筹足了100万元人民币，然后模仿大公司的范式，在北京CBD（中央商务区）租下了写字楼，装修得很好，很气派，年租金达到50万元，结果折腾不到一年就没有钱了，没有钱去做产品继续开发了。

笔者对几十位创业者说，当你们能够不要那些虚幻的脸面感，在什么地方都能够创业的时候，哪怕在农家小院和车库也能创业的时候，就说明你们成熟了；如果你们真的有一流的技术创造和商业模式，资本不是傻子，你们对资本如实说明，是可以打动他们的。过度包装会害死你们。

在中国众筹节上，以及贵阳众筹交易所大会上的发言，笔者和国内外一些致力于众筹行业发展的人，都呼吁车库创业这样的低成本创业。笔者相信，只要众筹领袖们一起呼吁，就能够改变中国的创业文化，笔者也会继续为重新定义中国创业文化而呼吁奔走。创业，请远离高档写字楼，应该去拥抱用户，和用户心贴心，这样的路径是正确的中国创业范式。即使有钱，也不要瞎折腾，创业路上，危机随时发生，给自己留一件取暖的棉衣。

在多数人眼中，车库只是一个硬件，是能够为爱车遮风挡雨的单一性功能建筑，但在热爱汽车的人眼中，它却是一个能够创造出无限可能的国度。

车库创业的好处是：没有办公室租金压力；不需要出门，早上起床下楼就可以开始工作，晚上累了上楼就可以休息，省了很多不必要的交通时间以及精神；容易集中精神；进出货方便（因为是一楼）；开放感让心情好。

20世纪20年代末，美国经济大萧条时期，在堪萨斯城，一个名叫沃尔特的年轻人找了一份在教堂画画的工作，但报酬非常低，由于没钱租专业的画室，他只好拿父亲的车库当作临时办公室。一天他像往常一样在车库里工作的时候，忽然看见一只老鼠在地板上跳跃。他没有把老鼠赶走，反而拿出面包喂它。渐渐地，他和老鼠混得非常熟。有时，那只老鼠还会大胆地爬上他的画板溜达、玩耍。不久，年轻人被介绍到好莱坞去拍摄一部以动物为主角的卡通片。但这并未使他成名，反而令他变得更加困窘。贫困不堪的他突然想起车库内的那只小老鼠。于是，世界上那只最著名的耗子——米老鼠的卡通形象就此诞生。

20世纪70年代，乔布斯的苹果诞生于车库，盖茨在车库里有了微软的雏形。更早一些时候的1939年，比尔·休利特和戴维·帕卡德租下了加州帕洛阿尔托市爱迪生大街367号的一间车库，并在里头创立了惠普公司。这两个年轻人最后还在车库里用抛硬币的方式，决定了谁的姓氏放在公司名字的前面。后来，惠普公司花了100多万美元把这个车库买了回来，又将外观和内部摆设恢复成当年的模样。这间车库作为惠普诞生地以及硅谷工业的发源地，成为创业青年的朝圣场所。

惠普甚至有自己的车库法则，比如，相信自己能够改变世界、工具箱用不上锁以及不断创新等。大批的效仿者里，还有全球最大的搜索引擎谷歌。1998年，拉里·佩奇和塞吉·布林同样租下了一间车库开始创业历程，而在功成名就之后把它买回来作为历史纪念。更加有趣的是，当年这间车库的主人因两个租客而结识大批硅谷技术人员，后来成为了谷歌的高管之一。

美国的车库文化可以说是世界上最具趣味的文化之一，二层小楼配上一个大号车库，这正是美国中产阶级标准的家庭配置，然而车库虽然足够宽大，但美国人平时并不将汽车停放其中，因为在他们眼中，车库的功能并不局限于此。在美国人的车库中，你能看到各式各样的"奇葩"用途——室内摇滚乐排练、家庭聚会、改装作坊甚至创业基地。

车库真的有天赐的魔力吗？这倒也未必。不可否认的是，许多声名显赫的公司是从不起眼的地方建立的。在苹果、谷歌、惠普、微软诞生之初，谁能想到在破旧车库里、昏暗灯光下的年轻梦想会改变整个世界。或许，创造的最初，只需要一间车库就够了。显然，诸多拥有梦想的热血青年，正在演绎这个规律的最新版本。

2. "众筹 + 创业"模式

在移动互联网时代，创业模式有了新的改变，"众筹 + 创业"就是其中一个重要的创业模式，很多实例表明，这种模式可以有效地降低创业的成本，适合于普通大众。一些众筹网站成就了一些非常酷的项目。这些项目从音乐标签协议到食品公司，无所不包，每个人都会从这些成功故事中有所收获。

比如 Form1（一款 3D 打印机）。对未来，很多人预测可 3D 打印服装，所以现在我们就需要注意家用打印机的需求，让它能承担重任，而且家庭可消费。来自 MIT（麻省理工学院）媒体实验室的研究人员创建了 Form1，为公众创建一种负担得起的、专业的硬件 3D 打印机。Form1 超越了它原来的 10 万美元的筹资目标，获得了 2000 多名赞助商的支持和 300 万美元的投资。在你的家里进行 3D 打印可能没有你想象的那么遥远！

再如 HiddenRadio 2（一款无线蓝牙扬声器）。最初的 HiddenRadio 是一种小型的、精美的硬件扬声器，让你的音乐不仅听起来不错，而且"看起来"也很酷。创造者带来了其更新版 HiddenRadio 2。凭借一款考究得令人难以置信的、子弹型的设计，设计师提高了音响质量，仅仅通过触碰扬声器系统本身就可以实现调节音量等功能，为你的家庭或办公室提供一款优良的但十分简单的扬声器。它两次在 Kickstarter（一个众筹网站平台）众筹成功的故事表明，音乐可以听起来和看起来都"很好"。

又如 Pebble（一款智能手表）。Pebble 智能手表是现有的最智能的、最酷的手表。这个硬件的智能化在于支持 iPhone（苹果手机）和 Android（安卓）应用程序，通过手表的数字化表盘上的显示，为你提供重要电话、电子邮件或其他应用程序警报的即时、简洁的提示。它看起来很酷，它的效果超神奇，它扩大了同类产品的功能，在 Kickstarter 上仅仅 28 个小时内就得到了 100 万美元的资金支持。它最终就筹集到了超过 1000 万美元的资金。

国外这样的例子还有很多。国内的"众筹 + 创业"模式也是方兴未艾，并向人们展示了它可期待的美好前景。在国内，类似的产品创意式众筹平台也如雨后春笋般地成长起来，如点名时间、积木、Jue. So（觉）等。但因国内产品创意式众筹网站成规模的很少，平台上往往人少、钱少、创意少，创业股权式的众筹在中国反而有了不少案例，获得了社会的极大关注。下面看一个 3W 咖啡的例子。

3W 咖啡采用的就是众筹模式，通过咖啡馆这个硬件，在喝咖啡的同时向社会公众进行资金募集，每个人 10 股，每股 6000 元，相当于一个人 6 万元。那时正是玩微博最火热的时候，很快 3W 咖啡汇集了一大帮知名投资人、创业者、企业高级管理人员，其中包括沈南鹏、徐小平、曾李青等数百位知名人士，股东阵容堪称华丽，3W 咖啡引爆了中国众筹式创业咖啡在 2012 年的流行。几乎每个城市都出现了众筹式的 3W 咖啡。3W 很快以创业咖啡为契机，将品牌衍生到了创业孵化器等领域。

3W 的游戏规则很简单，不是所有人都可以成为 3W 的股东，也就是说不是你有 6 万元就可以参与投资的，股东必须符合一定的条件。3W 强调的是互联网创业和投资圈的顶级圈子。而没有人是会为了 6 万元未来可以带来的分红来投资的，3W 给股东的价值回报在于圈子和人脉价值。试想如果投资人在 3W 中找到了一个好项目，那么多少个 6 万元就赚回来了。同样，创业者花 6 万元就可以认识大批同样优秀的创业者和投资人，既有人脉价值，也有学习价值。很多顶级企业家和投资人的智慧不是区区6 万元可以买到的。

会籍式的众筹方式在中国的创业咖啡的热潮中表现得淋漓尽致。会籍式的众筹适合在同一个圈子的人共同出资做一件大家想做的事情。比如 3W 这样开办一个有固定场地的咖啡馆方便进行交流。其实会籍式众筹股权俱乐部在英国的 M1NT Club（在伦敦最高级的地段开设的俱乐部）也表现得淋漓尽致。M1NT 在英国有很多明星股东会员，并且设立了诸多门槛，曾经拒绝过著名球星贝克汉姆（小贝），理由是当初小贝在皇马踢球，常驻西班牙，不常驻英国，因此不符合条件。后来 M1NT 在上海开办了俱乐部，也吸引了 500 个上海地区的富豪股东，以外国富豪为主。创业咖啡注定赚钱不易，但这和会籍式众筹模式无关。实际上，完全可以用会籍式众筹模式来开餐厅、酒吧、美容院等高端服务性场所。这是因为现在圈子文化盛行，加上目前很多服务场所的服务质量都不尽如人意。比如食品，可能用地沟油。通过众筹方式吸引圈子中有资源和人脉的人投资，不仅是筹措资金，更重要的是锁定了一批忠实客户。而投资人也完全可以在不需经营的前提下拥有自己的会所、餐厅、美容院等，不仅可以赚钱，还可以在自己朋友面前拥有更高的社会地位。

社交媒体的出现，使得普通人的个人感召力可以通过社交媒体（在某个硬件场所，比如 3W 咖啡中的咖啡馆）传递到除朋友外的陌生人，使得获得更多资源资金的支持变成可能。对于绝大部分创业者来讲，上述 3W 咖啡案例对创业股权式众筹的先锋们应该有一定的启示意义。

中产资本和小资本

中国的中产阶级近年来迅速增加，与世界其他国家相比名列前茅。中产阶层拥有的资产货币化，将成为全球资本的主要来源。而众筹如何改变中产者使其资产货币化，这个大问题是很具有协作性的发展方向。另外，小资本作为平民金融、草根金融，如何去通过众筹对接资产货币化，同样是个值得期待的事情。

互联网时代，金融的作用在整个经济发展中的地位变得越来越重要，中国和其他发展中国家不是因为资本短缺，而是因为资本的流动性不足造成了资本短缺。比如中国古代的资本基本都流向了土地，变成了不动产，而中国中产家庭的很多资产也变成了不动产，不流动的资产就会沉没。这大大影响了中国经济的发展质量。

1. 什么是资产货币化

所谓资产货币化，简单地说，就是各种非货币资产向货币资产的转化。即各类资产，不管它是有形资产还是无形资产，也不论它现在或将来是否实际地用于交换和流通，都借助于一定的方法（如资产评估）将之折算成一定的货币量，从而可用来进行交换和流通，并使其成为社会总货币资产量的一部分。资产货币化包括两个阶段：第一阶段，资产向商品转化，即首先将原来的纯粹的自然资产加以商品化，变成可交换的商品；第二阶段，经过商品交换过程，转化为货币资产。

例如，一个农民，他有一栋百年老宅，这栋房屋在没有货币化处理之前，他根本没有想到该房屋究竟值多少钱，从而也没法计算他有多少可货币表示的资产。但是，现在，他为了准确地了解自己的资产总量，或者以便在适当的时候卖掉，于是他请评估机构进行评估，并得出了该房屋的货币价值量。此后，随着行情或环境的变化，这栋房屋的货币量也在变化，也许这个农民直到死时房屋都未卖掉。但不管怎样，这一过程，就是最简单的资产货币化过程。

上述农民的房屋在作出评估前后，其资产性质发生了根本性的转变。在评估前，此农民的房屋纯粹是一种自然经济的实物资产，它既不在农民自己的货币资产计算范围之内，也不在国民收入核算之中，国家的货币发行和资产核算都没有包括该栋房屋。而在评估后，该房屋作为一种资产潜在地进入了房产市场，由市场外循环转化为市场内循环，同时，该房屋实际地代表着其所有者的一定量的货币收入，从而也成了国民收入或资产的一部分。

世界上不同国家和地区的金融市场形成过程不尽一致，大致可以分为三条道路或模式：

一是欧美式道路。这些国家从自然经济进入商品经济社会时，一开始就走上了直接的市场化道路，货币在经济生活中的渗透力很强，基本上全部的社会财富和资产都被充分货币化了，再加上这些国家对货币所起的作用的抑制较少。因此，随着货币的资本化、资本的证券化趋势的加强，金融市场处于自然形成状态。

二是新兴工业化国家道路。20 世纪中期开始实行工业化的发展市场经济的发展中国家，如南美及东南亚国家和地区，其金融市场的形成中，外资的推动和拉动作用相当大；同时，各类资产基本上已被货币"浸泡"，打上了货币的烙印，从而金融市场基本可以反映本国财富和资产的总量。

三是原计划经济国家转制道路。自20 世纪80 年代才开始改革开放的社会主义国家，包括原苏联解体后的各国，由于在一个世纪的社会主义建设中，货币和市场的作用被基本排斥，仅被作为一个记账符号使用，资产的形成和定价由计划体制决定，因此，其资产不能反映市场价值及其本身所包含能量的大小，即社会实际创造财富和资产的数量与以货币表示的数量远不相符，这在中国尤其严重，进而，金融市场形成的基础薄弱，进程缓慢。

当然，在以上三种典型形态之外，还有一种情况，就是少数最落后国家，如非洲、南太平洋及亚洲中部的部分国家，那里还根本不具备形成金融市场的条件，因此不在此之列。

2. 中产资本和小资本的资产货币化

据瑞士信贷银行2014 年10 月14 日发布的报告显示，全球财富在2013 年中期至 2014 年中期增加 8.3%，达到创纪录的 263 万亿美元，但是贫富差距在加大，1% 的人拥有近 50% 的财富。报告显示，个人财富达到 3650 美元（约合人民币 22360 元）即可被列为"较富裕"的一半。而如果想成为财富金字塔尖端的 1%，至少需要 79.8 万美元（约合人民币 488 万元）。

据《2014 年全球财富报告》显示，全球财富总额 263 万亿美元，中国占8%。财富增长的主要动力来自房地产市场和证券市场。北美为全球"最富"地区，过去一年财富增长达到 11.4%，总额为 91 万亿美元，占全球的34.7%；欧洲位居第二，为 85.2 万亿美元，占 32.4%；中国内地位居第四，占 8.1%。英国、韩国和丹麦财富增长最快，而乌克兰、阿根廷和印度尼西亚财富缩水最严重。就人均财富而言，瑞士仍然最多，为 58.1 万美元；随后是澳大利亚、挪威、美国和瑞典。按照报告的定义，财富为 1 万～10 万美元属于中产阶层，全球共有 10 亿人。报告说，中国内地个人平均净资产 2000 年以来迅速增加，从 5670 美元达到 2014 年的大约 2.13 万美元；个人资产中值为7033 美元。

由于目前中国经济的货币化过程尚未完成（如征地实际上就是一种货币化的过程），部分货币存量被这一因素所抵消，但即便如此实际货币余额存量也是很大的。运营商一直试图将包括早期基础设施投资和网络数据流量在内的核心资产货币化，并持续探索这一过程中的成功"密码"。随着众筹在中国越来越得到认可和快速发展，如股权众筹等，可以改变中产者使其资产货币化。

除了中产阶层的资产货币化，小资本也可以通过众筹的形式对接资产货币化。中国的民营、私营、个体工商户其个人资产始终都没有市场化、资本化。众筹的概念来源于众包和微型金融，众筹首先也是一种融资活动。通过众筹，在盘活个人资产的同时，众筹组织的资源优势可以提供有效的资本化渠道，深入其活动过程，对资本实施正确的引导和配置，帮助众筹参与者获得公平的金融服务享有权，从而最终实现资产货币化。

虽然众筹在中国刚刚生根发芽，但是其沉稳的金融逻辑更适合中国草根融资者的需求。据世界银行 2014 年发布的众筹报告称，中国将是全球最大的众筹市场，预计规模会超过 500 亿美元。在我国，解决中小企业融资难和促进民间融资合法化、正规化一直是金融改革的热点，众筹融资模式无疑为这两大难题的解决提供了一种新的思路。

中国民间高利贷和影子银行之所以维系如此高的利率，恰恰是因为供求关系是极不平衡的，"资本积累—购买不动产—资本沉没—资本短缺"这个循环不打破的话，中国创业环境还是堪忧的。消灭金融高利率，是中国金融的"牛鼻子"，打倒高利率，中国经济就会焕然一新。充足的民间资本，是众筹创业的主要资本来源，如果没有充足的资本来源，众筹改变世界的模式就无法落地。

中国领导层有意识地降低房地产业对国民经济的绑架，这是英明的，淡出依赖地产的经济结构，降低房产投资的回报率，这能够让大量的民间资本从低效的不动产中走出来，从而带动新一轮的创业潮。

民间资产货币化，以及民间资本流动性增加，能够让中国资产质量实现大幅度提升。众筹市场能够在传统的金融系统之外，发展出一个独立的股权交易系统，实现重资产股权交易，这是中国众筹的爆发点。当众筹人能够意识到项目股权能够产生比不成熟的股票市场更多价值的时候，众筹人就会绕过赌博性的股票市场，而购买更具稳定性的项目股权。

众筹股权回报率将在中国掀起对民间高利贷的征讨过程。新型事物正在对中国民间的借贷传统发起挑战，基于救急的民间借贷体系，将让位于更加理性的投资系统。我们来看下面的例子：

2015 年 5 月 29 日，一个特别的股权众筹项目引发了互联网圈的集体狂欢。除腾讯之外中国最大的移动互联网应用——Wi-Fi（无线网络）万能钥匙在筹道股权平台上发起股权众筹，总筹资额 3250 万元（约合 500 万美元），对应其 0.5% 的股权。该项目 29 日上午 10 点上线，1 小时内项目页浏览量突破 10 万，2 小时认购意向总额突破 5 亿元。之后数字一路攀升，至 6 月 2 日上午 10 点正式认购之前，该项目页的浏览量已突破 300 万，正式认购尚未开始，但通过认购证的发放的意向金额已经突破 70 亿元，超募 220 倍——这已经不再是一次简单的股权众筹了，而是衍生成为全民抢购一家创新企业原始股权的狂欢。

130 万元每份的金额，5500 多人参与预约认购，大量民间资本的注入让这个事件得到了数倍放大，股权众筹成为民间资本除股市、基金、理财之外又一个释放的重要渠道，该项目本身也成就了股权众筹历史上迅速激活如此规模的民间资本的新案例。

筹道股权 CEO 管晓红说："这个项目充分展示了众筹的力量，是打通民间资本和融资项目的快速通路。通过股权众筹，双方可以最大化的进行资源匹配。Wi-Fi 万能钥匙项目的火爆，不但刷新了股权众筹的历史纪录，也强有力地证明了众筹是创新企业的融资首选。"

新通道

经济学家达龙·阿森莫古和詹姆斯·罗宾逊的《国家为何衰亡——权力、繁荣和贫困的起源》一书认为，一个国家的兴盛或者衰亡，关键看这个国家的管理机构是普惠性还是榨取性的。在压榨性的国家里，统治阶层的精英们的目的是从社会的其他部分榨取尽可能多的财富，他们不参与创造，而是满足做一个收费站的社会功能，先占位，后占有，建立边界，然后收费，供养特权阶层。而普惠性国家则会给予每个人获得经济机会的渠道，通常来说，更多的普惠性带来更大繁荣，而更大的繁荣又为更大的普惠性提供激励。在这方面，众筹模式的普惠性特征，为人们获得经济机会提供了一个新通道。全球国家需要珍惜互联网技术能够带来的普适性的发展机会。

1. 社会经济的普惠性

普惠性的方式实际上是全球政府都在追求的价值，但是能不能够做到，确实涉及能力的问题。信息和知识是经济发展的根本动力之一，因为知识改变是人的思维和做事方式。所以互联网技术发展以后，社会经济的普惠性的时代就到来了。

说社会经济的普惠性，在全球，不是出于精英金融阶层的良心发现，而是互联网技术带来的发展红利。在全球的企业丛林中，旧模式不会自动退出舞台，而是社会发展的过程中实现自我造血。弱势资源之间的汇聚，照样是改变历史的力量。

普惠性的实质是建立服务型政府。发展中国家的政府需要将自身的职能定位于经济调节、市场监管、社会管理和公共服务。互联网经济绕过了传统的政府体系对于经济的干扰，民众和民众之间的横向价值互动，不再需要收费站体系，能够倒逼全球政府转型。

这是天上能够掉馅饼的时代，普通的民众需要能够接纳互联网分享给每一个人的资源，进入到众筹和众包的社群中，去分享知识、发现价值，然后参与进去，最终实现自身的发展，改善自己的事业环境和生活环境。

2. 私募性众筹的普惠性

"私募性众筹"是笔者的新提法。对于民众来说，最可怕的就是机会不平等，这是全球的普遍现象，优势阶层的人往往通过自己的渠道，游说政府，堵死一些上升的通道。后来者和普通人很难通过程序性的互动发展起来，所有资源基本上都掌握在优势阶层手中。这种社会就成了坏的"资本主义"。基于互联网的"私募性众筹"将机会还给了民众，这使得整个经济体能够摆脱单一的资本来源。

相对于传统融资方式，股权众筹更为开放。由于线上投资者本身就是有不特定性，从而涉足传统"公募"的领域，使得"公募"与"私募"的界限逐渐模糊化。

股权众筹的一大特点是草根化、平民化，一方面草根企业在平台网站上展示项目，只要是网友喜欢的项目，都可以通过众筹方式获得项目启动的第一笔资金，从而为更多小本经营或创作的人提供了无限的可能；另一方面投资者也应包括草根，老百姓缺乏投资渠道，股权众筹为其直接投资提供了可能。其实，借助互联网平台发展起来的股权众筹，其精髓就该是草根的普惠性。众筹众筹，理应体现出"众"的含义。

面对众筹行业的发展，股权和经营权这些派生出来的新的价值资产，也能够分配到普通的民众手中，并且能够在社群中配置到需要的资源。基于社交的互助体系的建立，能够帮助一些人成功突破优势阶层设置的障碍。

中国作为发展中国家，从当代众筹一诞生，领导层就开始研究众筹能够给中国带来的发展机会，在很多的政策中，我们能够看到领导人的谈话以及出台的经济政策的细腻性，反映出中国政府是一个富有学习力的政府。中国政府对于众筹金融和互联网金融的支持力度，在全球国家中，是很有力道的。

在中国，众筹融资模式在新四板市场可以发挥重要作用。

2012 年，为促进中小企业发展，解决"中小企业多、融资难；社会资金多、投资难"即"两多两难"问题，中央政府允许各地设立区域性股权市场，这就是新四板，如湖南股交所、武汉股权交易中心、上海股权托管交易中心，目前新四板已经覆盖全国很多省。

新四板是为了特定区域内的挂牌企业提供股份、债券的发行和转让、发行私募债券，帮助企业获得市场关注，是中国多层次资本市场的最基础环节，好似中国多层次资本市场建设体系中不可或缺的一部分。新四板的使命在于促进企业特别是中小企业股权交易和融资，鼓励科技创新和激活市场资本，加强对实体科技企业的支持，保持中小企业的活力。

众筹融资模式主要是针对用户投资人和延伸产业链投资人。其具有天然的公众性和普惠性，所以其股权拆分更细，可以有效提高公众持股量，进而提升新四板股权的流动性。

人格金融

所谓人格金融，或可称为金融人格，其实质在于强调社群领袖的诚信和使命感，使金融活动在良好的、健全的人格指引下，彰显人文魅力，最终实现金融的普惠价值。比如众筹，它的核心是人而不是钱。众筹解决的是一个与人连接的问题，其活动的背后是社群领袖人格。

"集资"行为在中国是被严格控制的，这当然有它的合理性，劣质企业对于资本的侵蚀非常可怕，资本通过有限责任公司体系进入，一旦出现大问题，投资方需要承担比较大的风险。处于保护大众的立场，提高企业集资门槛，这有社会益处，但是也误伤了真正需要资金进行发展的企业。

1. 众筹领袖 +资本

基于公共社交圈的众筹资本运作类似于在广场上的推介者，众筹领袖必须同时是社群领袖。众筹是经济活动，社群是社交活动，加在一起就是经济社交活动。互联网技术让社会重新分众，实现社群化，社群化还是需要部落酋长的。

其实，部落领袖既需要管理好众筹事宜，将资源配置给合适的项目团队，让项目团队按照市场的逻辑自由发展，也需要管理好社群的资源互动，从中孵化出好的项目，从而再将项目资源配置给众筹参与者。在运作项目的过程中，众筹领袖需要扮演一个总协调人的角色。

由于社群类似于"广场"，众筹领袖天然就会维护社群的诚信，过往的项目成功与失败，都需要在社群中进行讨论，而不是让参与者吞下失败之果。这种追问缘由的程序能够使得组织运营透明化。众筹领袖在不同项目的协调角色，决定其是否适合担任领袖的职能，如果领袖不适合，很快就会被组织中其他人自然替代掉，因为社群都是多中心的。资源向优质的领袖转移，这是一种自然而然的分化，就和蜂群分蜂一样自然发生。

众筹领袖会拼命维系自己的名望，依靠为社群提供知识价值来维系社群的发展，这依赖于个人品牌的维系。在过去的企业中，产品是一个品牌，企业是一个品牌，而现在，众筹领袖的个人品牌是高于产品和企业的。正如网络上有一句俗语说的那样："现在是'刷脸'的时代。"

资本就需要在透明的状态之下，配置给这些社群领袖，让他们在社群中去寻找优质项目，进行投资，组建团队。这种社交圈基于网络社区，一个受到不公平待遇的众筹参与者就能够将自己受到不公的情况公布在整个社群中。这对于任何一方都是一种震慑，意味着不诚信就会失去在社群中的交易资格。

众筹领袖是以自己的整个人格做担保的，在做事的过程中，需要小心谨慎。在传统的社会组织中，处于优势阶层的人往往能够侵犯底层民众的利益，但是底层民众却没有反击的能力，这种伤害权一直是社会的潜规则之一。但是网络时代，一个普通的众筹人受到伤害，运用信息工具，足可以让众筹领袖的信用破产。

2. 众筹商学院

每一个社群都是一个众筹商学院，作为同愿者的聚集社群，社群领袖需要和群员不断地分享行业和专业心得。大家一起玩金融、交叉投资的行为，促进了群员在实践中找到自己的事业发展路径。

对于众筹领袖的要求，最好是成功的企业家，具有深厚的专业背景，这样的人才在经营好自己的企业之外需要移资建立社群平台，这些可能是他们自己的用户圈或出于对某一类技术进行精深研究的社群。

每个社群都是一个实战的投资学院，社群规模的大小本身也是众筹消费的市场，社群路演能够检验一个项目存在的价值，在社群中就能够被检验出来。

社群群员的意见使得大量的意见得以汇总，这种自带市场的孵化器体系，是一个互动的商学院体系。

基于几千几万人的工程技术社群，研发在一开始就可以互动开放，这种在一个知识场中发生的碰撞，能够获得大量的原创性的知识。这种基于"智力金融"互助体系，对于未来的创业者而言非常重要。

第三章

生态公司：众筹+股权

从2014年开始，监管层明确了对股权众筹的支持，股权众筹由此呈现出新的生态。"众筹+股权"显示出企业和个人融投资在活力与创造性二者兼备中向前发展的趋势，股权人和发起人也越发理性，其价值链开环彰显人性色彩。总之，"众筹+股权"拥有无限"钱景"。

公司的历史及架构

个人是公司发展的前提条件，公司是个人的发展舞台。只有在集体中，个人才能获得全面发展其才能的手段；只有在集体发展的前提下，个人才有可能发展。

一个可持续发展的公司，都具有清晰的公司治理结构，它不仅有利于人的主观能动性的发挥，也是公司发挥专业理财职能的基础。

1. 人与公司的关系

公司是 500 年来最伟大的制度设置，本质上是符合人性的，个人的权益通过股权合作这种东西，使得人的潜力能够发挥出来，股权利益是促使人聚集在一起，形成一个长期"共和"的体制。民主国家的体制也是公司制的翻版。

经过几个世纪的演变，公司已不仅仅是一个经济性组织，而已经成为介于国家和个人之间、在各个领域都极具影响力和支配力的社会性组织：促进自由公平的竞争、建立和完善法治社会、推动科学技术的进步、提高社会的文明程度、改善人们的生活方式和彼此间关系、改变国与国之间合作与竞争的方式。在公司这个生命体孕育生长的背后，是全人类不断认识财富、认识市场、认识权力、认识人性的思想历程，是市场经济发展的清晰脉络。

全球化日渐加速的今天，公司的力量如今已渗透到人们工作和生活的方方面面。那么，个人、个体是如何进入公司的？股东是什么角色？怎么去自我挖掘自己的潜力的？几乎所有人都忘了一个事实，公司的本质是共和之道和共赢之道。一言堂的公司在实质上是一个大个体户企业，不是公司，很多现代企业的股权结构不足以成为一个现代企业。个人企业和公众公司之间其实存在着本

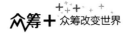
质的价值观的差异，能不能创立一个现代企业，是判断这个人能不能成为众筹领袖的关键点。

2. 公司治理结构

公司治理结构，指为实现公司最佳经营业绩，公司所有权与经营权基于信托责任而形成相互制衡关系的结构性制度安排。全体股东认同一个价值趋向，以现金或其他出资方式为衡量股份权益形成契约而成立有限公司形式之企业，企业的安全性和成长性均取决于该公司内设机构积极的履行职能。

人是万物之灵，是这个世界的主宰者。人类与其他生物之间的最大区别是人类的大脑是最智慧的，是最具有创造力和竞争力的。我们通常看待或形容事物特征的时候经常采用拟人化的思路，其实人体的结构正是这个世界上最完美的结构。一个企业就像一个人，企业的"大脑"是董事会，企业的"心脏"是总经理，总经理及其辖制的经营管理部门也就是企业的"五脏六腑及肢体器官"，企业的"免疫力系统"是监事会，企业的"神经系统"则是"公司法人治理结构"。

公司制度其实是众筹组织的内核。为什么这么说呢？任何众筹组织都是松散汇聚的群体，如果没有领袖的存在，那么其实就是一盘散沙。企业是有目标的经营型组织，需要精确性的、程序性的运作。企业需要员工和利益相关者，而社群中很多人均是参与者。一旦众筹项目成型，就需要立即导入股份制公司的体制之下。公司组织是人类几百年来行之有效的组织设计，虽然互联网让公司的边界模糊了，但是核心依然需要公司制。笔者预测，公司制度还会贯穿千年，还会是未来人类社会的主要经济制度。

股权众筹

股权众筹是指股份制企业出让一定比例的股份，面向普通投资者，投资者通过出资入股公司，获得未来收益。所谓股份制企业，是指三人或三人以上的利益主体，以集股经营的方式自愿结合的一种企业组织形式。股权众筹的另一种解释是私募股权互联网化。

股权众筹涉及股份制公司的历史回顾、股权众筹中人的角色的转变、股权众筹的使命、股权众筹的收益、股权众筹的风险、股权众筹的监管及过程透明化、众筹金融交易所等。下面我们一一解读。

1. 股份制公司的历史回顾

股份制经济起源于西方。1553 年，大英帝国以股份集资的方式成立了历史上第一家股份制公司——莫斯科尔公司。经过一次又一次历史的冲刷与考验，进入新世纪的西方国家已经建立了一套比较完善的股份制经济体制。东方的股份制经济起步较晚，东方各国都是在近代才逐步建立了自己的股份制经济体制。作为东方最大的文明古国——中国，则是在 20 世纪 70 年代才有了自己的股份制公司。

2. 股权众筹中人的角色的转变

进行众筹的企业都一般处于起步阶段，名不见经传，风险很高，公信力低，有知名领投人的介入，会为其他参与者带来很大信心。领投人在某些行业领域具备丰富的经验，有独立判断能力和风险承受能力；具备专业能力，可以进行尽调、确定项目估值、协助路演、完成投资条款等。

领投人不仅仅带来资金，而且能带来人脉、管理指导等很多宝贵资源。众筹与传统创投的一大创新之处在于它的领投人机制，意指少数对项目所在领域有相对丰富经验的投资人指导带领多名跟投人一同对企业进行投资，在合投、跟投的过程中投资人与优秀的领投人共享经验。

事实上，在美国，网络众筹平台已经开始重塑创投格局，而在中国，天使投资环境不容乐观，众筹平台网站刚刚起步。如今，股权众筹在中国也有了行

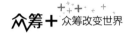
业指引——《中国天使众筹领投人规则》。规则规定了双方在投融资过程中应尽的责任和义务，明确了天使众筹的基本流程。领投人须半年内投资过项目，最近一个月约谈过项目，一年领投项目不超过 5 个，至少有 1 个项目退出，专业协助项目确定估值、进行路演，完成该轮跟投融资等。

该规则可更好地解决在天使众筹过程中创业企业和投资人之间的多对多关系所带来的复杂沟通成本，进一步促进中国天使投资领域走上正规化、标准化，让投资人和创业者双方均能从中受益。

3. 股权众筹的使命

2014 年股权众筹得到了发展和关注，这一年被金融界人士普遍称为股权众筹元年。无论是从已有的数据统计，还是实际的市场需要，股权众筹市场潜力都非常巨大。股权众筹平台似乎正在承载更多的社会使命。

据有关研究，一直以来，中小企业融资难是很多创业团队面临的题目。以往金融市场的诸多改革措施，也是紧密围绕着方便企业融资为目的的。开创多层次资本市场，鼓励金融创新，是金融改革的终极目标。股权类融资方式一经推出，就获得投资人及创业者的强烈关注，足以说明这一融资模式，完全符合金融市场的民主化、市场化道路。创业者不再局限于向银行、风投机构募集资金，而是转向互联网股权众筹平台，这是推动民间资本参与市场的优良方式。

4. 股权众筹的收益

每一种新的融资方式的产生都不可避免有些许缺点。对于商业理财而言，没有什么万金油。因此，要想将个人商业需求和目标与理财选择相匹配，就要全面了解可行的选择以及它们是如何影响商业运作的。在这里，我们将要关注股权型与收益型众筹活动的不同之处，而这些特点可能会使企业主们一较高下。

一是收益型众筹。美国的两家众筹网站平台 Kickstarter 和 IndieGoGo（一家众筹网站平台）在小微企业融资方面颇有建树。对于收益型众筹而言，最明显的优势就是创业者无须担忧会被迫放弃公司股权。这一类型的典型案例就是 Oculus Rift（一款为电子游戏设计的头戴式显示器）。它从 Kickstarter 募集近 250 万美元，而就在 23 个月之后，公司就被 Facebook 用 20 亿美元收购。故事讲到这里不解自明。Oculus（公司名称）的创始人和原始股东终于从虚拟中得到了现实的回报，但是那些得到收益的支持者却并没有从中获益，甚至损失更甚。包括股权在内的交易，很有可能带来令人惊叹的收入。这对于创业者来说很幸运，但是对于支持者们来说却正好相反。

除此之外，收益型众筹尤其适合针对某一项目、产品、比赛或特权的创业。如果这一产品值得大力宣传，这的确是一个测试消费者市场的佳径。它对现有企业确实有所帮助，但是对于新鲜事物也能起到广而告之的作用，尤其是那些大获成功的众筹活动。收益型融资也能为以消费者为基础的商业带来很多影响。反正你从来没见过哪个生产厂家、便利店或者原油分布公司在众筹网站上发布收益型众筹活动，因为受众是错的，人群定位就错了。

二是股权型众筹。收益型众筹所无法企及的地方，股权众筹恰恰现得良机。对于那些产品或服务欠点火候的现有企业来说，股权众筹更胜一筹。虽然其弊端会随着私人配售，产权相应削弱，但是一般来说收益远远大于参与活动时的投入。网络、经验，以及私下接触都有可能决定成败。

目前，大多数股权众筹所吸引的投资者都不足 20 人，这样比较易于管理。但是我们肯定不会把支持者和投资者都放在一个篮子里，在众筹后到结束之后的时间里，上述人群的需求就值得我们注意了。例如，一项收益型众筹活动有 2000 名支持者有可能证明比只拥有 5 名深度投资者的股权型众筹发生更加严重的资源枯竭。一旦要递送活动中承诺的产品时，两者都很不讲情面，但是组织规模越大，越需要更多资源来平息争端。完全股权众筹肯定会有其自身的挑战，但是直到完全实施完成之时，上述观点才能作数。

股东应该时刻牢记，股权型或收益型众筹是水火不容的。这两种形式可以

先后使用或单独使用，来促进一项商业或某一个项目。无论任何类型的众筹活动，它的时机、性质、结构以及目标人群都有可能大相径庭。上述案例中的Kickstarter 的成功也许并不能复制到你的财务报表之中去。大多数善于起草私人配售的顾问，包括律师和会计，都肯定不会擅长为你的活动协助制作一个创意视频。对于任何小微企业而言，决定众筹融资方式的最佳方法就是要契合他们的特殊情况，而这一切都要视情况而定。这能够有助于了解两种方式的利弊，以保证股东根据个人情况和商业需要做出正确选择。

5. 股权众筹的风险

某公司委托某股权众筹平台在网络上融资 88 万元，用于设立有限合伙企业。完成了 88 万元的众筹后，该平台以无法提供房屋产权证明，存在产权归属风险，以及房屋租赁合同的租金与实际调查的周边租金出入较大等为由，拒绝放款。但某公司指出，按照法律规定，合伙企业的合伙人人数不能超过 50 人，但案中合伙人达到了 87 人，该平台的融资行为违法。后双方产生纠纷，公司起诉至法院，请求确认委托协议解除；该平台返还 17.6 万元及相应利息，并赔偿损失。

从事情本身来看，双方各执一词。但就行业来看，股权众筹行业爆发的一系列负面事件，不由得让人关注其风险：

一是项目风险。创业企业失败的概率相对较大，或许初始的想法比较吸引人，但到了后期，比如产品开发失败、销路不好、被抄袭，甚至创业团队内部矛盾等，都会导致本就脆弱的创业公司土崩瓦解。又或许，项目存活了下来，但股权众筹融资获取回报的时间非常长，往往需要 5 年以上。如此之长的时间里，不管是企业的创新风险和投资人的流动性风险，将会受到很大的挑战。

二是平台风险。股权众筹平台虽说只是充当了信息中介的角色，理应不承担责任和风险，但实际上，在上述案件中，该股权众筹平台连保证项目信息披露的准确性也无法做到。在项目完成融资之后，该股权众筹平台才发现，项目方当时的信息披露有许多失实之处，那该股权众筹平台在线的众多项目，又如何保证其信息的真实性呢？

三是法律风险。比如上述案例中某公司所质疑的合伙人数量超过 50 人的问题，在股权众筹行业中，离法律红线或许仅半步之遥。律师表示，股权众筹平台同 P2P 一样，也应注意非法集资类风险。其中应特别注意的包括：资金流与信息流的分离，形式上和实质上平台吸收不特定多数人的钱款。非法吸收公众存款的人数标准是 30 人（个人吸存）和 150 人（企业吸存），金额限制是 20 万元（个人吸存）和 100 万元（企业吸存），超越限额达到一定条件即可入刑。

泰罗制管理、德鲁克管理到张迅诚"众筹＋"管理

管理是指在特定的环境条件下，以人为中心，对组织所拥有的资源进行有效的决策、计划、组织、领导、控制，以便达到既定组织目标的过程。管理具有动态性、科学性、艺术性、创造性。管理是普遍、普通的社会现象之一。从泰罗制管理、德鲁克管理到"众筹＋"管理，展现了管理在活力与创造性二者兼备中向前发展的趋势，从一个侧面反映了人类社会活动的进步。

1. 泰罗制管理

大工业时代的逻辑是复制，人按照程序来运作，这种管理模式是生产自动化之前的管理模式，人的本质是机器的一部分。亨利·福特曾经说："我雇的明明是两只手，怎么却来了一个人。"企业主在那个时代被称为大工业家，人类对于科技推动产业的理解还很肤浅。大工业家占据社会经济的核心地位，工人们只有通过工会组织起来，和大工业家进行利益均衡的谈判，工人在整个经济中处于弱势地位。大工业家是贪婪无耻的代名词。

到了 20 世纪初，被誉为"科学管理之父"的美国人泰罗创建了科学管理理论体系，他的这套体系被人称为"泰罗制"。泰罗认为，企业管理的根本目的在于提高劳动生产率，他在《科学管理》一书中说过："科学管理如同节省劳动的机器一样，其目的在于提高每一单位劳动的产量。"而提高劳动生产率的目的是增加企业的利润或实现利润最大化。

在每个大型劳动密集型代工企业都实行这种管理，用"泰罗的科学管理系统"将工人的潜能发挥到无以复加的程度。有人说，在实行泰罗制的工厂里，找不出一个多余的工人。泰罗制将整个社会的生产效率提高到前所未有的程度，但当时却遭到来自各方面的非议，工会和社会工作者说"泰罗制把工人变成了奴隶，让资本家最大限度地榨取血汗"。泰罗的"标准作业方法""标准作业时间""标准工作量"都是以身体最强壮、技术最熟练的工人进行最紧张的劳动时所测定的时间定额为基础的，是大多数工人无法忍受和坚持的。因此，我们被引向一个观念：泰罗制是资本家最大限度压榨工人血汗的手段。尽管反对声连连，但是泰罗制还是以不可遏制的势头在全世界推广开来。

1913 年夏天，在福特工厂的所有车间，全部安装了自动生产流水线，产品的生产工序被分割成为一个个的环节，工人之间的分工更为细致，产品的质量和产量都大幅度提高。川流不息的传送带，把整个工厂联系在一起。如果说泰罗制的更多成分还只是停留在理论上的话，那么福特制从诞生之日起就被应用于生产实践。这种生产线对于整个资本主义世界都产生了巨大的影响。仅以福特汽车公司为例，1913—1914 年，福特汽车公司的生产再次实现了翻番，可是在此期间工人的数量不仅没有增加，反而从 14336 人减少到了 12880 人。

其实，泰罗制是君主制在大工业时代的"回光返照"，管理还很少基于人性的细腻思考，大工业家比较极端思维，认定效率就是金钱；工人群体也存在极端思维，认定剥削者是无耻小人。工会社群大工业家尖锐对立，精英和大众的游戏，在这个时代，斗争是主旋律，一点也不好玩。

2. 德鲁克管理

彼得·德鲁克被誉为"现代管理学之父"，1954 年，他提出了一个具有划时代意义的概念——目标管理，它是德鲁克所发明的最重要、最有影响的概念，并已成为当代管理学的重要组成部分。这使得企业追逐利润成为一种符合道德的表现。大众开始购买股票，股票也开始进入大众的理财工具箱中，剥削者的界定开始变得模糊。

目标管理的最大优点也许是它使得一位经理人能控制自己的成就。自我控制意味着更强的激励：一种要做得最好而不是敷衍了事的愿望。它意味着更高的成就目标和更广阔的眼界。目标管理的主要贡献之一就是它使得我们能用自我控制的管理来代替由别人统治的管理。自我管理意味着管理学开始承认不仅要雇用员工的一双手，而是要使用员工的全部潜力因素。如何让员工的智力资源成为企业的资源，这是德鲁克管理学要解决的问题。

德鲁克这样解释管理学的真谛："管理是一门学科，这首先就意味着，管理人员付诸实践的是管理学而不是经济学，不是计量方法，不是行为科学。无论是经济学、计量方法还是行为科学都只是管理人员的工具。但是，管理人员付诸实践的并不是经济学，正好像一个医生付诸实践的并不是验血那样。管理人员付诸实践的并不是行为科学，正好像一位生物学家付诸实践的并不是显微镜那样。管理人员付诸实践的并不是计量方法，正好像一位律师付诸实践的并不是判例那样。管理人员付诸实践的是管理学。"

德鲁克管理是资源整合和内部知识员工挖潜的管理方式，尊重个人的创造能力，并且将这种能力在组织中发挥出来，一切的内部资源都能够被调动起来，来实现企业的目标。德鲁克管理学的重点已经是基于人文的管理学，在他的书中，很少出现图表，在更多的时候，他喜欢顺应人性的方式做事。

对于社会组织，德鲁克在《非营利组织的管理》中，其实已经道出了社群的秘密。即使在平庸者的领导之下，政府和企业也能够生存很长一段时间，这说明政府和企业其实都是很好混事的，但是在非营利组织中，对于非营利的组织的成功与否不止一条评价标准。社群大量使用志愿者，无法推行强制命令，非营利组织领袖的诚信、敬业和领导力很重要。非营利社群领袖主要思考的问题是：组织的使命是什么？如何为群员服务？同时需要向社会展现更高的价值，如此才能够人丁兴旺。

德鲁克对中国发展的核心问题给出如下提示：技术和资本必须通过卓有成效的管理者才能发挥作用和功效；中国发展的核心问题，是要培养一批卓有成效的管理者；管理者不可能依赖进口，只有中国人才能建设中国；目前中国面临的最大需求和面临的最好的机遇，应该说是快速培养卓有成效的管理者；卓有成效是可以学到的，也是必须学到的。

笔者很期待众筹领袖能够带动中国的管理变革。德鲁克基于人性的管理一旦碰触互联网，就会产生一种新的管理形态，这是一种管理进化，众筹管理模式在中国的兴起，必然能够引领新一轮的管理变革。

3. 张迅诚"众筹+"管理

恒星一般都诞生在星云中，如果说社群是星云，那么星云的高度聚集也就形成了恒星，这些恒星就是星云孵化出来的"社群孵化公司"。这是一个独特的价值创造过程。众筹组织是一个独特的创业孵化器系统。

德鲁克在20世纪90年代已经预料到互联网对商业的巨大影响，他认为，基于互联网的商业模式虽然只占有很小的份额，但是却能够改变整个商业的生态环境。

企业家的角色转变，使得他们管理的范围开始向外延伸，形成"个人—公司—非营利组织—社群"这样的管理链条，这和价值链管理是不同的范式。这是互联网时代的管理创新。管理的边界需要重新定义了。邱道勇先生在《众筹大趋势》中，道出了企业家的双重管理身份，正如乔布斯是苹果CEO，同时也是粉丝的"乔帮主"，当下的企业管理往往只注重了前者，而忽视了后者的领袖塑造。

现在，众筹已经走到了我们的生活当中，并且在改变着传统的思维模式，也在改变着传统的业态模式。人的角色在这个时代的转变，形成了"社群管理＋公司管理"形式。在这种复杂相生的管理模式中，人们未来将如何生活？如果进入众筹组织，资本主义向股权主义转变，参与、分享收益等管理文化如何确立？例如，如果有一拨人有资金但没想法，另一拨人有想法但没资金，一拍即合之下，便会产生众筹效应。按照经济规律而言，这也算一种资源整合，让大家优势互补，最终形成能创造财富的生产力。比如众筹一款智能手表、众筹一部电影、众筹一个咖啡馆、众筹一名艺术家的创作、众筹买房等。

在众筹模式下，成功靠的是众人之力，但进入平稳经营期时，众人之力便会成为事业发展的阻碍，在此时，应当将众筹模式转换成公司制管理模式或董事会管理体制，由专业团队对实体经济进行规范管理，这才更有利于实体经济的发展经营。此时，众筹者们应当学会"退居幕后"，而不是争当开路先锋。放弃原有的经营模式，培养稳定的客户群体，才能进一步规模化经营。但在众筹失败的案例中，大部分众筹者都不甘退居幕后，仍坚持用众筹起步的经营方式来管理，他们想不明白，为什么众筹可以成功起步，却不能成功守业呢？因此，众筹失败通常会有两种结果：一种是相互收购，从众筹升级为个人经营；另一种是直接解体，放弃经营。

话说创业容易守业难，尤其是众筹模式之下，守业更难，但各种经验证明，众筹模式只能创业起步，若是没有寻找到更合适的经营管理模式持续下去，那么众筹或将成为实体经济的终结者。

值得一提的是，众筹后管理的核心，其实并不是指公司的业务层面，而是你如何保障股东们和公司的信息沟通是对等和畅通的。事实上，众筹后的运营管理是证监会一直关注的内容之一，股权众筹是一件非常麻烦的事，因为在众筹结束后，创业公司的产品、治理都会受到众筹的影响，而对于投资人交流、信息披露、投资者大会均需要一套完整且有效率的制度体系。

理性股权人

大众从消费者变成投资者，做一个理性的股权人，需要有投资价值观的准备，在投资和收益之间需要确立一种精神，比如对于创新的认同及程序化的认识事物的能力等。

1. 众筹过程中的"理性"的解析

理性是指人在正常思维状态下，基于正常的思维结果的行为。反之就是非理性。一切来源于度的把握。把握不好度，就会使人失去原有情况下的正常判断力。

在股权众筹过程中，不可避免地涉及公司股权架构、投资人不理性、资金监管、公司治理模式、道德风险、股权退出等问题，项目进行的过程也更为复杂。借助集体的智慧，投资者也往往能做出更理性的决策。在进行股权众筹时，需要培养普通投资人的股权投资和股权众筹意识，教育他们如何理性投资，合理理财。

众筹平台有成千上万的投资者使用它。投资者形成了一个群体，而众筹平台往往也能让他们相互交流，进而提供投资帮助。那些选择高风险、高收益投资项目的做法，往往是因为投资行为欠缺理性。因此，需要我们每个参与众筹计划的伙伴能够理性地分析众筹计划的可行性，对众筹的发起人和核心团队要有足够的了解，伙伴参与众筹可能比天使投资还要介入得早，所以承担的风险也更大一些，对这些风险都需要有一个理性的认识。

2. 理性股权人的认知能力

理性，是指人所禀赋的一种抽象的认识事物的能力。理性主要体现在人的逻辑分析和判断上，理性的思维就是解放人性的思维。理性是在理智基础上，对事物清醒的、清晰的和深刻的把握。理性股权人的认知能力，主要是指对于创新的认同及程序化的认识事物的能力。

被形容为"创业者栖息地"的硅谷，就是在创业的各阶段（种子期、创建期、扩充期、成熟期），为创业者提供了从孵化器、天使投资到风险投资的一整套融资体系，支撑了硅谷创新产业的茁壮成长。而在国内这样一个"大众创业""万众创新""草根创业""人人创新"的时代，创新格局也正在形成。因此，理性股权人对于创新的人的认同，以及对于比如众筹项目的程序化的认识，是决定参与热度甚至是决定该项目是否成功的关键。

众筹股权信托责任

对于信用托付，古典宗教企业的职业经理人用信仰和对上帝的忠诚来承接托付的责任，帮助教院管理资产。而今天的众筹领袖则需要用完全不同的角色，来承接公众信托给他的东西，帮助大家更好地完成公众使命。

1. 古典宗教企业职业经理人的信用托付

全世界第一个股份有限公司出现在 10 世纪中叶的英国。在当时，英国差不多有 58% 的土地是属于教会的。教会不是公司，神父等人是不能够经营企业的，而且神父不能结婚，因而他们没有合法的后代。因为教会没有合法的继承人，所以造出了管理权跟所有权不得不分离，只能由职业经理人来经营。

当时的教会是神权的中心，这些职业经理人心中有的是对上帝的"信托责任"，所以"信托责任"是在宗教里面形成的。在这些职业经理人看来：今天既然当了这一家教会公司的职业经理人，凭着上帝所托，就会尽他的责任把教会的财产管理好。内在的使命感使得教会资产得以维系并增值。

这种以良知为基础的"信托责任"，是股份制得以生存的唯一原因。也就是说，股份制要能推行，职业经理人必须要有良心，必须全心全力地为教会做事，因为这是上帝的企业。在这种有良知的"信托责任"的压力之下，在对上帝的责任驱使力之下，股份有限公司得以生存。

2. 众筹领袖和职业经理人之间的共性和区别

10世纪中叶的英国教会的职业经理人，或者是股份有限公司的职业经理人，与今天的众筹领袖既有共性又有区别。二者的共性主要是都替别人管理资财。而区别则在于，职业经理人的信托责任属于管理型信托，这种信托可以说是"受人之托，代人管理"，其核心内容是表决权和处分权的委托管理，使得这些权利的行使能够实现委托人或者委托人的关联方对公司的表决控制力；众筹领袖的信托责任属于理财型信托，这种信托可以说是"受人之托，指导理财，代人理财，透明过程，公平分账"，其核心目标是投资回报，而不是对公司进行控制。

同时，职业经理人是在外力即上帝的力量驱使下履行信托责任，众筹领袖则是在内力即主观意愿下的驱使下为众筹参与者创造价值。正是由于众筹领袖的主观能动性，因而其对于众筹项目更具创造性。

众筹领袖是指有创造能力但缺乏资金的人。如果你是众筹领袖，是一位众筹项目发起人，你想创业的项目是什么？围绕这一话题，你可以尽情展开你的想象，形成如下具体的规划：

第一，在发起项目前要做的准备。先要阅读该项目众筹审查指南或者规则，确保项目符合要求后，准备好项目文案。在文案中，要着重准备的是"你是谁"，要记得所有的支持者都是冲着你来的，因为你的人品和名声是最重要的因素。你的项目解决什么问题，它的未来是什么？用产品说话，支持者只会支持和他们自己兴趣相投的项目。项目目前是什么状态？真诚地说明项目的实际状态，全面地展示原型、图纸、原画、剧本或其他任何希望支持者知道的信息。未来的预期则要带上时间点，点明其中的风险和困难。绝不要向支持人隐瞒。预计的回报是什么？仔细地设计好回报，确信能够实现这些回报。记住，当支持人向你打出一笔钱，你就和他订立了必须遵守的契约。

第二，项目的进度。在什么时候应该报告项目的进度，这取决于你希望和你的支持者保持多么紧密的沟通。当然，这就需要你多多地跟支持者们联系，因为他们不仅仅带给你钱，他们还乐于在关键的时候伸出援手。不要害羞，可以大胆地向他们寻求帮助，毕竟是为一个目标奋斗的伙伴。每一个项目进度报告，除了列在网站上，也将发电子邮件（E-mail）给你所有的支持者。如果你的项目遇到了困难，务必及时地通知他们。

第三，众筹项目的调整。在项目上线后，一般的众筹网站都要修改后再次经过审核。比如青橘众筹，一旦上线，就需要重新审核，为此为了加快项目进度，则须借助人工客服帮忙解决。为避免任何的误解，所有修改版本一般都将被保存，以便支持者能看到他支持的当时版本。比如，你未来要达到的目标是什么？你需要的资金是多少？你希望合作的伙伴是多少？你的回报方式又是什么？

事实上，众筹股权如果缺乏明确的信托责任担保，出现问题很容易造成难以追责的情况。因此，众筹领袖的诚信尤为重要。所以诚信是笔者一直强调的基础经营元素。

经济学者认为未来10年是股权和股票的时代，不说这有没有道理，从微观上来看，在股票市场上确实没有多少值得投资的企业，因为在这些企业的背后，你没有看到股民愿意将钱投给他们，那是股民自己的决定。价值投资会成为未来的主流，泡沫终归是泡沫。

说中国未来的主要理财工具是投资股权，这确实挺靠谱的。

在过去，中国民众的理财产品主要是房地产，地产价格增长跑赢了几乎所有的制造业和其他行业，但是未来10年，中国地产的发展趋势，价格随着人口结构的变化，房产的价格供求会发生变化，房产将成为不算优良的理财资产，人们会致力于实现资产的流动性，股权交易将成为中国家族的主要资产配置形式，中国将迎来真正的合伙人时代。不是创始人就是合伙人，或者是股权人，因为随着社会发展，很多中产者都有机会参与到很多项目中去，享受到企业运营带来的红利。

参与股权众筹，这意味着投资者必须亲自了解项目，深度沟通，发现潜在的市场价值，甚至直接投入到项目运营中，由于对项目具有精深的理解，所以在投资的时候就具有职业化的水准。炒卖股票还是深度参与股权投资和运营，多数人会选择后者，后者是一份事业。

总之，未来中国人获得股权会变得更加容易。

公司的边界

以前，公司的边界是泾渭分明的，以前的公司边界是一条边界线，现在却是变成了一大片部分边界的模糊地带。在公司的周边，存在着非敌非友的支持群体，这些智力资源和其他的智力因素，很可能会引起公司的变革。

地球史上珍贵的水很多来自太阳系边缘的柯伊伯带，彗星进入内轨道，撞入地球，发生了地球上的一切神奇，这说明很多精彩的事业都发生在边缘。众筹的奇迹就发生在边缘，不是发生在中心。

1. 互联网模糊了企业的边界

在互联网环境中，企业不能够像工业时代机器型公司去运作，而是要转型做生态型，或者叫生物型的公司。"外去中间商，内去隔热墙""企业管理扁平化"，这些话在电子商务初期都听说过，但今天才有可能真正地实现。所以将来的企业会是一个平台型的企业，让所有的伙伴、客户一起共同应对，所以这个时候企业的边界是模糊的，企业就是人，人就是企业。

在今天，战略资产在企业的外部，不在内部，资源在外部，不在内部，所以边界模糊，比如小米的战略资产是 3000 万名粉丝，这个人群是模糊的。

在企业边界模糊的今天，我们不仅仅需要企业 1.0 信息化工具，比如说 ERP（企业资源计划）、CRM（客户关系管理）等最基本事务性的处理工具，我们还需要发挥企业员工的智慧，发挥企业员工能动性的工具，这就是今天所讲的企业2.0，2.0强调的是将互联网思维和企业协作工具、管理平台结合起来，再加上企业的创新。这个创新就意味着把人进行互联，接下来发挥每一个人的创造力。这样一种分享，将给企业带来不一样的智慧，你就可以快速地应对企业未来的变革。

2. 众筹的奇迹就发生在边缘

企业边界模糊带来的变革，其影响不止于企业本身，事实上，众筹的如火如荼，就是利用的边缘资源。这就像地球史上珍贵的水来自太阳系边缘的柯伊伯带，又好像彗星进入内轨道，使地球上有了水，这一切引发了地球上的神奇，都说明很多精彩的事业都发生在边缘。众筹也是如此，众筹的奇迹就发生在边缘，不是发生在中心。

所谓边缘，是指某些社会资源处于零散状态，这种状态是原来很少有被关注的，或者即使被关注也没能发挥最大的价值，因而我们说它是边缘的。而通过众筹的聚合与优化，这些资源发挥出了巨大的价值。现实中有许多这样的例子。

在众筹出现之前，其实把零散资金集中到一起，交给投行是必然的逻辑和路径，也就直接带来投资的门槛随之上升，投资机会极大降低，这一方面降低了项目的投资率，另一方面也提升了专业门槛，需要集中的机构——投行去进行特地的研究和考察，然后来行使投资的权利，毕竟，绝大多数人都缺乏足够的时间去研究和学习。

在众筹出现之后，它其实比P2P更有现实的社会意义。这里有个基本的前提判断，就是对于小微企业而言，股权绝对比债权更适合，因为众筹模式在理论上实现了风险和收益相对对称的核心要点，创业失败率高，因此必然要通过股权的方式实现相对较高的收益，而不是类似债权模式，收益相对有限，风险却相对较高。通过股权介入和解决小微企业融资，对于整个社会的现实意义也更明显。

价值链开环与闭环

公司的价值链是闭环的，公司创造的利润属于股东，公司的荣耀也属于股东，有形的价值和无形的价值都属于资本拥有者。人本思想在公司管理中总是看起来温情脉脉，但是在涉及利益的时候，股东和老板依然是企业的帝王。

相比之下，众筹组织，本质上是一个民主体制，众筹领袖的价值创造能够惠及群员，在众筹组织中，优质的资源创造了价值，更多的群员能够分享到这种价值。

1. 对打造公司"价值链闭环"的反思

企业价值链是以企业内部价值活动为核心所形成的价值链体系。企业的价值活动可以分为两类活动，即基本活动和辅助活动。基本活动是那些涉及产品实物形态的生产、营销和向买方的支付，以及产品支持和售后服务等。辅助活动指的是那些对企业基本活动有辅助作用的投入和基础设施。

价值链理论认为，在企业的经营活动中，并不是每个经营环节都创造价值或者具有比较优势。企业所创造的价值和比较优势，实际上是来自企业价值链上某些特定环节的价值活动，这些真正创造价值的、具有比较优势的经营活动，才是最有价值的战略环节。甚至有一些经济学家指出，未来的竞争将由目前的企业与企业之间的竞争转向基于价值链的企业集群之间的竞争。因此，实施价值链发展战略，确立企业在行业价值链中的地位是每个企业面临的课题，是直接关系到企业生死存亡的关键因素。正是因为如此，企业一直以来强调打造价值链，发展或者保持那些创造价值同时产生比较优势的战略环节的优势，以创造更大价值。

事实上，在"打造公司价值链闭环"的思维下，公司创造的利润、荣耀都属于资本拥有者。这种趋利动机下的公司管理，所谓的"人本思想"常常看似温情，因为在利益面前，资本拥有者依然是企业的最大受益者。换言之，闭环下的一切都是与大众隔绝的，其所创造的价值也自然是冷漠的，从而失去了真正的人本意义。

2. 众筹组织的开环

与"打造公司价值链闭环"的思维相比，众筹展现了另一番令人心驰神往的景象。为何那些日理万金的投资人、企业老总和媒体从业者们，时间成本如此之高，却愿意来参与众筹这样的一件事，还乐此不疲，越战越勇？当大家都没有什么财富，有的只是理想的光芒时，他们又是如何有那么多的热情来投入到众筹的"事业"中来的？其实，这一切的原因都在于参与者能够分享。

在第一章的"共享生态系统"中我们说过，众筹核心价值具体体现在这样几个方面：理想的光芒、平等的参与、自由的选择、个性的表达和开放的空间。正是这些价值，使得众筹能够让每个人都有机会成为"天使投资人"。投资者通过不同的众筹平台和不同的众筹项目，获取了自己在产品、股权或者公益等方面的回报，同时也通过与项目发起人及其他项目参与人的互动，积累了人脉。

总之，创造为自己服务，那是闭环；创造为公众服务，那是开环。开环意味着共享创造成果，这恰恰是这个时代的呼唤。

第四章

互动中国：众筹+未来

微信是个伟大的社会连接器，手机端小小的创造，就能够改变未来。微信的社会意义是连接了精英和大众，学生和风险投资人跨越了阶层，每一个人都在手边，你可以去跟他们讲你的商业计划，并且得到回馈。这是个互动的时代，我们正在面对互动的未来。

连接器

互联网的快速发展，最明显的特征就是连接，而且其连接和延伸从点到面，不断放大。"互联网＋"不断创新涌现，"＋"的是各种传统行业。而现在包括微信、QQ（腾讯公司开发的一款基于互联网的即时通信软件）其实都是在做一个连接器，人和人、设备和设备、服务和服务、人和设备、人和服务都应该有一个智能的连接。

以微信为例，微信打车、微信交电费、微信购物、微信医疗、微信酒店等快捷板块改变了传统的生活方式，包围式的生活服务让用户有了不一样的体验。微信是一种生活方式，但又不仅仅是。

1. 熟人社交:让情感的连接更亲密

微信朋友圈是一个由熟人关系链构建而成的私密圈子，人们在朋友圈中分享和关注亲朋好友们的生活点滴并展开互动。

一些家族群、同学群、大院群开始出现在人们的聊天界面，唤醒了沉睡的人际关系，七大姑八大姨遥远唠叨的温暖，兄弟姐妹们诉说近况、互相鼓励也让长辈们安心，小时候一起穿开裆裤、长大后天各一方的玩伴，都天涯若比邻地在一起聊着成长的烦恼和人生的感悟，就像从未分开。微信，将因为地域分隔久未相聚的人们重新连接到了一起。

2. 自媒体:再小的个体,也有自己的品牌

微信认为，再小的个体，也有自己的品牌。任何人，都可以在微信平台上

尽情打造个体空间，传递自己的声音，实现自己的国民影响。

微信自媒体发布流程简洁、工作效率高、阅读数据具体、读者反馈快。"自媒体人"开始以一个独立群体的面貌出现，更自由、自我地表达观点。强烈的个人色彩，加上微信的高传播特性，使得自媒体越过了传统媒体机构的从属层级，直接在人与人之间传播。

在微信公众号上，20%的人创造供80%人阅读的信息，为人们的信息获取和基于信息的讨论带来了便利，优质的信息常能在朋友圈带来"刷屏"的效果。社会性的问题，往往会活跃起公众的思维，碰撞出具有公民意识的观点，在更大范围内引发讨论，促进社会进步。

3. 智慧生活：为用户提供有价值的服务

除了连接人与人，微信希望连接人与服务，让企业能够通过公众平台为人们提供服务，在电子政务、社区服务、金融、电子商务等领域发挥积极的作用。

微信鼓励有价值的服务，不仅仅是商业价值，更强调因连接创造的用户价值，乃至对民生需求、社会发展具有深远意义的社会价值。

微信这份朴素的坚持，让一些真正有价值的服务开始被创造出来。"服务号"成为了企业、商家在与用户互动中持续创新的阵地，一种全新的"智慧型"生活方式真实地呈现在人们面前。

4. 微信国际化：走出国门输出民族品牌

截至2014年年底，微信国内用户超过5亿人，以WeChat（海外版微信的称呼）为国际品牌的微信，在东南亚、南亚、欧洲、南美等地用户突破1亿人。作为第一款真正国际化的中国软件，随着海外市场的开拓，微信作为民族品牌开始在世界舞台上展现中国互联网企业的创造力与影响力。

为让更多的人，哪怕是人口很少的小语种国家都能使用Wechat，腾讯实现了 iOS（苹果公司的移动操作系统）、Android、Windows Phone（微软公司的一款手机操作系统）、Symbian（塞班公司为手机设计的操作系统）、黑莓等多平台的支持，还推出繁体中文、英语、葡萄牙语等 18 种语言版本，并支持海外 100 多个地区手机短信注册微信账号。

因为中国在移动互联网领域的领先地位，加上有巨大的人口基数和大量聚居于大城市的人口，让智能手机的普及程度比美国更高，这使得基于智能手机的应用能够迅速铺开。在美国，还没有一个类似微信的软件，美国人现在仍热衷于发短信。微信团队的目标，是让海外的一些国家和地区能够有大部分人在使用微信，这也是腾讯产品走向国际的好机会，在之前腾讯几乎没有看到这样的机会，而这样的机会正随着移动互联网时代的到来而来临。

5. 开放平台：共同搭建一个生态

腾讯自 2011 年开始实施开放平台战略以来，便始终围绕"开放"打造文化、塑造观念。微信作为腾讯的重要产品之一，也持续表达着强烈的开放意愿，邀请合作伙伴共同营造一个共赢的生态系统。也正因为微信开放第三方共建系统的意愿，让更多人有机会一起参与到微信生态的建造之中，许多新就业机会被创造了出来。

截至 2014 年年底，微信已开发出超过 110 个开放平台接口和 40 多个企业专属接口，拥有超过 800 万个企业公众账号。在 2014 年里，微信直接带动的信息消费规模达到 952 亿元；直接带动的生活消费规模达到 110 亿元；近 8 成微信用户关注了公众账号。企业和媒体的公众账号是用户主要关注的对象，它们的占比达到 73.4%；由微信带动的就业人数达 1007 万人，其中，直接就业人数达 192 万人，间接就业人数达 815 万人。

作为移动互联网时代的"连接器"之一，微信将更致力于与公共服务的连接。医疗、教育、交通、环保，以及部门间的信息孤岛，都可以通过移动互联网探索破解之道，其中政务微信等让就医、公共缴费等离互联网比较远的民生服务，有了与互联网深度结合、发挥巨大能力的机会。微信向往更简洁、更人性化的人机接口，更有效的数据交换，这不仅为提高公共服务的效率，更为解决复杂社会难题提供了新的可能。

事实说明，连接，才能发挥移动互联网的最大威力。而在这个基础之上，互联网将更大范围连接用户更深层的智能化社交化需求，在 PC（电脑）端、移动端、多终端，腾讯都能成为一个互联网连接器，一端连接合作伙伴，一端连接海量用户，共同打造一个健康活跃的互联网生态，连接一切。

打破竖井

互联网对于经济和社会的影响就是我们迎来一个"拆墙时代"。互联网正在打破一切边界，那些顽固的堡垒最终也将被打破，其实现在已经没有什么疆界了。国家的壁垒将被打破，国界只是地理意义上的一条线，传统的组织企图将疆域留下来，继续扎紧篱笆，但这注定是徒劳的。对手现在不会出现在眼界之内，而是从更高的维度杀将过来。张小龙说："在无疆界的世界里，消灭你却与你无关。"

有一种人造坑洞，建筑工程中洞壁直立的井状管道，称为竖井，实际是一种坍陷漏斗。井壁陡峭，近乎直立，有时从竖井往下可以看到地下河的水面。其实，这种竖井引申到社会和经济层面，可以看到同业和不同业之间的隔离感，隔行如隔山的差距感突然就消失了。

国家之间因壁垒而形成的国家竖井，产业之间因壁垒而形成的产业竖井，专业之间因壁垒而形成的专业竖井，现在都是用来打破的。

作为一个封闭的存在，竖井在很大程度上隔绝了与外界的联系，因此没有人愿意身处其中成为井底之蛙。突破壁垒，走出框范，是社会发展的必然；而创新、合作则是关键所在。

1. 国家竖井——国家之间的壁垒和突破

在人们的思维中，村不是神圣的，镇不是神圣的，省也不是神圣的，但是一提到国，就神圣了。在互联网面前，没有什么是神圣的。互联网是天然民主化的技术，它是专门为打破壁垒而来到世间的。当国家遇到互联网，固守局域网不仅不可能，还可能沦为历史的笑柄。从互联网的视角来看，国不是过也是一种组织形式而已，从这个角度来说，变革其实没有那么困难，只要充分接纳全球分享过来的知识资源就可以了。

国家的存在是为了居民得到更多的福祉，如果国家的界线限制了人的福祉，那就要进行变革。很多国家的制度设置限制了人的创造力，同样是人，不同的国家组织形式，造成了巨大的差距，这种差距造成了人们尊严和幸福感的不同。

全球化这种东西，要么不碰，要么就照单全收，社会一切都要按照全球最优逻辑来进行变革。全球市场是一体化的，如果一个企业存在着国界观念，那么就只能够在一国之内组织资源；众筹组织的资源组织逻辑是全球一体化的，基于互联网的做事原则就在全球范围内组织优势资源。

国家之间的壁垒最典型的是技术性贸易壁垒。技术性贸易壁垒是指一国或一个区域组织以维护国家或区域安全、保障人类健康和安全、保护动植物健康和安全、保护环境、防止欺诈行为、保证产品质量为由而采取的一些强制性或自愿性的技术性措施。这些措施对其他国家或区域组织的商品、服务和投资进入该国或区域产生影响。技术性贸易壁垒作为一种既具有合理性又具有歧视性和隐蔽性的强大的非关税壁垒，客观上已成为中国出口贸易的巨大障碍。

国家之间的联合已经成为趋势，相互承认对方的标准，这就可以了。在未来，对于众筹模式的接纳程度，企业是在一个国家组织资源还是在全世界组织资源，这决定了高度和差异。

2. 产业竖井——产业之间的壁垒和突破

工业经济时代的组织结构设计，其基本理念源于 20 世纪初面向规模制造的流水线生产，流水线生产的基本特征是工序之间紧密衔接，每个工序环节的输入是上游工序环节的输出，从采购到研发到制造到分销，各个环节之间必须紧密耦合，彼此相关。这决定了组织结构设计的基本思想是通盘密切配合，求得整体效能最佳，从直线职能制到事业部制，再到流程制，工业经济时代的组织结构特点是高度紧耦合，也就是模块之间非独立。

随着互联网技术的广泛应用，行业垂直整合模式如同一个封闭竖井，用户一旦跳进去，就只能在这个井里面了，永远接受它给你提供的产品、服务，一切都要由它来安排。垂直整合的厂商会认为消费者对自己的产品有依赖性，建立所谓的"锁住策略"，这是很危险的信号。因为没有消费者愿意永远待在一个井里，也就是说消费者不会永远用一个厂商的产品，而且，一旦你的东西不再具有唯一性、差异化，独特性的魅力就会黯淡。

产业的创新、合作才能拥有未来。目前正处于混乱的创新时代，大家做各种路径的尝试。正因为是混乱的创新年代，所有的企业都在想办法，都在以创新的方法去探索未来的路。这也是好事，现在正是百花齐放的时候。

以 IT（信息技术）产业为例。云带来的计算和数据的集中，使得规模空前庞大，也使得自行开发全套系统成为可能。此时，系统更多由需求驱动而定制，架构也开始从层次化向竖井式演进。而由于规模效应，云对产业链上下游的话语权变得更强，可以预见，这个诞生在数据中心中的架构演进将很快辐射到产业链各方，并带动整个 IT 产业实现变革。

3. 专业竖井——移动互联网是如何破除专业壁垒的

移动互联网作为互联网行业的新领域，是一块人人都想争夺的美味蛋糕。比如现在的互联网巨头百度、腾讯、阿里巴巴、360 等都在争夺移动互联网端的入口。就专业而言，移动互联网破除的有以下壁垒：

一是技术壁垒。移动互联网产业属于高新技术行业，技术的发展与更新速度较快，行业技术门槛越来越高。移动互联网企业持续发展所需要的核心技术以及配套服务应用的开发都需要企业具备较强的研发能力与技术积累。此外，随着移动互联网应用技术的不断更新，移动互联网企业应当具备持续研发能力，需要不断更新、优化其技术，才能满足市场的需求。

二是用户资源壁垒。移动互联网产业的终端用户越多，其规模效应就越显著，增值服务和应用价值就越大。同时，由于移动互联网产业的品牌依赖度较大，需要建立起一定的市场知名度和美誉度，方能取得用户的信任。移动互联网产品功能和服务与客户的操作习惯相关，用户往往会形成一定的依赖性，这种用户黏性使得用户不会轻易更换所用的产品和服务，市场新进入者难以在短期内获得用户足够的信任，以改变其使用习惯，这为市场新进入者设置了用户资源壁垒。

三是人才壁垒。移动互联网产业核心技术和服务应用的开发和管理等工作都要求从业人员具有高水平的计算机科学知识、硬件知识、软件知识以及网络知识。我国移动互联网应用专业方面的教育起步较晚，网络应用方面的专业技术人员缺乏，高端技术人员的稀缺构成行业进入的人才壁垒。

四是资金壁垒。移动互联网产业的产品研发及服务运营需要大量的资金投入，企业在软硬件、研发团队建设、IDC（互联网数据中心）服务器及带宽租赁以及市场营销推广等方面均需要千万元级以上的资金投入水平以实现产业的规模化。由于移动互联网公司普遍具有轻资产的特性，除自有资金以外的融资渠道较受限制，因此对市场新进入者形成了较高的资金壁垒。

阶层固化和解构

其实在世界上任何信息不透明的地方，都会存在黑幕交易和密室交易的

"黑箱经济"，商业和权力的勾结形成了官僚和阶层式的资本主义。世界上所有国家的资本市场、金融市场、教育界等领域，都存在着类似的"黑箱"现象，而催生这种败德行为和不利选择的原因，都是由于信息不对称造成的。

对于这种阶层固化和市场结构固化的世界性难题，"众筹＋"可以提供一个相对畅通的社会流动渠道，构建合理的社会阶层结构，让普通人有更多上升机会，从而在一定程度上有效解决阶层固化和市场结构固化的问题。从现实以及长远来看，这应该是众筹值得把握的方向。

1. 破解阶层固化难题：众筹的本质是商业的民主化

被称为"互联网之父"的罗伯特·泰勒说："无论你身处何处，你都在网上。"今后产品将不再能够独立于互联网世界之外。传统企业和互联网的竞争本质上是两种不同意识形态之间的竞争。传统金融带来的是高门槛、高投入的控制思维，希望用大规模投入、大规模制造、大规模渠道来控制市场和用户。而互联网金融下的众筹模式带来的是不断创造用户参与，让大家共享协作的社群部落思维，随之产生的是消费的真正民主化。

众筹模式使企业不再依靠研究、调查、判断来创造新产品，不再像过去那样面对市场单打独斗，而是和用户一起去创造一个品牌，从而极大地缩短了新产品的创造周期，降低了创新的门槛和风险。事实上，一旦企业让用户参与进来获取他想要的再创造，企业会发现用户的参与感变成了一个消费的过程。在这种情况下，企业不需要再用自己的想法来把握用户，而是采用众筹的方式让用户去试，用户会用他的行为投企业的票。

工业化带来的是产品技术至上，希望用极致的产品力来征服消费者。众筹模式带来的是真正商业的民主化，产品没有最好只有更好，一个产品最重要的是如何创造用户的参与，一开始产品可以粗糙甚至满身缺点，但只要找到它的爱好者，就有用户愿意为它来埋单成为第一批用户，从而让产品不断迭代和用户一起成长。

众筹下的消费民主是以人为中心，而不是以产品为中心。以兴趣爱好和用户数据为资产，而不是以人力、物力、规模为资产。讨好消费者的时代过去，吸引用户的时代到来。众筹让企业重新从人的角度来看待商业世界，让商业回归人文，把消费者还原成真实对等的人，而不是需要搞定的目标用户。

2. 破解市场结构固化难题：众筹的势能来自打破不合理的市场结构

在传统资本密集型、高资源投入的领域，存在着巨大的毛利，而毛利的背后隐藏着一个不合理的市场结构。众筹的模式，可以动员广大用户以低门槛的方式筹集到所需要的资本，这就具备了打破原有不合理市场结构的可能性。在众筹模式下，企业本身就能获得道德感，消费者会支持这样的企业，同时消费者自己也会有动力来完成它。

众筹模式使价格平民化，交易人性化，充分代表了互联网的"草根"精神。同时整个交易环节创造了用户的参与，并让大家在参与中获得幸福感。众筹模式让品牌进入民生年代，所有高价、不接地气的品牌都可以开始写墓志铭了，即走向死亡。今后奢侈品会不断地平民化，土豪会不断地"屌丝"化。

在智能硬件创业的路上，会遇到很多难题，产品开发初期，团队空有概念，但缺乏相关的开发实力；产品开发后期，团队没有生产厂商的上下游关系，第一次面对供应链管理，又感觉束手无策。但是现在，一些原本帮助传统企业做 App（应用程序）解决方案的公司，在智能硬件的大潮下又开始为智能硬件创业者提供后台支持的云服务平台，包括手机应用开发工具包（SDK）、云端解决方案（控制、数据采集、大数据运算和智能决策等）以及设备端（基于开源硬件的参考实现和众多合作伙伴的实际应用），这些都能够让智能硬件的开发者以最低的成本，并且在最短的周期内实现自己的梦想，而不必为通用性的技术门槛支付学习成本。

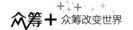

人才原子化重组

传统的创业，需要运气、时机、时间、经验等很多因素才有可能创业成功。如今的互联网，极大地拉近了人与人之间的距离，但却并未拉近人与人之间的关系。但在众筹模式下，则有许许多多梦想创业的人被聚集在一起，大家齐心协力动用自身资源，随着项目的落地实施，参与者的梦想也就变成了现实。

众筹模式下的人才重组可谓原子级的，即细化到每一个具体细节，使得参与者的能量得以最大限度的发挥。这种人才重组不仅为个人创业者带来效益，也给企业管理提供了新方法。

以前的人创业是线性的，需要一个台阶一个台阶走上去，但是，现在的创业，加入到众筹组织中，能够遇到在原来社会中十年后才能够遇到的合作伙伴。如同量子管理学中的量子跨时空纠缠，人际之间也可以跨时空连接，从而产生新的价值。这种价值就是时空红利。无数事实证明，红利不在狭小的朋友圈，通过互联网创造一种人际"纠缠"，是众筹模式内生的价值。

1. 众筹的人才重组

很多人心中的创业欲望常常蠢蠢欲动地溢出，并未随时间的流逝而淡化。无资金、无团队、无经验、无背景、无技术，即便如此，但这些人始终希望有兴趣、有能力的人帮助他实现梦想。把这些人聚集起来，形成一个组合，这就是众筹的人才重组。

人才众筹，不仅仅筹钱，更是筹团队，一个人才众筹平台，发布者发布项目，将自己缺的人才一并发出，有兴趣、有相关经验的便可类似投简历双方聊天参与。

比如，一个只有一个想法的人，他其实需要一个专业的团队，而很多有专业技能的人才也希望创业，希望组建或加入团队。通过沟通，从而让许多无资金、无团队、无经验、无背景、无技术等缺乏主客观条件的创业者们提供一个可能创业的平台。

人才众筹，即草根众筹，可以说是一种"高大上"众筹，因为事实上存在着已形成或具有某种优势的创业者。人才众筹，使得创业更加容易。

2. 公司内部人才重组

对于企业的 HR（人力资源）而已，招聘进来的员工在，有些员工对人热情，为人随和，工作业务能力掌握好，这种员工适合做售前咨询；有些员工比较喜欢安静，不善言谈，这种人适合钻研技术；有些员工威望很高，能服大众，这种员工就适合做主管；等等。这就是人才重组，并且是原子级的，就是说实现了更为细化的人岗匹配，能够发挥出人的最大价值——为企业创造的价值和为自己创造的价值。这就是典型的民主化，也是众筹模式的根基。

大家都知道熟能生巧的道理，各行各业都一样。如果已经工作了的网友们都应该知道，当我们去企业面试的时候，那些企业的 HR 问的第一句话往往都是"有没有工作经验"，而非学历。工作经验被视为保证工作质量的第一生命力，所有的企业都不愿意为了节省短期内的薪资成本，而花费公司的人力资源去培养一个没有工作经验的人员。因为大家都无法保证公司的职员在能胜任工作之后不会跳槽。所以考虑到公司的长期发展，大部分企业都愿意高薪聘请一个有着丰富经验的员工，因为他们有着更大的稳定性。

尽管对公司来说，短期内公司内部的人才调整会造成部分员工业务不熟悉而影响相应的服务质量和效率，但是，在进行公司内部人才重组之前，企业的高管都对每个员工都有着特定的了解，是经过深思熟虑才做出的调整。经过公司内部职位的合理化调整，员工定能提高工作效率，更好地为用户服务。

众筹热点和节点

众筹的运作逻辑和公司不一样，传统的公司是一步步走过来的，众筹立足于差异性而不是趋同性。众筹起点就是高峰，成熟的资源加上成熟的资源，才能够获得众筹热点。最优价值元素的组合才能够获得竞争力和差异性。

节点，最难的就是协同散落在全世界的资源，如何通过一种高效的范式结合在一起，完成以前只有在一个组织内、一个地域内完成的事情。这是未来的问题，需要更多的技术进步来解决。

1. 资源 + 资源 = 众筹热点

资源云集是众筹的精髓，而精髓的精髓是成熟的资源加上成熟的资源。什么是成熟的资源？参与者为行内大咖，是"千年老妖"的级别，这样的资源才是成熟的资源。成熟的资源影响巨大，大到什么程度呢？自从项目预告发布后，这个起点就是高峰，比如微信开始进入了繁忙模式，红色点点便如那黄河之水连绵不绝。热点出现后，早已翘首期盼的参与者赶紧进入直播间。

具有成熟资源资格的大咖们为什么能够产生热点？就是因为他们善于对众筹进行深入的研究和分析，发现其中的问题，最后找到对应解决问题的方案。

比如通用问题上，众筹创业也是创业，创业所需要的一般要素必须都是一样的，无论是不是众筹，原本的成功率都是不高的，成功是环环相扣的。众筹万能论（不成立），不可能众筹的项目就必成。产品问题、人才问题、经营问题……就像咖啡馆的选馆问题、原料问题、成本问题都有可能导致失败。因此，众筹失败本身的问题要归到项目失败上。

再如在项目管理上，如果做得不好，会带来新的风险，而导致项目失败。比如一个众筹的咖啡馆，原定的 140 人中，可能有的人是为了财务回报，有的人是为了结识圈子资源，有的人是想跟咖啡馆合作，有的人是为了带朋友来聚会有面子……这个咖啡馆如果没有进行适当的管理，让股东们分别满意，减少内讧与分歧，则会有众多的投资人失望、不满，甚至怨愤，直至最后倒闭。

总之，大咖们善于把握三个环节：第一，众筹集资功能，是集资，也是项目方智慧资源募集平台；第二，创业软孵化服务功能，也是项目方成长动态发布与创业导师在线指导平台；第三，投后管理功能也是创业者股东关系管理与股东资源开发平台。正是由于他们在这些地方下了很大的功夫，才有可能实现一些行业内特色的功能。

2. 众筹的节点在于协同资源

众筹对资源的协同聚合功能是显而易见的，它可以通过一种高效的范式将各路资源结合在一起，这其中需要更多的技术进步来解决。

首先，众筹能解决国内创业者融资艰难的问题，能帮助创业者或者中小企业有效地聚合处于闲置状态的资金；其次，通过互联网第三平台结构连接发起人和投资人，能有效地扩大社交圈子，为资源聚合提供更为广阔的空间；最后，众筹作为一种商业模式，能打破信任壁垒，借助互联网平台工具解决信任背书，聚合陌生资源。

众筹除了能做资源的聚合，还能对资源进行筛选。项目发起人可以选择适合自己的、自己缺少的、能和自己互补的资源，并将多个独立的资源连接起来，实现资源的最优配置。而更为重要的是，众筹可以打通各行各业之间的壁垒，让资源得以无障碍地流通。

众筹是开放的、跨界的，众筹的资源也是超乎你想象和预期的。以产品众筹为例，它之所以区别于团购，就是因为团购仅仅聚合了一个赢利目的非常明确的客户；而如果是众筹股东，他不但能贡献可以产生赢利的人脉资源，还有可能获得他的创意能力、公关能力、策划能力等，更有可能通过跨界的碰撞，产生新的合作。

众筹能有效地整合资源，其根本原因在于"参与感"。通过平台工具，众筹不但将跨区域、跨行业的资源整合到了一起，还能通过参与感，最大限度地激发各方资源的释放，并且将消费者转变成了投资者，而在这一过程中，消费者深入产品研发、宣传等各个环节，体验到的不再是单纯的购物体验，而是一个追求极致的过程。这一过程激发了其主人意识和参与热情，从而使其资源能为项目所用。这是一种比小米手机更为彻底的参与方式。

人口是优势

互联网能够为金融板块注入更多的活力与生命力，同时也为更多个人投资者带来利益。对这一点，世界银行也给出了乐观预测：2025 年全球众筹市场规模将达到 3000 亿美元，中国市场将占到 500 亿美元，中国拥有巨大的人口基数，将是众筹行业发展绝佳的环境。

1. 众筹潜力巨大

目前，有四种普遍的众筹模式：一是捐赠模式，你投了 100 元，我谢谢你，完了；二是奖励模式，你投 100 元，我送你一本书或者送你一箱橙子；三是债权模式，你投 100 元，我送你 100.5 元；四是股权模式，你投 100 元，我送你 0.1% 的股权。

某众筹网发布的《2014 年中国众筹模式上半年运行统计分析报告》显示，2014 年上半年，中国众筹领域（不包括 P2P）共发生融资事件 1423 起，募集总金额 1.88 亿元。其中，股权类众筹事件 430 起，募集金额 1.56 亿元；奖励类众筹事件 993 起，募集金额 3228.07 万元。

股权众筹平台原始会 CEO 陶烨在 2014 年 9 月透露，目前仅是打着股权众筹旗号的，就有五六十家，如果加上线下的中介，则数不胜数。"需求太大了，"陶烨说，"企业融资的需求和投资人寻找好的企业投资的需求都非常强烈，但这个需求没有很好地对接在一起，所以会有这么多的人来做这个事。"

陶烨是注册金融分析师（CFA），普林斯顿大学公共管理硕士，其归国创办的原始会已成为中国股权众筹行业的领军企业，也被业界称为互联网金融行业第一美女CEO，推广中国股权众筹阳光化的第一人。她看到的是一个千亿元级、万亿元级的市场，"虽然现在完全线上的股权众筹融资规模很小，但潜力巨大"。陶烨的希望是：未来有更多的普通中产阶层，比如你、我，或者一些没有接触过股权投资的，没有专业知识和背景、渠道的人，能拥有机会，参与到股权投资的领域。

2. 中国众筹金钥匙

中国为什么要加快进行股权众筹的金融创新？首先是中国在众筹方面握着一把金钥匙，相当有竞争力。这把金钥匙，就是人口基数庞大，并由此产生人口拉动效应。当然还有中国传统文化基因及市场规模效应。中国有超大规模的人口基数，是目前全球人口基数最大的国家。众筹要的就是人，人越多效果一定越好。对于众筹来说，中国庞大的人口基数不但不是劣势，反而是最大的优势。

在这样一个背景之下，中国出现了"大众创业，万众创新"的浪潮。2014年中国新增市场主体1300万个，为人类历史上所从未有。目前即使美国也只有1000万个市场主体。中国一年造就个体工商户和其他类别企业就达到了1300万个，预计最高会达到3000万个。目前中国工商企业单位加上个体工商户等市场主体总数约为1亿个，其中3000万个是工商企业，这就是中国的超大规模难题，有哪个国家、哪个地区会有如此多的企业主体？

按照大数定律，3000万个市场主体，存活10年以上的在20%左右，也就是说中国有大约600万个中小企业将来会存活10年以上，这600万个其中至少有100万个相当于中型企业，我们估算其中至少有20万个可以上市。所以，这就面临小微企业整体来说融资难、融资贵的问题，这不光是由于中国金融体制存在一定的抑制作用，也由于存在着超大规模带来的巨大的需求效应，谁能满足得了这么多需求？这次政府工作报告提出，银行业的发展上，新设立银行成熟一家，就批准放开一家，不受限额。我们所做的研究估算，将来肯定会加速批准这样的银行，但这依然不能满足中国已经出现的，未来会达到高峰的创业浪潮即 3000 万个市场主体的融资需求。

可以想象一下，美国资本市场目前算是世界上最发达的资本市场，法制也是比较健全的，它的主板加纳斯达克上市公司才 2 万家，按这样推算中国至少要有 6 万家，我们是它的整整 3 倍，6 万家这样一个巨大的股权市场的融资规模在人类历史上是少见的，可能遇到的问题是前所未有的。所以，这就是中国要进行股权众筹的金融创新的巨大推动力量，这是排山倒海式的力量。

互动中国

面对商界的风起云涌，如何能让自己的项目脱颖而出，让支持者呈几何倍数一样递增，这是不少创业者面临的问题。现在，具备极强互动性的众筹模式正向你走来，它可以让你的项目像病毒一样传播。众筹模式互动性高，可帮助参与者获得更多的反馈信息，在快速推广项目的同时，更利于判断项目的可操作性。

1. 众筹模式的互动性

如何做好众筹中参与者的互动是决定众筹能否成功的关键因素。互联网本身具有信息交换不受空间限制、信息更新速度快、交换信息具有互动性、信息整合能力强等特征，由此平台上建构的金融模式也具有信息交换速度快的优势。同时，互联网金融减少了交易过程中的中间环节，简化了交易手续，在资源信息共享的基础上，极大地提高了交易效率。而作为互联网金融下的众筹模式，其参与者之间的大量信息以及项目的相关信息是通过互动来完成的。

众筹本质在于社交，让特定人群支持特定的人，帮助梦想变成现实。一个好的众筹项目，需要与投资人有好的互动，而不仅仅是一个产品的推销。很多不错的众筹项目，点赞的人数远大于实际投资人数，这说明很多人只是感兴趣，但最后没有进行实际的投资。究其原因，是投资者对项目还没有充分的了解和信任，这时候就需要项目发起人和支持者积极互动。因此，在积极互动的同时，众筹发起的企业要为投资人提供完善的信息披露，包括融资方面的进展以及资金去向等，以让投资者能进一步了解掌握项目规则，增强参与感。

2. 众筹互动中国

各式各样的众筹借助极强的互动性，在公益、科技、创业、音乐、游戏、影视等领域大显身手，互动中国。

比如，公益众筹可能是众筹领域中参与人数最多的领域了，同时公益众筹作为一个单独的分类，还是众筹的主要模式之一。用众筹的方式做公益，在某些方面能促进公益事业的发展。例如，众筹要求支持者与发起者之间建立较紧密的联系，不是交了钱就完事的一次性捐赠，这种紧密的联系有利于公益项目的监督和实行。另外，过去不少公益项目的主要支持者是"有钱人"，一些公益项目的透明度和开放程度依然受限。众筹开放式的运作方式，不仅便于更多的人参与到公益事业中来，而且也能激发创意型的公益项目，促进公益形式和运作模式的发展。

再如创业众筹。创业领域是针对股权类众筹而言的。无论是线下商店还是线上产品，众筹已经成为了不少人实现创业梦的理想方式。对于投资人而言，新兴的创业项目对资金的吸引不是一天两天了，众筹可以帮助投资人寻找优秀的创业团队，同时还能一个项目多人投资，分散投资风险，为创业者和投资方提供了一个良好的沟通渠道。除去法律风险外，如今的创业众筹平台已经朝着越来越专业的方向发展了。

虽然众筹的发展相比其他互联网金融领域稍显迟缓，但众筹的形式和概念在各个领域的影响力正逐渐显现，只要运作得当，众筹大有可为。

第五章

世界创造：众筹+科技

互联网众筹不仅是传统众筹的互联网翻版，更不是部分创业者的异想天开，它具有坚实的技术、文化与思想基础，展现出广阔的发展前景。而作为纵深发展的"众筹+"变革的启动，将有力地推动中国传统制造业由"中国制造"走向"中国创造"。未来之路值得期待。

众筹，一石激起千层浪

众筹的兴起源于美国网站 Kickstarter。21 世纪初，该网站创始人 Perry Chen（中文译名陈佩里）为了在新奥尔良举办一场音乐会，和创业伙伴们音乐记者 Yancey Strickler（燕西·斯特里克勒）和媒体设计师 Charles Adler（查尔斯·阿德勒）一起，耗用了近 4 年左右时间一步步搭建好网站 Kickstater，并在 2009 年 4 月上线。Kickstarter 上的项目有 13 个大类，分别是艺术、漫画、舞蹈、设计、时尚、影视、食物、音乐、游戏、摄影、出版、技术和喜剧。其中，成功筹款项目数居前三位的是音乐、电影、艺术，成功筹款金额最多的是游戏、电影、设计，筹款成功率从高到低则依次为舞蹈、戏剧、音乐、漫画、艺术、电影、手工等。虽然 Kickstarter 上也有筹款金额达数百万元的高科技产品，但要说文艺范儿奠定了 Kickstarter 的基调也并不夸张。Perry Chen 的文艺情结和理想主义情怀让 Kickstarter 成为一个特立独行的公司。可以说，众筹生来就是个"文艺青年"。

该网站通过搭建网络平台面对公众筹资，让有创造力的人可能获得他们所需要的资金，以便使他们的梦想有可能实现。这种模式的兴起打破了传统的融资模式，每一位普通人都可以通过众筹模式获得从事某项创作或活动的资金，使得融资的来源者不再局限于风投等机构，而可以来源于大众。

众筹在国内兴起后，现在这个词所包含的事物越来越多。比如出现了创新的 3D 打印机的实物类众筹，通过贩卖 3D 打印机生产出来的定制产品，吸引消费者购买。再如在北京出现了众筹买房，他们募集 200 人在河北沧州筹备建立众筹家园小区。房价在每平方米 3500 元以内，通过"熟人圈"和"微信朋友圈"宣传这个项目。还有其他很多各色各样的项目，比如众筹一名船长"横跨大西洋"的出海航行、众筹一份给爱人的商业保险等。可以说，众筹已经超越了我们的想象力。因为众筹的力量来源于发起人的异想天开，再加上很多人有共同的愿望，使得众筹超越了很多社会的限制。

众筹，可谓一石激起千层浪！

1. 众筹的特点

众筹项目金额低、周期短、回报高所表现的种种优势，正吸引着越来越多的人。

一是金额低。目前国内众筹项目募集成功的产品普遍金额较小，这是它的一大优势。以阿里巴巴为例，截至 2014 年 7 月 15 日，在阿里巴巴已经成功的产品中，权志龙演唱会、音乐小说《孔雀大明》和当卡寺产品支持金额位居前三，排名前十的产品均超募且支持金额均超过 10 万元。由于有些项目目标金额较低，参与的人非常多，最后募集到的金额超过预计 10 倍。值得注意的是，目标金额的设置需要将生产、制造、劳务、包装和物流运输成本考虑在内，然后结合项目设置一个合乎情理的目标。

二是周期短。众筹的筹集天数应该长到足以形成声势，又短到给未来的支持者带来信心。在国内外众筹网站上，筹资天数为 30 天的项目最容易成功。一般来说周期在 30～45 天，国际上也差不多需要这么长时间。点名时间的产品到达消费者手中的周期一般就在 30～45 天，但具体的时间需要根据使用的众筹平台的流程、项目的热度以及你的生产能力而定，有的项目生产周期长，那么这个回报时间就会久一些。比如 G 先生有一次在点名时间众筹一个项目，刚开始预热用了 15 天时间，之后的筹款阶段用了 45 天，接下来是回报给支持者，用了 15 天。

由江苏众筹网络科技有限公司率先推出的基于社交网络、面向广大网民日常生活内容的"轻众筹"，是以独立网站运营，针对商业市场的品牌众筹平台，周期短是它的一个明显特点，即"即发即筹"。以往，项目发起需要经过众筹网站的多重审核，发起人在准备了优秀的文案、等待长时间的众筹周期、付出高昂的推广成本后，才有可能众筹成功。"轻众筹"可以在手机端即时发起，即时分享，写最简单的文案，碎片化的时间就可以发起一次众筹，分享到社交空间中，让那些没有时间去做的事，如同学聚会、同事联谊、登高览胜、徒步旅行等，可以短时间预约完成，也使好友间的关系就变得更亲密。"轻众筹"项目在筹资成功后，相比于传统众筹，结款程序更加流畅，款项到账更加及时，方便项目回报的执行，不再有后顾之忧，让连接更加流畅，比如在某个周末，你就可以完成一次众筹。

三是回报高。众筹的核心思维是：搭建一个平台，汇聚各个小个体的力量完成一个项目，并让参与的小个体获得当中的利益。众筹网站都是通过发布者发布项目并给予相对应捐助金额的固定回报。回报的方式是除股份、利润之外的其他方式，例如实物产品、签名海报、支持者名单等。目前绝大多数的众筹网站，例如国内的点名、追梦等都是由项目发起人进行回报。还有少数网站，例如悦粉网，除了项目发起人的固定回报之外，平台本身还对支持者给予回报。

就公益众筹、产品众筹和股权众筹来看，其回报方式和内容不尽相同：

公益众筹，回报的更多的爱心的传递，也就是精神上的享受和提升。

产品众筹，回报或者说分享的是一个创意，同时也可以以低于市场价格得到一个产品。参与产品众筹，你能够以低于市价购入一项创意类产品。而更多人感兴趣的不仅仅是产品，这里面有支持和投资的成分，他们非常期待跟创业者一起完成一件事。这是产品众筹与电商平台最大的不同——参与感。

股权众筹，在回报上最有吸引力，但同时它的回报率风险值极高，如果成功那么就是翻数倍的回报，如果失败那么只能"sorry"（对不起）。股权众筹是非常令人着迷的模式，因为它有点类似于投资一家未上市公司，从而带来巨大的回报，也可能亏得分文不剩。跟一般的天使投资一样，众筹可能产生非常大的收益，但是投资者也必须做好可能血本无归的准备。这也决定了股权众筹的规模不可能有 P2P 那么大，但它可以作为资产配置的重要一环。

从策划角度来说，对支持者的回报要尽可能的价值最大化，并与项目成品或者衍生品相配，而且应该有 3～5 项不同的回报形式供支持者选择。虽然鼓励项目的回报要有所创意，但有些回报是坚决不能拿出手的，例如，你在青橘上边筹集成功了一个旅游项目，那么，给支持者钱显然不是最好的回报方式，比如可以奖励一辆山地自行车，或者冲锋衣、背包等一系列跟旅游有关的礼品会来的更好些，毕竟大家多少都对旅游感兴趣。因此，应该提供一些多样化的回报，在项目中可能一些支持者会支持 100 元甚至更多，但其有些支持者只能支持 10 元。那么就可以考虑每一位支持者的支持能力，尽可能地提供几组吸引各种人群的回报奖励。当然要考虑一下成本这一块的支出预算，并且有可能还会用一些资金做宣传活动，所以计划行事，考虑周全。

2. 众筹的三个特定属性

作为一种新型投融资形式，众筹的火爆，使各行各业的创业者们都有跃跃欲试的冲动，都意欲在这个新兴的领域里有所作为，生怕错过分享这一盛宴的机会。然而，众筹并不是单纯的筹钱行为，它有三个特定属性：筹人、筹钱、筹资源。

从梯级上来看，筹人是第一位的，一个好的项目浮出水面后，首先做的是找一群志同道合、有共同价值判断和优势互补的人在一起；确定项目可以启动了，再评估启动资金，积聚大家的力量筹钱；为了使项目能够顺利实施，所有人都有动用自己的资源，助力项目取得成功。

一是筹人。众筹的第一要务是筹人；所有的众筹，一定是先筹人。筹人意味着什么？这意味着筹来的东西包括人身上具备的全部东西，如知识、人脉等等，由这些人组成一个圈子，为项目做支撑。从众多的众筹实践来看，众筹的"众"被视为重中之重，这个"众"包括五种人，即制造者、设计者、传播者、销售者和消费者。当这些身份放在一个人身上的时候，力量是很强大的。如果没有这个环节，花几十万元开一家店，然后雇用员工去销售，这个难度就很大了。通过众筹的方式，就让产品先有用户，先有传播。这种方式可以极大地降低创业的风险，可以真正改变整个中国社会创业的格局，带来真正的"全民创业，万众创新"。

二是筹钱。为创业者"筹钱"是众筹的意义所在。一句话理解众筹：小钱办大事。能不能办成这个"大事"，关键在于项目能不能让人"尖叫"，这是决定能否筹成钱的砝码。好的项目会说话。只要你的项目真的能够让人尖叫甚至跳起来，而且还非常开心地向他的朋友推荐，那你一定会成功。从商业和资金流动的角度来看，众筹模式其实是一种团购的形式，和非法集资有本质上的差别，所有的项目不能够以股权或是资金作为回报，项目发起人更不能向支持者许诺任何资金上的收益，必须是以实物、服务或者媒体内容等作为回报，对一个项目的支持属于购买行为，而不是投资行为。

三是筹资源。这种资源可能是人脉、渠道、智慧、场地，也可能是某些行业内鲜为人知的经验、技能、商业规则。对于一个初创团队来说，资源是稀缺的。在创业初期，人力、物力、资源都处于全面匮乏的状态，自然是能省则省。然而在传统创业模式下，付出也未必能得到回报，即使你手里的项目再有创意，托关系、拉朋友也未必能得到利润回报。然而，借助众筹方式，通过视频、图片、文字等多感官的项目策划，实现"一次上传，N 次阅读；一人发起，N 人支持"的点对点融资，话题区的设置降低了沟通成本，提高了深度沟通的可能性。在获得融资的同时，还能最大限度地利用发起者的社交网络，减少了项目的宣传推广费用。

3. 众筹是神话、童话、梦话还是现实

超低的金额、极短的周期、诱人的收益，众筹使得消费者和投资者心痒难耐。众筹究竟是"想建怎样的房子，跟谁做邻居都由你决定"的童话，还是

"承诺的低门槛高收益"的神话，抑或只是过眼云烟的一夜梦话，还是不容置疑的现实？如果你看了下面这个"众筹＋咖啡"的案例——北京"很多人的咖啡馆"，那么众筹究竟是什么就有了实证。

现在，就让我们到他们那里去，边喝咖啡边聊，不管是咖啡的作用还是众筹的奥秘，相信此行一定会让你兴奋起来！

"很多人的咖啡馆"，正如字面上的意思，很多人的咖啡馆是由很多人共同集资筹建，并由很多人协同管理的咖啡馆。它的诞生来自北京的一名年轻公务员蚊二姐（网名）的一次奇思妙想。

2011年1月7日，蚊二姐在豆瓣网"吃喝玩乐在北京"小组上发了一个题为《我们用2000块钱来开咖啡馆吧》的帖子。在这个帖子中，蚊二姐这样写道：每天背靠阳光面朝电脑坐在办公室的时候，我总是想面对阳光端上一杯咖啡……进而，我又很奢侈地想：我要开咖啡馆……所有和我一样想开咖啡馆的朋友，拿不出几十万元上百万元，也不可能辞掉工作专门开店，自己也承担不了那么大的风险。大家一起来做一个咖啡馆，用我们一点点的钱、一点点的时间，凑成很多的钱、很多的时间。名字就叫响亮的"很多人的咖啡馆"。2011年9月10日，很多人的咖啡馆在北京正式开业。

很多人的咖啡馆模式有四个特点：

其一，它不同于一般意义的众筹模式，它鼓励共同参与运作管理，每家店的规章制度、经营理念、运作方式会有所不同，并没有统一的标准，各有利弊。

其二，它是一种资金筹集的组织决策管理模式，并非咖啡店的组织模式。也就是说其实很多人的咖啡馆模式是可以运用到各行各业的公司组成和运营中。

其三，它讲究的是民主集中决策机制，这样的机制能有效地解决董事决策层面共同表决的低效率现象，但稍不注意，民主决策会变成独断决策。

其四，很多人的咖啡馆模式是把双刃剑，它能为筹集资金、带动客源提供便利，但也会带来管理权限交叉、责任分配不均、意见无法统一等问题，需要有完善的制度去规范它。

自从蚊二妞在网上发起了共建咖啡馆的号召，并成功筹建了很多人的咖啡馆之后，全国各地涌现出了许多类似的咖啡馆，它们都是由众多股东集资筹建并共同管理的。例如青岛市漳州二路19号的"多米人咖啡店"，它便是雨后春笋的萌芽之一，还有广州市天河区体育西路9号的"梦享家咖啡生活馆"，以及南京市建邺区河西万达广场的"DreamHouse（梦想屋）很多人咖啡馆"，等等。

很多人的咖啡馆的神奇之处在于，一些从来没有开过咖啡厅的人，为了能够开起一家咖啡厅，没有通过自己的亲朋好友的帮助，而是通过整个社会的合作方式完成了这件事情。并且发起人本身并没有太多的经济基础去完成这件事，而是大家一起通过筹款的方式完成了初期资金的准备。

我们对比一家普通咖啡厅的创办过程，首先，筹备一家普通的咖啡厅，创办者基本都需要有相关的工作经验，比如以前在咖啡厅里面打过工，或者是曾经就和朋友一起创办过咖啡厅，对于咖啡厅的成本、经营、客户定位、选址、咖啡制作等，都有相关的经验。其次，在资金筹备方面，应该是有所准备才会有这个想法，因为在一线城市，落地一家咖啡厅，从人员招聘、店铺租金，再到装修和购买原材料，准备的资金不下50万元。对于普通的创办者而言，他会去寻找身边的朋友一起投资，或者是找有钱的亲戚借钱，甚至直接就是资产抵押去银行贷款，通过这些利用身边资源的方式筹集到这笔资金。创办者自身所承担的风险是很高的，如果在选址、装修、客户定位等方面出现问题，导致经营不善，就需要创办者一个人承担经济风险和随之而来的沉重打击。

相比之下，在很多人的咖啡模式中，首先，发起人不一定对于咖啡厅创办有相关经验，甚至于完全就是有这样的想法而已，他通过互联网的信息发布功能，把他的这个想法告诉了很多互联网的用户。有同样想法的互联网用户会通过各种方式联系到了发起人。通过一定时间的积累，这些有共同想法的人越来越多，然后他们聚集在了一起。我们都知道"人多力量大"，这在对于一个前景还不是很清楚的项目而言至关重要。比如，当我们一些朋友准备创办一家公司，或者是做出人生重大决策的时候，都会咨询身边朋友的意见。这种过程在众筹的模式下它的效果会被放大好几倍。

另外，开始的时候人多人杂，意见五花八门，但是从以往的经验看来，这些繁杂的信息会通过不断的摩擦最终大家的想法达成一致，就是"完成这个项目"。然后，大家开始利用自己的特长、身边的资源、生活的背景等各自的特点，为这个项目付出努力。也要考虑到一家咖啡厅的经营风险，比如，如果众筹的咖啡厅经营不善，那么项目会向什么样的方向发展，会对聚集的人有什么方面的影响，这方面其实我们是有过相关项目的经历的。当咖啡厅经营不善时，会使所有参加这个项目的人有所损失，主要是经济损失，因为出资人多的缘故，每个人损失的资金量是很小的，可以说肯定是比股票要小，因为大部分人都是出资几千元，比较有钱的人出了几万元，风险被分散到了很多人的身上，每个人身上承担的风险就很小了。类似保险的原理一样，风险分摊到了很多人，这样就可以让项目承担更高的风险。

在一些特殊的项目细节需求上面，比如咖啡厅原材料的供应，聚集的人中有专门做食品原材料批发的，会主动帮忙找好供应商，并且会以一个更低的拿货价格提供项目的帮助。在选址方面，有多年店铺经营经验的人会提供最新当地的店铺出租的相关信息，供大家参考。另外，一些有空余时间的朋友也承诺定期在店里面帮忙。这样，一个众筹咖啡厅的项目就解决了最大的 3 个问题，即筹人、筹钱和筹资源。这就是"众筹＋咖啡"不一样的地方。

综上所述，众筹能够有效进行资源整合，是"＋"号，能够连接多个独立的"1"，实现"1＋1＞2"的优化资源配置法则。这是众筹对于资源的创新典范。

历史为何会选择众筹

众筹一开始并不是因为金融而诞生的，而是西方的艺术家为了能够支撑自己完成创造，于是就利用自己未完成的创造品进行众筹，并通过众筹的方式对创作所需要资金进行融资。当然一旦艺术家们所卖出的创作有个不错的收益后，就需要将自己的收益分配给当时支持众筹的支持者们。后来西方一些金融学家们，将这样的一种融资方式融入现在的金融体系当中。最近这几年，随着互联网越来越发展，以及人们获取的信息变得越来越便捷，于是众筹也开始出现在中国投资者的眼中。

历史为何会选择众筹？众筹对于个人来说，是有助于解放个体的创造力的，自从众筹在中国出现后，无数草根从山寨到原创的过程中，众筹起到了核心作用；而对于中国经济发展过程的一些以往阻碍创新的问题，众筹平台所提供的良好和相对宽容的环境，对于创新成果和创意成果具有非常好的价值。

1. 众筹助推草根从山寨到原创

中国电子商务研究中心数据显示，全球范围内看，众筹模式正在成为个人或小微企业通过网络渠道进行低成本融资的"草根渠道"。2013 年，全球众筹融资平台达到 889 个，较 2012 年增长了 38.7%。2014 年年初，点名时间有两个项目前后突破 100 万元。以前的电商卖实物、卖服务，现在的电商甚至可以卖梦想。细数互联网圈子内的大佬，京东、百度、腾讯、淘宝等都在探索自己的众筹模式，其中京东凭借其 3C 电子行业的庞大用户群产生了国内规模最大的产品众筹项目——"三个爸爸"空气净化器，筹资金额突破了 1000 万元，勾起了无数互联网创业者的热血之魂。

众筹对于个人来说，是能够解放个体的创造力的。众筹是时下互联网热门募资模式，有着门槛低、开放性强的特点，也被互联网人广泛接受。移动互联网时代消费者的行为，越来越呈现出群体性，而非个体性，出现了各种各样的粉丝群体，譬如果粉、米粉、京东粉。每个品牌都可以在自己的细分领域依靠社交网络集聚人气的能力打造自己的粉丝经济，以众筹模式开启自己的创新之路。而国内互联网巨头纷纷出手的众筹，已经呈现出从草根创业到土豪玩票的另一番景象。电影《小时代3》《绝命逃亡》，是阿里巴巴的娱乐宝专门打造的电影众筹，无数人掏上几百元钱就成为了这些电影的投资者。

专家认为，在资本市场，这种"人人为我，我为人人"的众筹融资模式的日渐兴起，不仅仅吸引了专业投资人，更让普通大众有了参与融资、投资的机会。这种社会投资的众筹模式，可以有效地聚集民间的人脉、商圈、资金等，立足于草根，是符合现代企业制度理念的新的投资经营模式。

2. 众筹平台的宽容环境

当前我国企业在创新方面仍面临一些亟待解决的问题：创新人才短缺、创新资金来源单一、创新绩效不佳、创新环境不完善、企业家创新动力不足等，而创新人才短缺始终被企业家认为是阻碍企业创新的最主要因素。

对于中国经济发展过程的一些以往阻碍创新的问题，众筹平台提供了一个有效的解决途径。众筹平台汇集了一批支持创新、鼓励创意的人群，普遍具备宽容、乐观、慈善精神，其投资兼具商品预购与资助、捐助性质，旨在帮助普通人实现梦想，显著降低了创业团队的心理与经济压力，有助于促进其创意和创新，促进整个社会创新氛围的建设。

我们经常说的"自金融"，就是自己去满足自己金融的需求，它解决一个点对点的问题，比如传统的银行存款和贷款都需要风控，要经过严格审查，所以很多企业根本贷不到钱，而通过互联网金融的方式，比如广州的一个人他想借钱，通过网络平台，正好北京的一个客户有这个闲钱给他，他们之间可以直接通过网络平台、第三方平台进行资金借贷，从而发生关系，这就完全消除了地域上的距离。

众筹平台其实也不是为了融钱，因为融钱对它来说太简单了。但是它为什么没有去做呢？其实众筹的平台是一个品牌的传播、一个推广，用这个来给自己造势。

3. "互联网社会主义"

站在全球高度，解放生产力需要制度化的安排，全球的制度性的和平变革时代正在到来，人类历史终于抛弃了薄弱链条这样的假说，全球国家处于一个起跑线上。人类正在创造一个新的社会形态，而在之前几百年来有先发效应的国家所积累的优势，不能保证在下一轮的发展中获得优势，未来是和平的，但却是颠覆性的，这不是演变，而是一种突变。全球社会生态的翻转也许只在未来数十年之内，那些抱着和平演变的资本理想主义者的价值会发生翻转，当东方大国真正释放出创造力，建设一种新的"互联网社会主义"的时候，他们倒成了被演变的对象。

和平突变和社会飞跃，往往在一代人的视野里就完成了。社会主义基于社会各种生态的健康生长，社会控制的形态会发生比较大的转折，全球国家的竞争已经基于互联网对于社会的改变的接纳程度。从权力社会主义到透明社会主义，再到互联网社会主义会成为人类历史的大的飞跃。"互联网＋国家"和"互联网＋政府"考验着领袖们的思考力和开拓精神。

如果资本解放了精英阶层，那么"众筹＋"则解放了普通大众。"选票主义的形式"会让位于对社会经济资源的有效运用，每一个具备创造力的个体足以撬动资本和社群资源。从选票主义的形式过渡到个体享有自由创造和自由组织资源的能力和权利，这是一个全新的时代。

自由人联合

自由人的联合，能够推动中国创造的发展。而众筹就是自由人的联合，这能够在创新层面上解放普通中国人的创造力。

1. 自由选择是众筹核心价值

人类世代追求的一些理想价值观，在众筹上得到体现。比如平等，进入众筹的门槛很低，参与者大多属于草根阶层，在群体里地位平等、身份简单。比如自由，众筹是一个自由人的联合体，合不合作、与谁合作都是自愿的。比如个性，项目的创意充满了个性，参与者享受整个众筹的过程，结果退居次要。

自由的选择，是众筹的核心价值之一。我可以自由地选择和甲合作，也可以自由地选择和乙合作；我可以自由地选择做这件事，也可以自由地选择做那件事情；我可以自由地选择进入，也可以自由地选择退出；我可以自由地选择贡献一分力气，也可以自由地选择贡献十分力气……一切皆是自愿自由。众筹参与者，是自由人的自由联合。

2. 1898咖啡馆模式的自组织

成功案例胜过千言万语，1898 咖啡馆模式的杨勇正从校友会、商会、核心商圈、典型行业、社区、明星名人等 10 条主线上推动更多"杨勇式众筹"标杆案例落地，CBD 投资并购咖啡馆、天使投资人咖啡馆、77 级大学生咖啡馆、单身男女咖啡馆、海归咖啡馆等是下一步运作的重点。除了作为圈子平台的咖啡馆，杨勇众筹模式更能对传统行业带来颠覆性效果，众筹研究院、医院、学校、地产、酒庄……各种众筹项目都在热烈的讨论和推动之中。以 1898 咖啡馆模式为母本，针对不同案例特性还会有不同的操作演变。

本质上说，以 1898 咖啡馆为开端和代表的"杨勇众筹模式"，构建了真正体现互联网精神的自组织，是"各尽所能、各取所需"的"自由人联合体"的初级形态，是适应中国圈子文化、面子文化、人情文化的社会组织形式。这一中国式的众筹模式优势明显，在中国情景下颠覆传统商业模式具有广阔的想象空间：能够激活社会沉淀资源，优化资源配置，提高利用效率；能够集腋成裘，快速集中大量资源办大事，颠覆各行业传统运作模式；能够大大降低创业创新风险，打破中小企业死亡概率魔咒，大大提高中小企业持续发展概率；能够大规模培育商业社会健康的组织细胞——小而美、社区化的公司；能够使真正有能力做事的专业人才掌握话语权，减少各方制约，更顺畅地把事情做好，为社会服务等。

众筹思维源远流长。中文中的众筹，最简洁的理解就是"众人筹集"，筹集的是资源，包括物质资源（财、物）、人力资源（才、智）和社会资源（人脉、圈子等），钱只是其中之一，缘起于国外网站平台众筹融资模式只是众筹思维在互联网技术条件下的应用和实现形式，并非众筹的本质和全部，也并不一定能适应中国的文化制度环境。作为有着 10 年行业协会经验的杨勇，创造性地设计了一套组织模式以 1898 咖啡馆的形式展现出来，在无意之中形成了一种中国文化和土壤下的新众筹模式，体现了众筹思维的本质和精髓，体现了互联网时代的时代精神。

可见，作为中国式众筹的典型代表，1898 咖啡馆模式是在中国独特的文化土壤下厚积薄发的结果，这既是其诞生于中国的原因，也是其发挥巨大示范效应的原因。未来，"杨勇众筹" 1898 咖啡馆模式所代表的中国式众筹将有更加广阔的自由想象和实践的空间。

众筹重构中国制造

产业融合大幕是互联网的重头戏，而一切才刚刚开始，商业模式、商业版图、产业链环节、财富都将被彻底改造和重新分配，这是一个不变革就会死亡的年代，也是传统制造业最为艰难的转型期。事实上，传统制造业可以尝试用众筹的思维改造自身行业，借助众筹，真正生产出满足消费者需求的产品。

1. 传统制造业的众筹思维

对于传统制造业来说，众筹是一次对传统产业的互联网思维洗礼。有家电企业在互联网上搞"定制空调"，虽然并没有打着众筹的旗号，但它类众筹的模式还是比较符合这一逻辑的。那么，传统制造业如何利用众筹思维来迎接互联网的洗礼，如何免遭互联网洗牌，实现中国制造的重构呢？

京东金融众筹大可乐手机项目和"三个爸爸"空气净化器、11 元 1.1 折买房和海尔空气魔方等多个项目都在极短的时间里完成庞大的融资，让许多传统制造业者都感受到了互联网的力量。通过这种众筹解决了企业制造产品、采购零部件的资金占用问题，实现了阶段性零库存，同时通过众筹在微博、微信朋友圈等社交媒体上的自发传播，制造了品牌曝光机会，再利用震撼的众筹数字实现了"热销效应"，为媒体制造了新闻话题。

当然这些众筹项目也可以称作为"预售"，因为用户是以某种简单的利益驱动而参与众筹，比如，大可乐手机的每年一次免费换新手机权益。这些众筹项目无法满足笔者提出的参与感、内生需求这个众筹的关键要素，因此用户无法参与产品设计、改良、优化过程，其内生需求并不强烈。因此，目前各大众筹网站的项目只是传统制造业互联网改造的初级阶段。那么，能否让传统制造业的众筹满足参与感、内生需求两个要素呢？

很多企业都宣称自己是按照用户需求生产产品，其实并没有制造企业真正地实现过。因为在移动互联网未普及的时代，用户与企业之间无法实现有效的沟通。但在移动互联网时代，用户与企业间零距离。比如，微博、微信公众号、百度贴吧都可以成为企业与用户面对面交流的平台。但是这些沟通平台仍然无法成为用户参与产品研发、设计的标准化平台。小米公司为了让用户参与产品的研发，特别打造了一个"小米产品用户开发平台"，用于小米产品经理与铁杆粉丝用户充分互动交流，并设置特定的议题，还会举行线下的沟通会。

要实现这种用户参与设计模式的前提是企业在组织架构、人员配备、粉丝运营、互联网平台搭建方面有能力实现，而这是绝大多数传统制造业所不具备的能力，因此即使知道小米的做法，也难以学成。而道可循，术不可行的方案，对于企业来说没有意义。

2. 传统制造业如何满足参与感和内生需求

术业有专攻，传统制造业想要打造具有参与感、内生需求的众筹，让用户参与产品设计，享受众筹带来的各种福利，最好是有互联网公司的帮助，因为他们更擅长搭建这类平台。这也是传统企业转型互联网的方式之一。

京东预售平台最近搞的一个"TCL·京东网络定制智能空调"项目值得传统制造企业参考。在京东上，用户只需要预付100元即可参与定制一款TCL空调，包括命名、外观、遥控器、功能都可以自由选择。然后，京东将用户选择的结果进行汇总后，选出最优方案。这整个过程有参与感、内生需求，用户共同将空调变得更加人性化，体验更加出色。

京东在这个过程中扮演了什么角色？京东有庞大的用户群、完善的支付体系、粉丝营销经验以及为智能硬件打造的云服务平台，而这些正是TCL所不具备的。同时，通过这次空调定制，京东还会在后续担当空调的销售平台、服务平台，从而实现整个空调从设计到生产，再到销售、售后的全闭环。

当然这只是电商平台与传统制造业合作众筹产品的第一次尝试，在用户可定制内容、参与度等方面还有较大的提升空间。但是这可以看作是传统制造业互联网思维改造的一个崭新尝试，让没有互联网思维和能力的传统制造业也可以得到互联网思维的洗礼。

毋庸置疑，在不久的将来，这种通过互联网平台让生产研发去中心化，用户参与设计，为自己生产极致体验产品，传统制造商变为用户定制产品的代工厂，很多产品将无需再投放广告，以更低的价格、更极致的体验提供给用户的模式会成为主流，而互联网平台与传统制造业也将发生更加紧密的融合。

不懂得与互联网公司合作的传统制造企业都将灭亡，无论你过去拥有怎样多的专利与多么辉煌成绩，因为用户都在为自己设计产品，你自作主张设计的产品没有人需要了。当互联网巨头、传统制造业的巨头掌门人看清这个事实，他们都会进行一次深刻的思考，而机会总会留给有准备的人！

中国创造改变世界

创客与众筹，2014 年最热门的两个话题，当它们相遇，会碰撞出什么样的火花？而为创客插上众筹的翅膀，通过助力创客，就能够让中国创造改变世界！

1. 推进以人为本的大众创新

创新离不开物质条件基础，但创新的核心是人。创客和众筹的本质正是以人为本的大众创新。创客和众筹群体没有职业范围和身份限制，学生、工人、医生、艺术家、自由职业者，任何有创意且有激情将创意变为现实的人都能成为创客、参与众筹。在创客空间和创投空间既看不到高精端的大型仪器设备，也看不到众多发明专利和成果，有的是热爱创造的参与者，他们以兴趣为导向、以创意为起点、以体验为动力，通过自我满足的创业方式将大众群体中蕴藏的巨大创新力挖掘和释放出来。

当前我国正在实施创新驱动发展战略，探索技术成果转移转化机制，创客和众筹或许能给我们带来启示。人才、技术、资本是创新的核心要素，在创新创业和技术转移转化中一定要注重人的参与，将人与技术务必看作一个有机整体，探索如何通过解放和激励人的创造力和主观能动性去推动技术商品化。

另外，对于企业的山寨问题，因为有的企业没有设计和缺少创意，依靠仿制他人产品来生产制造，而创客和众筹恰恰是设计和创意的源泉和载体。在互联网时代，软件开源和硬件开源给中国企业提供了难得的平等创新机会，若能将创客和众筹的设计和创意嫁接于低端仿造企业，将其巨大的创造性和制造需求与山寨企业完备的供应链资源和制造能力优势互补，或许能迸发出惊人的能量，这未必不是山寨企业转型的一条出路。

2. 互联网众筹模式与创客的互助共生

在海外还有国内都有众筹与创客成功合作的案例——Pepple 智能手表、Makeblock（一款机械积木）和 HEX（一家中国创客公司）微型智能飞行器等，这对于创客们如何利用好众筹来实现自己的产品化道路以及分享自己成果很有启示意义。两者的互助共生，创客们通过灵感和实践打造出的创意产品，再通过众筹模式去募资以及进一步打入市场，众筹平台也为这些产品和项目发起人提供了大量的推广资源，以及资本支持。

众筹平台和创客双方的紧密合作，将令那些独特的创意和技术结晶更好地孵化成功，让创客们的梦想变作现实，也把这些创新前卫的产品带到更多人身边，开启新一轮的工业进化大潮。技术点亮生活，众筹助推新生，在有志者的共同努力下，新的惊喜必将如约而至！

3. 创客总部的众筹实践

2014 年 7 月，专营移动互联网项目孵化和互联网金融孵化的创客总部孵化器正式对外招募众筹基金，基金将通过众筹方式筹资、筹智、筹势、筹市，形成一个强有力的智力圈和资源圈，以创客总部孵化器源源不断的优秀项目池为投资对象，以早期投资为切入点，助力投资项目快速成长，完成孵化革命性应用。运动不仅直接创造高端就业岗位，还对就业主力军——制造业起到带动作用。国内每年毕业的 700 万名大学生是创客运动的最佳人选，他们能将学业中萌发的创意思想和积累的研究成果衍变为创客项目，用自主创业的方式实现大学生就业。

总之，众筹平台和创客都是与创造创新息息相关的群体，双方的结合具有天然的基因优势。创客们通过灵感和实践打造出的创意产品，再通过众筹模式去募资以及进一步打入市场。众筹平台也为这些产品和项目发起人提供了大量

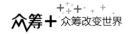
的推广资源，以及资本支持。在二者合力作用下，中国传统制造业必将由
"中国制造"走向"中国创造"，从而改变世界。

黑科技颠覆未来

黑科技，是动漫中出现的词语，原意指非人类自力研发，凌驾于人类现有
的科技之上的知识，引申为以人类现有的世界观无法理解的猎奇物。在科技行
业高速发展的今天，从苹果 iPhone 6 的蓝宝石屏幕，到 Facebook 的虚拟现实技
术，再到亚马逊的 3D 动态显示技术等，这些秒杀一切的高新技术常常被人们
冠之以"黑科技"的名称，以表达人们对其颠覆性的推崇。

科技众筹是技术加速器

奥克罗斯（OculusVR）是美国一家做虚拟现实技术显示器的公司，主要
产品就是研发制造沉浸式虚拟现实技术产品。创始人帕马·洛奇在高中时就对
虚拟现实技术产生了浓厚的兴趣，并且在自己家的车库里鼓捣这些电子元器
件。还是一个老套的硅谷创业故事，他放弃了学业，做了一个辍学者，在硅谷
创立了自己的公司，公司只有一个人，创立公司的时候不到 20 岁，一名"90
后"。

硅谷永远需要有梦想并且疯狂的人，洛奇就是这样的人。和当年的乔布斯
一样，他能够跟所有人谈自己的梦想，如何去改变世界，尽管他当时只是孤身
一人。在没有钱的情况下，他靠梦想为公司引来了两位技术大咖。两位游戏行
业内的高管布伦丹·艾瑞比和米克·奥腾，米克担任公司首席软件架构师，博
伦特担任公司首席执行官，而洛奇放下管理，彻底专注在虚拟现实头盔上的产
品上。

一个有理想的技术团队就此稳定了。布伦丹·艾瑞比说："我相信，从现
在起 5 ~ 10 年内，虚拟现实技术将会带给你真正的身临其境的感受。当你试戴

公司设备的时候，你会突然有亲临 3D 虚拟环境的感觉，它会充满你的视野，让你感觉置身于虚拟环境中。你能够环顾四周，看到你背后的东西，或者凑近观察某个物体。我们会从长远着手，争取让 5 亿人体验到虚拟现实。这两个领域和两类设备最终将会融合到一起，以类似太阳眼镜大小的规格提供超级完美的虚拟现实体验。虚拟现实最终会让互联网和移动平台黯然失色，并彻底改变人们休息、学习和交流的方式。当我看到真正的虚拟现实，看到它有可能用虚拟视野取代人类视野的时候，我知道它可能成为一个终极平台。在未来几十年内，我们将能够提供全新的视野。"

团队虽然很年轻，但是很明智，公司内的技术天才无力完成这样的伟大的项目，奥克罗斯需要在全世界整合技术资源来创造未来。在企业的经营上，团队将自己的开发包免费发送给硅谷的游戏公司，使得每天都有数十款新的游戏支持公司的硬件产品。公司的产品在软硬件上都交出了高于公众预期的成绩单，这扩大了企业技术产品的应用基础。

洛奇说："我们现在正在咨询眼科专家，因为他们才真正了解人类眼球是如何工作的以及它又是如何影响人类情感的。取代人类视野不仅仅是一个技术问题，我们还需要理解它是如何影响人类大脑的。"

2012 年 8 月 1 日，虚拟现实产品被摆上众筹平台的货架，获得了 9522 名消费者的支持，收获 243 万美元众筹资金，顺利进入开发、生产阶段。到这个时候团队才拿到了钱，能够进入产品制造的程序。产品上市以后，获得了市场的认可。

这引起了资本市场的注意，2013 年 6 月，奥克罗斯获得 A 轮融资 1600 万美元，投资方都是美国游戏界的泰斗级人物。他们的资本参与进来，也就意味着奥克罗斯的努力获得了顶级游戏商的支持，能够快速进入应用阶段。2013 年底再次获得 7500 万美元的 B 轮融资，美国著名风险资本投资商 A16Z 的创始人马克·阿德勒逊也加入了奥克罗斯的董事会。

有了资本的加盟，技术团队就可以在全世界去物色最好的虚拟现实技术专家，也可以找到世界最佳的设计公司去研究用户，让客户能够得到最好的产品体验；也能够将产品外包给富士康这样的世界范围内最好的产品制造商。如此，一个虚拟现实的价值链就形成了，可以跟随整个信息技术进步一起进化了。

奥克罗斯的发展战略和另一个世界级社交网站 Facebook 的"大佬"扎克伯格的发展战略相近，扎克伯格决定收购这家公司。扎克伯格表示："计划将 Oculus（奥克罗斯）拓展到游戏以外的业务。我们将把 Oculus 打造成提供其他多种体验的一个平台。想象一下，坐在场边的座位上享受观看比赛，坐在有来自世界各地的老师和学生的教室里学习，或者与医生面对面咨询，这只需要在你家里安装这样一台设备。"

经过双方的讨价还价，Facebook 以项目十几倍的溢价收购了奥克罗斯，交易金额高达 20 亿美元，这其中包括 4 亿美元的现金，以及 2.31 亿股 Facebook 普通股票。尽管革命性的产品还没有出来，但是帕马·洛奇成了硅谷亿万富翁俱乐部里的最新最小的成员，而他带领的 OculusVR 团队仅有 80 人左右。这些硅谷的资本与其是在为技术埋单，不如说是为了改变人类未来的生活而埋单。

第六章

众筹+大产业

大产业是相对小产业而言。影响中国现在和未来的战略产业包括信息产业、健康产业、旅游产业和时尚产业，其中涉及产业融合、能源互联网、农业、公益、医疗等许多方面。通过理论阐述及案例解析，旨在为众筹在这些产业中的应用找出好方式，并提供实践层面的佐证。

众筹＋大国产业演绎

围绕着生活在此时此地的人的需求而拉伸的产业发展，其实就是"大产业"。其中的"大"的含义，一是意义大，体现了"以人为本"的科学发展核心；二是动力大，从服务业到农业和制造业，所谓"一业兴、百业旺"；三是市场大，可以在充分满足当地需求的前提下，再打"走出去"的牌；四是效能大，以消费为龙头，以应用为抓手，以此带动的投资是有效投资，以此推进的研发是有效研发。

大产业是按人本主义的理念所看重的领域，且必然会带动相关制造和服务大发展的产业集群，一般包括信息产业、健康产业、旅游产业和时尚产业。下面简要解析"众筹＋"下的四大产业大国演绎。

1. 信息产业

主要不是指信息装备制造，而是指基于信息化应用的相关产业，譬如有如神助的电子商务，类似"鲶鱼"的互联网金融，还有远程教育、医疗，依靠基因图谱大数据开展的生物医药研发，等等。

以互联网金融为例。这几年互联网掀起一股金融潮，除了互联网巨头与传统金融机构合作之外，还兴起一批为解决个人或小微企业投资、贷款、创业而诞生的互联网金融平台，比如P2P网贷平台、金融搜索平台、众筹模式等。对此，业界人士指出，如果说2013年是P2P网贷最风光的一年，那么2014年互联网金融最火的领域便是众筹平台。众筹平台打破了传统融资模式投融资对象的限制，每个普通人都可以通过这一模式筹集所需资金或投资项目。中国的众

筹还处于萌芽阶段，目前是做众筹平台的最好时机。

2. 健康产业

主要不是指保健品、医疗药的生产，而是指和人类健康相关的所有产业集合，譬如人性化的保健和养老服务，个人定制的养生保健方案，甚至是和医疗保健联动的养老地产，等等。

"众筹+"下的健康产业频频创新。例如，面对 5000 亿元保健市场消费额、7 亿颈腰椎亚健康人群，中国中医集团下属单位——国太亚医颈腰椎 4S 养护连锁诚邀对中医养生保健、大健康产业及健康型金融投资感兴趣的有志之士前来洽谈国太亚医"众筹"项目，即每份投资额 1 万元，最低认购 2 份，最高购 5 份（仅限厦门地区投资者），就能成为国太亚医全国连锁"厦大店"的股东，不仅获得未来经营分红，还将获得家庭亚健康理疗特权，拥有国太亚医平台共享的人脉、资源、渠道、关系、智慧和成果。

3. 旅游产业

主要不是指假山假水的人工造景，也不是马不停蹄地游山逛水，而是指能给人带来身心愉悦的回归自然和陶冶情操，是半休闲、半体验的生活方式，甚至是游学式的一种全新的进步。随着"众筹+"的发展和逐步深入，旅游产业开始成为众筹的目标，大量众筹平台、众筹资本涉足旅游项目，并落地开花结果。

实际上，旅游众筹，一些个人及旅游公司已经开始了尝试探索。青岛旅游集团"海钓达人"众筹项目、宝中旅游众筹 60 万元资金、携程的"讨盘缠"等都是旅游众筹的尝试。2015 年 4 月，青岛旅游集团就在众筹网发起"海钓达人"众筹项目，投资人支持 100～2400 元不等，就可获得海钓船的使用权、免费使用海钓工具等，这是众筹网在全国推出的首个旅游项目。项目上线不到 24 小时即突破 117%。"海钓达人"是旅游众筹在旅游线路项目的成功探索，但在众筹酒店等不动产类项目上，除蓬达集团的"众筹酒店"外，其他旅游众筹的成功案例却鲜见。

4. 时尚产业

主要不是指时装模特的走台和珠宝首饰的比拼，而是指对人本身所进行的装饰和美化，再对人所处的家居和工作小环境进行的装饰和美化，乃至对人类生存和发展中相关事物和情形进行的全方位的装饰和美化，等等。家居行业的传统销售模式是，经销商从工厂拿货，再加各种费用卖给消费者；而众筹模式的采购招标环节直接针对工厂，去掉了中间环节和费用。

2015年3月5日，红星美凯龙携手京东，在上海召开中国家居流通界首例众筹项目发布会，宣布京沪两地家居产品的众筹活动会陆续启动。3月16日，上海红星美凯龙和吉盛伟邦家具村发起的沙发和床垫产品的众筹上线。3月23日，北京红星美凯龙发起了布艺沙发、床垫、多功能花洒和智能坐便器马桶盖4个品类的众筹。人均支持金额从599～9988元不等。以北京为例，23日10点18分上线，仅5分钟，众筹额就轻松冲上30万元，17分钟过50万元，40分钟突破100万元。9988元的床垫产品，不到一个小时就被抢光了。截至3月25日，上海的床垫众筹的1500个名额已经满员，筹集金额630余万元，而这距结束期还剩足足37天……对于这样的结果，红星内部人士也有些吃惊，用他们自己的话来说，就是"太火了""邪了""抢得也太快了"。

众筹 + 知识融合型产业

产业融合是知识经济时代的重要特征。在产业融合的进程中知识起了非常重要的作用。知识共享是产业融合的基础；知识是产业融合的支配性要素；知识要素是产业融合的黏结剂；产业融合需要知识创新推动。显然，知识在产业融合中发挥着非常重要的作用，通过知识共享，知识要素物化于具体的产业之中。而在这个过程中，崇尚知识共享的众筹，恰恰有助于知识融合型产业的健康发展。

众筹模式对于发展创意设计产业的重要性在于创意设计产业的独特性，围绕这些特性众筹模式的优势主要体现在以下几点。

1. 高度的曝光率实现了资本与创意的有机高效匹配

创意设计产业普遍存在重创意、轻资产、少抵押的现象，这跟传统金融机构风险管理的要求存在着落差。此外，创意成果的知识产权从评估、抵押到交易流通的 3 个重要环节都存在着问题。另外，创意设计企业其主要资产的真正价值未必能够得到银行认可。众筹模式则不同，它借助互联网高效、便捷的信息传播特点，为民间资本与创意设计企业提供了最直接的对接渠道，只要所提供的项目能引起大众的认同就能够得到资金支持。众筹模式下创意设计共同体的建构路径研究能引起大众的认同，就能够得到资金支持。

2. 提前介入产业链的最前端，实现预售市场测试与反馈

就创意设计而言，传统的产品开发的成功率在 20% 左右，在创意产业的其他领域如电影、动漫等，其产品的成功率也大致相同。研究还表明 60% 的产品开发失败源于开发早期（模糊前期）对于产品定位的失误，即某种层面的盲目性。传统的产品开发活动是一种交易后置活动，开发者难以预知市场。而通过众筹模式发布的项目，是交易前置，通过对民众的众筹热情进行评估，就可以提前验证市场，而这种预验过程在很大程度上可以防止项目失败。

3. 众筹是汇集分布式创意资源、借助集体智慧实施创新活动的有效途径

众筹为筹资人和投资人合作完成创意产品提供了机会——一个事实上的创意众筹过程会同步发生，创意设计也开始从精英托付向合作模式转化。参与众

筹的投资者可以借助众筹平台提出产品反馈和有价值的产品优化方案。在产品尚未定型时，这些修改建议具有极强的参考价值。而且，项目团队还可以通过众筹平台对产品进行宣传造势，同时在产品进入市场前获得批评或反馈信息，以及价格信息、需求信息、潜在买者的数量或特征等信息，为完善产品提供了重要依据。正因如此，众筹带给创意设计项目的不只是资金，还有优化产品品质、把产品从小众推向消费级市场所需的资源。

总之，众筹的出现与发展本身得益于创意与技术的深度融合。信息与通信数字技术的快速发展改变了全球文化从内容到形式的方方面面，通过与艺术、文化和创意产业结合，数字技术释放了个体的创意，创建了一个超域的创意共同体。在瓦解了传统的商业模型之后，众筹模式呈现出其对于这种创意设计共同体的重要价值。

众筹 + 亚投行

亚投行其实就是一个最大的众筹项目。自 2013 年习近平主席提出筹建亚洲基础设施投资银行（以下简称"亚投行"）倡议后，申请加入亚投行的热潮不断高涨，国际关注度始终不减。亚投行这趟即将启动的发展列车不仅将众多国家和地区凝聚在一起，其散发的众筹之力更是吸引着世界共襄发展。

1. 亚投行是国家层面的众筹

一方面，亚投行是一个政府间性质的亚洲区域多边开发机构，重点支持基础设施建设，总部设在北京。成立背景是预计 2020 年前亚洲地区每年基础设施投资需求将达到 7300 亿美元，现有的世界银行、亚洲开发银行等国际多边机构都没有办法满足这个资金的需求。由于基础设施投资的资金需求量大、实施的周期很长、收入流不确定等因素，私人部门大量投资于基础设施的项目是有难度的。

另一方面，中国已成为世界第三大对外投资国，中国对外投资 2012 年同比增长 17.6%，创下了 878 亿美元的新高。而且，经过 30 多年的发展和积累，中国在基础设施装备制造方面已经形成完整的产业链，同时在公路、桥梁、隧道、铁路等方面的工程建造能力在世界上也已经是首屈一指。中国基础设施建设的相关产业期望更快地走向国际。但亚洲经济体之间难以利用各自所具备的高额资本存量优势，缺乏有效的多边合作机制，缺乏把资本转化为基础设施建设的投资。

亚投行融资金额为 1000 亿美元。亚投行将运用一系列支持方式为亚洲各国的基础设施项目提供融资支持，包括贷款、股权投资以及提供担保等，以振兴包括交通、能源、电信、农业和城市发展在内的各个行业投资。

一项由中国领投，由其他国家跟投的"亚投行"项目截至 2015 年 3 月 31 日正式宣布众筹成功。截至 2015 年 4 月 15 日，亚投行意向创始成员国确定为 57 个，其中域内国家 37 个、域外国家 20 个，涵盖了除美国和加拿大之外的主要西方国家，以及亚欧区域的大部分国家，成员遍及五大洲。其他国家和地区今后仍可以作为普通成员加入亚投行。其强大阵容足见亚投行的魅力所在。

亚投行领投国中国是有自己的目标的。当然这样的目标也是光明正大的。国际金融格局的开拓有利于中国的国家利益，也有利于参与国的利益，这能够让中国第一次做国际顶层的金融游戏规则设计，一个没有金融话语权的国家是没有顶层竞争力的，缺乏国际金融的顶层设计，这是经济体能力缺陷的一个表现。中国原来想做国际货币基金组织、世界银行、亚行的跟投人，做个乖角色，别人能够接纳就好，希望能够得到话语权，但是都没有成功，一直在美、日这些金融强国的规则之下运作。突破这个体系，就能够运用金融手段获得发展空间。

中国在过去的几十年中，积累了大量的外汇储备，高达 4 万亿美元。中国过度的基础设施投资形成了过度的生产能力需要逐步转型，消化掉过程的基础设施建设产品，而其他发展中国家则缺乏这样的能力，这种资源共享的体系符合总筹发展的原则。

还有，中国人也需要一种能力，就是以国家信用为担保，印钞机印出的花纸能够换取一些国家的资源，亚投行能够推动人民币国家化，形成一个使用人民币的国家交际圈子。

众筹是要有圈子的，在亚投行运作的过程中，中国人发现自己还是挺有号召力的。这很好，这种合作共享的模式能够多交朋友，多做生意。确实，从全球来说，这也是一个战略级别的金融分野。中国未来发展的深度和广度空间上变得更为辽阔，也表现出了众筹领袖国的国际领导者的角色。

2. 亚投行的众筹魅力

由中国发起设立的亚投行堪称国际最大的众筹项目，现在已经获得国际社会的广泛认可，其众筹的合作模式展现出独特的魅力。

亚投行设立的最初目的在于为亚洲地区基础设施建设提供资金支持，从而推动亚洲地区经济的发展。同时，发达国家也可以通过亚投行扩大对外投资的范围和途径，获得可观的资金收益。因此，亚投行的设立，不仅对推动亚洲经济发展具有重要的意义，对推动全球经济和金融也将发挥积极的作用。

在亚投行发起设立的过程中，中国等发起国坚持开放包容、合作共赢的理念，在求同存异的基础上努力寻找各国的利益共同点。亚投行的设立，也是对传统国际金融理念的一次革新。不可否认，第二次世界大战以来设立的国际金融合作组织，对推动全球经济发展发挥了不可忽视的重要作用，但是其许多政策是发达国家意志的体现，广大发展中国家缺少足够的话语权。与之相比，亚投行在发起设立过程中，坚持公平平等的原则，充分考虑各个国家的利益，真正实现了互惠互利。

亚投行发起设立的过程，是中国日益成长的国际影响力的一次集中展现。国家力量是影响国际关系的重要因素，中国综合国力的不断成长，国际影响力的日益扩展，是亚投行得以成功发起设立的重要因素。改革开放以来，中国经

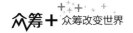

济迅速发展，目前已经成为全球第二大经济体；同时，经济和金融市场的开放程度不断提升，已经成为在全球经济和金融领域具有重要影响的国家。正是基于中国在全球经济事务中的重要影响力，英国等西方发达国家才会积极作为意向创始成员国加入亚投行，中国的经济实力是使亚投行拥有未来积极预期的重要基础。

亚投行的成功发起设立，是东方智慧在国际金融领域的一次重要展现。亚投行在运行模式和经营理念等方面都与传统国际性金融组织存在差异，其以基础设施投资为主要投资标的，具有长远而完整的发展规划，致力于经济和社会的长期发展。而且，大量成员国的加入，不仅使得亚投行具备雄厚的资金实力，而且可以拥有广泛的国际影响力，加之其锐意进取的投资理念，未来必将在国际金融领域发挥积极的作用，成为全球性的重要国际性金融组织。而此次设立亚投行的成功实践，也将为未来中国深入参与全球金融合作提供基础和借鉴。

众筹＋能源互联网

人类的许多技术实际上都是标准之争，技术工程能不能在全球普及，关键还是需要全球一致的行动。能源互联网技术就需要全球国家协调一致的行动，制定技术标准，建立统一的技术参数体系，然后在全球同步进行能源网络的建设，这样的话，就能够建立全球化的永不间断的电力能源网络。

正如信息互联网发展历程一样，能源互联网也需要全球一致的规则，这需要国际性的领袖国家来呼吁并且领投能源互联网领域。能源互联网是一种理想主义在世界的实践。几乎所有的技术条件都已经具备，现在要解决的问题回到世界领导力本身。

在本书中，中国众筹人的想法，需要突破小门小户的限制，站在全球高度，胆大妄为地去构想面向未来的颠覆性的能源架构。我们已经搞起了亚投行，为什么不能由中国牵头众筹来做能源互联网呢？用众筹亚投行的模式来众筹能源互联网，也许中国引领世界的方式就是众筹模式。

笔者倡导的世界众筹节，实际上就包含了笔者的一部分梦想，希望能够在国际性的巨型工程上做一个呼吁者，我们在脚踏实地做事的时候，也需要"活着就要改变世界"的梦想。

确实，在新的工业革命过程中，分布式的能源互联网和分布式的制造技术紧密联系在一起，形成了一个新的生产制造架构和经济要素组合结构。所谓能源互联网，实际上是指全球能源互联网。人类分布在地球的表面，在地球上太阳光热资源比较丰富的地方，往往也是人口居住分布比较密集的地方，太阳光照在地球上的时候，地球总是有一半处于黑暗之中，另一半处于太阳的直接照射之下。对于没有进行全球联网的太阳能发电系统，则是一种间歇能源，专业人士都把太阳能和风能称为垃圾能源。而一旦分布在全球的太阳能系统能够通过智能电力网络连在一起，那么太阳能就是不间歇的、连续性的能源系统。而只要太阳不熄灭，那么能源互联网将成为永不枯竭、永不停止的电力网络。

和现在的信息互联网一样，电力将成为一种类似于数据传输的资源系统。人人都是能源的生产者，人人也都是能源的消费者。建立一种全新的和环保的全球能源网络已经不是高不可攀的事情了，无论哪个国家在这个方面作为发起者，都能够引领下一场能源革命。

能源互联网是综合运用先进的电力电子技术、信息技术和智能管理技术，将大量由分布式能量采集装置、分布式能量储存装置和各种类型负载构成的新型电力网络、石油网络、天然气网络等能源节点互联起来，以实现能量双向流动的能量对等交换与共享网络。通过众筹模式，可以实现能源分享，就像分享信息一样，从而充分发挥能源的作用，创造新的价值。

能源互联网发展在目前看来还是一个远景，但是技术融合的速度在加快，原来，美国、欧盟等国家和地区已出台高比例可再生能源研究报告，称"预计到2050年，欧盟和美国可再生能源消费比例将达到80%～100%。高比例的可再生能源利用，是未来发展的大趋势"。但是，由于技术的快速发展，能源互联网是全球领导力决心问题而不是技术问题，全球合作才是能源互联网的未来。未来发展是加速度的，指数式的发展模式正在成为经济发展的新规则。

国际众筹建设能源互联网是大势所趋。"众筹＋重资产投资模式"依然需要国家和国际众筹领袖的决心，整个能源互联网需要耗资数千亿美元，只有全球金融大国加在一起才能够负担得起。重资产的意思就是高风险、高投入的产业，需要国家和国际支持，中国需要一批世界级的众筹人，善于做现代苏秦，起到"合纵"作用。中国对于国际重资产方面可以深入布局，借机让中国具有全世界组织优势资源的能力。

《全球能源互联网》一书对这一难题给出了答案：将远离负荷中心的可再生能源转化为电力进行资源配置。赤道附近地区所处纬度低、太阳直射多，太阳能开发潜力占全球总量的30%以上，是未来太阳能大规模集中开发和利用的重点区域。全球的能源互联网布局就是要全球陆地和海上建立连续的太阳能源和风能能源基地，比如北极地区风能资源技术可开发量约1000亿千瓦，约占陆上风能资源的20%。也是能源互联网的重要组成部分。

中国"一带一路"战略实际就是针对亚太地区和全球基础设施的项目。在建立与此配套的金融机构亚投行的过程中，获得了全球广泛的参与。这是在中国影响力之下全球基础设施建设的重要举措，同时也代表了一个国家全球影响力的跃升。

能源互联网则有可能成为"一带一路"战略的重要组成部分。全球能源互联网将由跨国跨洲骨干网架和涵盖各国各电压等级电网的国家泛在智能电网构成，连接"一极一道"和各洲大型能源基地，适应各种分布式电源接入需要，能够将风能、太阳能、海洋能等可再生能源输送到各类用户，是服务范围广、配置能力强、安全可靠性高、绿色低碳的全球能源配置平台。而一旦中国能够成为新能源的领导国家，那么将带来更加巨大的机会。

"一极一道"战略基于国家层面的战略决策，同样能够带动起中国乃至全世界的新能源产业；而分布式的能源互联网则是"一极一道"战略最好的补充。分布式能源互联网的技术魅力在于嵌入公众的生活当中。

1. 能源互联网的特征与关键技术

能源互联网可以对能量双向流动的能源实现对等交换与共享网络。从政府管理者视角来看，能源互联网是兼容传统电网的，可以充分、广泛和有效地利用分布式可再生能源的、满足用户多样化电力需求的一种新型能源体系结构；从运营者视角来看，能源互联网是能够与消费者互动的、存在竞争的一个能源消费市场，只有提高能源服务质量，才能赢得市场竞争；从消费者视角来看，能源互联网不仅具备传统电网所具备的供电功能，还为各类消费者提供了一个公共的能源交换与共享平台。能源互联网具备如下五大特征：

一是可再生性特征。可再生能源是能源互联网的主要能量供应来源。可再生能源发电具有间歇性、波动性，其大规模接入对电网的稳定性产生冲击，从而促使传统的能源网络转型为能源互联网。

二是分布式特征。由于可再生能源的分散特性，为了最大效率地收集和使用可再生能源，需要建立就地收集、存储和使用能源的网络，这些能源网络单个规模小，分布范围广，每个微型能源网络构成能源互联网的一个节点。

三是互联性特征。大范围分布式的微型能源网络并不能全部保证自给自足，需要联起来进行能量交换才能平衡能量的供给与需求。能源互联网关注将分布式发电装置、储能装置和负载组成的微型能源网络互联起来，而传统电网更关注如何将这些要素"接进来"。

四是开放性特征。能源互联网应该是一个对等、扁平和能量双向流动的能源共享网络，发电装置、储能装置和负载能够"即插即用"，只要符合互操作标准，这种接入是自主的，从能量交换的角度看没有一个网络节点比其他节点更重要。

五是智能化特征。能源互联网中能源的产生、传输、转换和使用都应该具备一定的智能。

　　能源互联网其实是以互联网理念构建的新型信息能源融合"广域网"，它以大电网为"主干网"，以微网为"局域网"，以开放对等的信息能源为一体化架构，真正实现能源的双向按需传输和动态的平衡使用，因此可以最大限度地适应新能源的接入。能源互联网把一个集中式的、单向的电网，转变成和更多的消费者互动的电网。与其他形式的电力系统相比，能源互联网具有以下四个关键技术特征：

　　一是可再生能源高渗透率。能源互联网中将接入大量各类分布式可再生能源发电系统，在可再生能源高渗透率的环境下，能源互联网的控制管理与传统电网之间存在很大不同，需要研究由此带来的一系列新的科学与技术问题。

　　二是非线性随机特性。分布式可再生能源是未来能源互联网的主体，但可再生能源具有很大的不确定性和不可控性，同时考虑实时电价、运行模式变化、用户侧响应、负载变化等因素的随机特性，能源互联网将呈现复杂的随机特性，其控制、优化和调度将面临更大挑战。

　　三是多源大数据特性。能源互联网工作在高度信息化的环境中，随着分布式电源并网、储能及需求侧响应的实施，包括气象信息、用户用电特征、储能状态等多种来源的海量信息。而且，随着高级量测技术的普及和应用，能源互联网中具有量测功能的智能终端的数量将会大大增加，所产生的数据量也将急剧增大。

　　四是不同尺度的动态特性。多尺度动态特性能源互联网是一个物质、能量与信息深度耦合的系统，是物理空间、能量空间、信息空间乃至社会空间耦合的多域、多层次关联，包含连续动态行为、离散动态行为和混沌有意识行为的复杂系统。作为社会、信息、物理相互依存的超大规模复合网络，与传统电网相比，具有更广阔的开放性和更大的系统复杂性，呈现出复杂的、不同尺度的动态特性。

2. 借力众筹模式,打造充电生态圈

生态圈是互联网思维的关键词。无论是苹果、谷歌、还是腾讯、阿里巴巴,它们的竞争力不仅在于某一款过硬的产品,更在于打造了一个生态闭环系统。乐视整合了影视、体育、手机、视频、汽车等多个产业链,也吸引了各路投资者追捧。一直高举互联网思维大旗的北汽新能源,2015 年 5 月抛出了打造充电生态圈的规划,要整合整车生产、充电桩建设、充电桩搜索等业务链条,推动新能源车的发展,给电动车主带来充电便利。

北汽新能源的建桩模式比较新颖,核心思想可以概括为:有钱出钱,有力出力,有地出地,一起建桩,共同分钱。也就是"众筹建桩,多方共赢"。值得一提的是,无论企业还是个人,都可通过提供场地或资金的方式参与合作,共建公共充电桩,共享充电桩的运营收益。

在具体合作中,北汽新能源主导建设充电桩,商场、写字楼等负责提供场地,另有公司负责充电桩运营,整合了充电桩建设中各种资源,解决了"有地没钱,有技术没地,有钱没技术"等问题,既为消费者提供了充电便利,也能为商场等地带来客源,还能推广车企的新能源车,拓展充电桩企业的业务,最终促进新能源车市场的培育和发展。

合作方分享的利润是充电服务费。北京市从 2015 年 6 月 1 日起,公共充电桩开始征收充电服务费,每千瓦电的充电服务费价格不高于当天油价的 15%。不过,北汽新能源自建的这些充电桩,目前还不收充电服务费。将来即使收,也肯定远远低于 9 毛钱。

北汽新能源充电生态圈的第二个关键是充电吧。5 月 16 日,北汽新能源打造的充电吧正式发布,这是一个充电桩信息共享服务平台,基于微信平台打造,同时有强大的技术后台支持。电动车主可在此享受搜索充电桩、充电状态查询、启动关闭充电程序、分享信息、买新能源车等服务。

"充电吧"已收录了北京、天津、上海、江苏、浙江、河北、山东、广

东等地区共计 360 多个公共充电站、近 3500 个充电桩，是目前全国数量最全、数据最完整、功能最强大的公共充电站互联网在线查询平台，具备强大的充电状态实时查询功能，提供充电站智能查询、电站导航、充电状态查询、用户电桩分享、私人众筹建桩等功能，用户使用手机就可以轻松地查询到附近的充电桩或充电站，解除了新能源车主们的后顾之忧，释放了电动汽车消费潜力。

在北汽新能源"441"战略规划中，第一个"4"指加快完善体系建设、充电服务平台、充电布局和增值服务四大板块；第二个"4"指重点布局北、上、广、深四大城市；最后一个"1"则是指完成 1 万个自建公共充电设施。今后，北汽新能源将聚焦"北上广深"等核心城市的公共充电骨干网建设，加强加油站、停车场、商超、酒店、大型社区的充电设施建设。此外，活动现场还展示了北汽新能源与普莱德共同研制的移动充电宝，其灵活便捷的特性，能够解决一些老旧小区充电难的问题，与现有私人充电桩、公共充电桩的有机结合，可全方位解决纯电动汽车的充电问题。

北汽新能源得通过"众筹建桩"模式整合社会资源，形成一条通过众筹建桩方式实现多方共赢的完整生态链，达成合力共赢的全新模式。在"众筹建桩"的模式中，无论企业还是个人，都可通过提供场地或资金方式进行合作，参与共同建设公共充电桩，同时共享充电桩运营收益。

众筹 + 大农业

农业众筹就是采用互联网和社交网络革新原有的农业生产流程，让大众消费者参与到农耕之中，倡导的是食品安全，可追溯农业生态，提前汇集订单，使农场和农业的从业者提前组织生产，以订单驱动农业，通过互联网、众筹和大数据推动中国订单农业的发展。

1. 众筹如何改造中国传统农业

农业众筹可以发生于整个农业大链条的各个环节，从农业育种、农产品流通、生态农场、农业机械、生物肥料，到农业科技、农业金融。众筹可能在以下几个方面改造中国的传统农业：

第一，众筹使得外部的社会资本以一种较为缓和的方式进入农业，增强农业的资本实力，有助于提升规模效应。

第二，众筹投资人提前预订了农产品，锁定了农产品的销售，实现了按需供应，降低了销售端的风险，减小了农产品价格的波动。

第三，互联网的发展，使得投资人可以实时监控农业生产的全过程，降低了信息不对称，有效防范农民的道德风险。

第四，农民由封闭链条的生产者变成开放产业链的管理和服务者，摆脱了资本限制和销售风险，可以专注于农产品的生产管理环节，有助于提升专业技能和农业生产技术的创新和普及，既提高了收入，又提升了整个产业的生产率，进而提升整个经济体的生产率。

第五，农业的规模化程度提升后，将有更多机会引入金融资源，比如农业固定资产的证券化、农业保险、农业生产技术的风险投资以及各类农产品的衍生品等，实现实业与金融的良性循环。

2. 农业众筹的发展前景

追逐梦想是每个年轻人的专利。一些有理想的青年人开始尝试农业众筹这个新生事物。

某日报社编辑周先生在众筹网做的项目是"父亲的水稻田"，他做这个项目的初衷，是源于自己是一个离开了村庄的年轻人，希望把父辈们传统的耕作技艺传承下去，按照有机的无公害的方式来做农业。

某品牌创始人张先生是一位 29 岁的年轻人，经过 6 年北漂成为 IT 界白领，毅然辞去了待遇优厚的工作，跨入农业领域开创自己的事业，满怀热情做一个新农人。他坚信自己的事业刚刚起步，"但是梦想不再遥远"。

对于众筹农业的未来发展前景如何，有分析人士认为，总体来说，农业是大投资、长周期、高风险的行业。如果想真正实现农业的跨越式发展，增强农产品的品牌建设，创新农业发展形式，就要敢于突破，善于借助互联网平台寻求全新的突破口。

目前在我国各地发展很迅速的社区支持农业，可以部分满足消费者的这两种需要：一种模式是这些农场会辟出专门的土地，让城里劳动者来认购耕种，农场提供专业的种子及各种生长所需的技术；另一种模式就是直接配送，农产品尤其是蔬菜需要新鲜食用，配送既可以省去从田头到餐桌的数个环节，又让消费者能够及时食用不施任何化肥农药的安全菜蔬。但是这种蔬菜的价格相当于普通蔬菜的 3～10 倍，属于小众食品。

国内的农业转型发展是必然趋势，但是如何转型创新，如何实现现代化发展仍然是需要探索的事情。新兴模式众筹应用场景广泛，具备的优势明显，尝试与农业结合并非头脑发热，而是内因使然。可以预测，随着众筹模式应用的日益成熟，众筹与农业的合作方式必将更加多样化，而这对双方来说，都是互利双赢的事。

众筹＋大公益

公益众筹指通过互联网方式发布筹款项目并募集资金。相对于传统的公益融资方式，公益众筹更为开放。只要是网友喜欢的项目，都可以通过公益众筹方式获得项目资金，为更多公益机构提供了无限的可能。公益众筹的特征，一是低门槛，无论基金会、注册机构、民间组织，只要是公益项目就可以发起项目；二是多样性，公益项目类别包括助学、助老、助残、关爱留守儿童等；三是大众力量，支持者可以是普通的草根民众，也可以是企业。

1. 经典公益众筹案例

很多爱心人士通过众筹的方式做公益，让爱心传递社会的各个角落。下面从众多公益众筹案例中选出几例，以飨读者：

邓飞是中国公益界毫无疑问的最勤奋的求索者之一，从微博打拐、免费午餐到让候鸟飞、暖流计划，他一直都在寻找合适中国国情的公益之路，帮助农村的孩子们找到希望。经历了 3 年的积淀，邓飞团队挖掘了无数的乡村故事，收集了质朴天然的素材。他们想要打造一个"无与伦比"的自媒体，讲述中国乡村最真实的一面。因此，邓飞选择与众筹网公益——在中国无与伦比的公益众筹平台合作，回归媒体，继续求索。上线 7 天，获得 30 万元的支持，"孩子与自然"众筹项目的耀眼成果也验证了邓飞的话："让捐助者看到他们捐助带来的快乐。"

著名书法家和书法艺术评审员莫然，曾经是一位媒体人。莫然发现人们身边生活着一群"星星的孩子"，他们简单、纯净，没有世俗的虚伪和心机。但是我们这些"正常人"常常对星星的孩子们心生厌恶，拒以千里。他们是自闭症儿童，他们是"天真者"。莫然开始了解、熟悉孤独的天真者们，偶然间邂逅了"天真者工作室"，工作室通过社会捐赠开设艺术课程，帮助孤独症儿童表达内心情感，与世界沟通，引起社会关注和尊重。于是莫然借助众筹网公益平台，邀请纯善之人相聚，尽微薄之力用艺术的形式帮助孩子们疗愈。让人欣慰的是，天真者的相遇激起了善良的火花，7770 元真金白银的支持，让孩子们找到了与世界对话的窗口，也验证了世间的真情。

中国金融博物馆成立于 2010 年，是以金融教育为主题的非营利公益博物馆。馆长王巍看到了众筹的精髓所在，他把众筹形容为一次"价值发现之旅"，将会是一种"汇聚点滴，化水为海"的过程，能吸引众多社会力量的参与。于是中国金融博物馆项目来到了中国最具影响力的众筹平台，推出了极具分量的项目——《革命金融展》公益众筹。《革命金融展》以中国共产党的革命与金融演化历程为核心，对比英、美、法、俄等国历史，记录了中国近、现代金融体制的改革和金融观念的转变。众筹，正是能够体现那份庄严的历史厚重感，却又不失活力。这次众筹的结果也印证王巍的预言，《革命金融展》主题展览成功众筹到 32 万元，得到了近 200 位投资人的支持，其中有从事金融行业的资深人士以及对金融有深刻认识的专业人士，也有很多对众筹有着浓厚兴趣的普通网络用户。这次的项目成功地让更多的人尤其是非专业人士开始了解和参与金融历史研究，也为中国的公益事业树立了榜样。

寇尧是在美国迈阿密读过书的西安娃。2013 年 8 月，她坐上了去往云南边远小镇的汽车，到那里为少数民族孩子教唱民歌。她和彝族、布朗族孩子们，花了整整 9 个月的时间，重新拾起了被忘却的乡音，迎接了蜕变和成长。为了让这段难忘经历能够记录和保存，也为了孩子们能在复兴民族艺术的道路上不再独行，寇尧发起了《为山里的孩子录专辑》公益众筹项目，邀请网友一起体味藏在深山中的民族传承和情怀。共有 45 位爱心人士为寇老师和孩子们支持了 12820 元，他们收获纯净的乡音，也体验了成为民艺导师的快乐。更可贵的是，那份浓浓的家乡味让每位参与者都难以忘怀。

在中国，近 600 万名农民因为"尘肺病"而导致时刻呼吸困难，过着与之相似的苦难生活。他们曾经为繁华城市的建设付出了辛劳，却没有得到相应的回报和关注。"一缕阳光加氧站公益众筹计划"公益项目由大爱清尘、橙塾资讯、黑苹果青年联合发起。他们借助众筹网平台共同帮扶浙江省仙居地区尘肺病农民工兄弟们，建设加氧站，帮助他们获得重获呼吸的机会。项目在上线立刻获得爱心人士的关注和支持。更令人振奋的是，著名演员陈坤委托东申童画公司通过众筹网，给"大爱清尘—缕阳光加氧站公益众筹计划"捐助 10 万元。陈坤的强大的号召力，让众筹项目得到了更广泛的关注和认可。项目结束前获得了 106180 元的支持，筹资率达到近220%。大爱清尘和陈坤的义举再次验证了"关注就是力量，行动改变命运"的公益理念。

自 2013 年 11 月起，蒙牛乳业携手 60 余家产业链合作伙伴、数万名网友一起为爱奔跑、为爱暴走，针对全国 22 个省市、600 所需要帮扶的乡村学校发起近百场"交换卡路里"活动。活动参与人数约 3 万人，交换卡路里 719 万大卡，置换了近 12 万双手套、1000 双鞋子和 2000 本作业本。"交换卡路里"活动的方式是：参与者捐赠运动消耗的卡路里，为山村的孩子们兑换手套、鞋子、作业本等物资。运用"社会化＋社交化"的公益参与模式，一点一滴凝聚社会力量，通过一点一滴的努力，为山里的孩子送温暖。每售出一箱 M－PLUS 牛奶（蒙牛的一款牛奶产品），将以支持者的名义捐赠 10 元用于公益项目；每捐赠运动消耗的 100 卡路里，即可兑换 1 元用于公益项目。在这里，牛奶与科技碰撞出公益火花，每一位投资人对健康的支持就是对孩子梦想的支持，公益创新的理念在本项目中体现得淋漓尽致，更多的人可以边健身边做公益。

从上述案例中不难发现，正是众筹的方式让爱心有了更好的传播途径，并且从捐助到投资，让支持者收获回报和快乐，从而激励更多人投身公益。

2. 公益众筹需要商业思维

公益众筹和商业众筹的区别，从两个方面可以分析，从发起项目的目的来看，商业众筹是为了获取经济回报，公益众筹主要是为了解决社会问题；从项目回报这个角度来分析，商业众筹回报是具有商业价值的，公益众筹是纯捐赠行为，有些是产品周边的回报，但是它的商业价值远远低于它捐赠的定价，所以中间溢价部分是有捐赠属性的。

尽管如此，公益众筹和商业众筹也有非常紧密的联系点。可以用商业的思维来进行产品的设计，因为在众筹平台上发起的众筹项目目标的受众并不是传统热衷于公益的人士，而是喜欢在平台上关注非常有创意的项目的年轻人，所以在进行产品设计的时候传播点不能用眼泪指数，更多的是要在产品设计的吸引力和项目设计的新颖度上来吸引公众。因此，公益众筹需要用商业思维进行产品的展示和传播。

当公益遇到众筹，优点是显而易见的。它一方面可以为个人发起公益项目提供平台，实现很多年轻人有趣大胆的公益梦想，另一方面也降低了公益机构募资的门槛。同时，众筹对公益机构的能力有提升作用，特别是有商业背景的综合类的众筹平台，对项目的筛选和指导可以用商业思维提出有效的建议。另外，在众筹平台上对信息披露的充分性有比较高的要求，所以可以推动公益行业的透明、规范。

公益众筹也面临独特的挑战。因为众筹平台也会有对自己的保护，比如免责条款和风险提示。所以在项目回报执行当中会有一些争议，这些争议平台是没有办法得到有效保证的。公益众筹对个人和草根机构是开放的，也是有成本的，如果前期花了非常多的精力但是没有达到筹资目标的话，成本是无法回来的。所以，项目的创新、筹款产品的吸引力以及社交媒体的运用能力成为众筹当中至关重要的 3 个因素。

众筹＋大医疗

随着中国老龄化社会的到来，老年人对于健康生活的追求将造就一个非常巨大的市场。传统的医疗体系实际上只能够完成后期的身体健康的恢复和病体的医疗，说得直白一点，医院就是看病的地方，现实的医疗系统的主要功能就在这个地方，对于国民健康来说，这样的服务体系显然是滞后的。

医疗健康体系在未来数年之内会发生比较大的改变，预防性的医疗体系将会成为每一个人的保健方式，这不是什么社会福利政策，而是医疗检测技术和互联网技术融合发展的必然结果，这是科技带来的社会红利。对于普通人来说，对于健康的关注将得到普遍的技术支持，建立在云计算云端中的健康大数据分析系统，将为每一个人提供及时的健康信息，并且能够给出科学的解决方案。传统的医疗系统会变成健康的支持部门，医疗技术的应用市场会进一步前移。

医疗技术的前移能够带来整个医疗产业结构的重构，涌现大量的消费级的产品，这些产品和以往的医疗体系的产品不同，这些产品不仅实现对于病人的覆盖，也能够实现对于健康人群的覆盖。有病治病、没病防病的总体健康文化会在社会中达成共识，中国的国民健康水准也在下一轮是医疗革命中获得提高。

在中国，目前互联网网民已经达到了7亿人，其中有5.5亿移动互联网网民。移动互联技术和云计算的结合，在健康服务领域，能够为每一个接入互联网中的个体提供几乎是实时的身体健康分析报告。这已经不是一个梦想，而是正字呈现在人们面前的发展前景。

基于移动互联网技术的分布式数字制造体系，最核心的环节不在终端，而在于"云"中。在面向未来的医疗预防技术体系中，全世界最好的医生的经验和技术能够以智能化和软件化的形式沉积在云计算中。基于大数据的分析，人们能够将自己的健康数据传递到云中，系统能够迅速地比对身体带来的预警信号，在几千万甚至数亿的个体健康数据中，能够迅速做出及时的诊断。

对于一些恶性的预警信号，系统可能会建议个体需要进入医疗系统中进行进一步的检测，以期在超早期就能够对于个体生命健康的问题有一个预防，对于人们的生活方式提供比较科学的方案。目前，癌症、心血管系统疾病和糖尿病等慢性疾病是中老年健康的杀手，如果能够在超早期就提前预警的话，很多恶性的疾病都能够被控制，不至于发展成致命的病因。

如果对于身体检测的数据采集是随身的并且实时的，那么很多问题就能够解决，不需要大量的先期投入，利用现成的数据库就能够进行深入分析，人工智能在分析健康大数据的基础上进行自我学习，所以这些远程的基于互联网的诊断技术能够对每一个人的健康状况进行及时的报告。这样一来，作为个体就不需要刻意到专门的场所去做检测，而是在健康体检之前就为健康建立一道"防火墙"。

预防性的医疗健康体系的建立，实际上意味着巨大的产业机会，实际上，正如前文所述，仅仅一个癌症的超早期的预防体系，就足以建立一个上市公司的架构。对于未来的财富，在以往的观念中，财富就是以实体存在着的，但是在未来的企业竞争过程中，最重要的战略资产却是存在于云中的数据。未来，大数据就是企业赖以生存的战略资产。

而这样大的系统，单独企业很难完成，这同样需要国家层面上的决心。建立项目体系，实行国家级众筹或者国际众筹，大资本的进入，能够全面升级国民健康体制，实现预防性科技医疗覆盖，颠覆原有的医疗系统。

2015 年 6 月 11 日，在"第五届中国医疗健康产业投资与并购大会"的主题分享环节，腾讯投资执行董事穆亦飞指出，腾讯并没有想过要颠覆医疗，而只是作为修路者的角色，帮助创业者开车开得更快一些。穆亦飞认为，医生、医院、患者、药品公司这 4 个角色中，任何一组都可以成为互联网创业的切入口，比如病人和病人之间的关系、医生和医生之间的交互。

穆亦飞认为，互联网为医疗行业带来的改变，首先是可以降低信息获取或者是对接的成本，提高效率。具体的表现方式一是用重构的方式，二是异步化，三是结构化和标准化，从而去中心化。

他说："这是我们投的杭州公司，叫优先点菜。我们知道现在市场上出现了很多帮你预约餐厅、排队类型的公司，其实餐厅的痛点是翻台率提高，我们知道去就餐坐下来才看菜谱、点菜、下单、埋单、开发票，这里面一统计真正就餐的时间只有1/2，剩下的1/2是做点菜这类的事情，如果我们把这类跟就餐无关的事情在路上就解决，快到餐厅的时候发一个信息，比如我离餐厅还要50米，餐厅就把菜放上来，吃完就可以走，我可以节约一半的时间，餐厅也可以节约一半的时间，我们说这是一个流程的重构。当然还有成本的重构，比如电商的重构，把原来的人员成本变成仓储重构。另外我们投的是一家挂号网，这也是一个效率的提升。

"对于异步化，大家知道中国只有300万名的医生，其实这300万名医生还是有水分的。因为以前是同步化，我来这是要跟他发生交互的，这大量地耗用专业人士的时间，但互联网可以异步化，所有的方案可以通过移动互联网或者互联网平台进行周转，这个是一对多的异步化工具。

"最后是结构化和标准化。以前的数据信息都是孤岛，数据无法打通。这是国外公司的尝试，这是中国另一家公司的尝试，成为彼此之间能读懂的数据，病人把自己完整的病例进行归档，进行汇总。

"去中心化。现状是医生、医院，只有在医院的医生是所有的医疗业务核心，未来我们希望去中心化和多中心，无论社区医院和药店都发生多中心的联系，这样会更有效地提升效率。

"最后总结一下腾讯的观点：相较前沿理念，现阶段更重要的是利用互联网对现有体系改造。互联网医疗是服务而不是简单商品，不能脱离线下和专业人群。所以我们一直认为医生是不会失业的，我们认为医生永远是医疗服务的核心。数据是服务的核心。腾讯是希望做一个大的数据平台来支撑各个创业公司，或者生态环境的数据整合。"

第七章

众筹+小产业

小产业是相对大产业而言的。小产业一般指的是产品、众筹组织、艺术家众筹、社区事业体、参与型事业体、专家事业体等。互联网注重个性张扬，自由职业者由此大行其道，并创造出小产业领域里的全新景象。事实上，当"小产业"做到极致，便是"大产业"！

产品众筹

近年来，互联网金融百花齐放，众筹模式在一定程度上直接帮助了小微企业的发展。从众筹的发展轨迹来看，其根本是坚持"小而美"，即服务于小微企业的金融需求。而且互联网大佬开始试水众筹行业，纷纷向庞大的民间资本伸出了触角，他们推出的大部分项目门槛都比较低，只要是好作品、好产品，项目人就能获得更多的资金支持。

1. 京东诞生千万元级产品众筹项目

2014年10月21日，京东众筹平台上的"三个爸爸"智能空气净化器众筹项目，筹资成功突破千万元，一跃成为国内史上众筹资金额最高的产品众筹项目，金额遥遥领先第二名近一倍。带着众多父母的爱，只为让孩子们能呼吸上纯净清新空气而来的"三个爸爸"总计获得了超过3000名用户的支持，并于10月22日结束项目募集，提起"三个爸爸"的字眼，人们第一时间感受到的是爱意。事实上，这款空气净化器正是因爱而生、传递爱的产品。

有关"三个爸爸"的创业，还要追溯到2014年年初PM2.5（细颗粒物，空气中的有毒物质）肆虐的日子。那些天，天空一片灰蒙蒙的，人们要么戴口罩出行，要么选择宅在家里。当时市面上还没有专门的儿童空气净化器，为了孩子能够呼吸到清新的空气，有三位爸爸决心一起做一台空气净化器。这三人随后找到了有着多年净化器制造经验的合伙人李洪毅，并迅速组建了一支由来自净化器科研机构、电子产品制造和移动互联网领域的牛人团队。每一台三个爸爸儿童专用空气净化器出厂都检测确保出风口零颗粒。在2014年9月18

日，该产品在国家室内车内环境及环保产品质量监督检验中心的除醛检测中，获得119的超高CADR（洁净空气输出比率）值，而该机构2014年8月26日对市面上十大畅销净化器品牌的检测中，除醛CADR值最高的仅为29。

京东众筹平台上百个众筹项目中，包含"三个爸爸"在内，已有8个项目突破百万元，一个突破千万元，项目成功率接近90%，创下了国内众筹平台效率的最高纪录，其中极米家庭智能影院已进入京东采销平台。这些数据意味着，京东众筹独具商城的全品类平台和优质客群的优势明显，其初衷不仅仅是为参与者和创造者搭建平台，更是一个帮助项目成长的智能硬件孵化平台。结合京东在供应链、物流、资源等方面的强大整合能力，能为项目发起人提供从资金、生产、销售到营销、法律、审计等各种资源，扶持帮助项目的快速成长。

有业内人士评价，能聚集人气的众筹平台无疑是一个好的选择。比起过去众筹网站依托在极客群当中筹措资金的产品模式，京东作为电商切入，让众筹平台变成更像项目的孵化平台，这是一种比较有效的模式，并且在电商时代，做3C出身的京东，也更靠近消费者。

2. 产品众筹的本质

产品众筹本质上属于金融产品的创新。产品众筹与债权众筹、股权众筹、捐赠众筹共同构成众筹四大类型。产品众筹在中国的法律障碍更小，更容易发展。产品众筹的优势在于金额小，参与人数多，而且具有话题性。

在互联网金融创新中，众筹融资只是一个小分支，虽然短期内对企业融资以及金融行业的影响有限，但小而美的众筹融资受到的欢迎程度却越来越高。现在很多新产品的众筹项目，有些其实不是缺少资金，而是看重众筹平台的传播与宣传价值，还能提前测评产品的市场反应。

互联网使得信息交换趋向于个性化发展，更加容易满足每个人的个性化需求。众筹看重的是消费者的参与度，让消费者对尚未成熟的产品提出自己的意见，完善设计，它销售的往往是全新的、未生产的产品。这就带来了不同主体为满足自身需求将更多的文化产品尤其是资金产品投放互联网金融市场，尤其是运营方也会为满足客户体验的需求，而创造出更多的个性化体验服务，促进互联网的文化创新。

半赢利众筹组织

在众筹模式中，消费者由服务和产品的被动接受者，变成了参与者，这一身份的转变大大提高了投资者的参与广度，体现出强烈的粉丝经济色彩。既然涉及"经济"二字，就绕不开赢利问题。事实上，作为一种半赢利众筹组织，其"赢利"与"情怀"是两个值得探讨的话题。

1. 赢利难题

虽然众筹模式看起来很美好，但一个不容忽视的问题摆在面前，在这条兴起的众筹产业链中，众筹平台很难赚钱。

通常，众筹网站的赢利模式有三种：一是抽取佣金，这是最常见的模式。项目众筹成功后，网站收取一定比例的手续费，2%～5%不等。二是分成。有的网站会和项目发起人就众筹成功的项目协议分成。三是造势、做铺垫。有不多的网站实行免费服务以拉高人气，为日后的增值服务做铺垫。事实上，目前能实现赢利的众筹网站少之又少，仍处于培育市场的阶段，暂时不能考虑赢利的问题。

尴尬的是，尽管在众筹平台上，对于项目发起人以及参与投资者都尽可能地提供便利以及沟通的平台，但成功率却并不高。有些项目本身质量不行，没有创意，理念和梦想不明确。大部分人通过众筹买的不只是实物产品，更多的是对发起人的梦想、价值观的认可，像褚橙一样，超越橙子成为励志橙。另外项目发起人没有利用好社交网络做广泛的传播，也是导致项目失败的原因之一。

美国科技观察家凯文·凯利曾经提出了"一千铁杆粉丝"理论：任何创作艺术作品的人，只需拥有 1000 名铁杆粉丝便能糊口。项目发起人应该充分利用好家人、朋友，以及一些忠实的拥护者的资源。事实上，建立在信任基础上的众筹活动本身经营的就是"粉丝经济学"。理想状态下，支持者会成为众筹平台的粉丝，但目前国内很少有平台可以拥有这样的客户黏性。现在的平台支持者只是网站的用户，还没有到"粉丝"的阶段，从用户到粉丝还需要一段很长的时间慢慢积累。

2. 市场不相信情怀

很多众筹参与者们其实都明白，众筹模式身上带着的天然缺陷 DNA（基因）才是导致最终失败的关键。不以赢利为目的，为大家提供一个交流的地方，则是参与者们认为最重要的内核。当时就觉得很有意思，什么时候都有一群朋友，大家有共同的爱好，各行各业都有，聚在一起也没什么风险，毕竟大家都缺少朋友，而且有个共同的目标，做起来也没有那么难，就是太梦想主义了。

不想赚钱的股东不是好厨子，郭德纲的相声有着类似的调侃，而情怀高于利润却打不赢每天的房租和逐渐减少的资本金，持续不赢利，为众筹咖啡馆们相继的关店留下了隐忧。

事实上，虽然有着众筹这样一个崭新的名称，其模式本身并不新鲜，说到底其实是合伙做生意。比如众筹咖啡馆们同样是依靠朋友之间的友情和信任建立起来的，却无法解决赢利的难题，更不用说可能牵涉的众多法律问题。

国内外对于众筹模式的赢利也都还在处于探索阶段。从当前中国实际情况来看，众筹模式欲想成功，关键应该是"在商言商"。当然，所谓"言商"，归结结底应该是半赢利性质的。

艺术家众筹

众筹最初是艰难奋斗的西方艺术家们为创作筹措资金的一个手段。2014年以来，"艺术众筹"的概念开始进入中国人的视野，陆续有一些艺术项目开始尝试艺术众筹的方式。那么，艺术众筹能为艺术家、艺术机构、收藏家乃至艺术品市场带来新机遇吗？

1. 艺术家和藏家互动的新模式

2014年年初，艺术众筹开始在国内艺术圈兴起，先后出现了出售艺术家时间、艺术作品等多个艺术众筹项目。

2014年3月20日，艺术家何成瑶宣布将在某众筹网站实施全新的行为艺术项目——"出售我的100小时"，每小时售价2000元人民币。何成瑶规定：当网友众筹总额达到50小时以上时，她将在网友指定购买的时间段里，一秒钟记录下一个点，以这些点画出一幅"时光秒轮图"样式的观念作品，作为网友购买她时间的回报，最多销售100小时。作为国内艺术界的首创项目，何成瑶的此次行为艺术项目仅用了不足3天的时间就完成了20万元资金的筹募。何成瑶表示："这个事件的成功，打破了以往艺术家创作收藏家购买的传统模式，意味着收藏家完全可以提前介入艺术家的创作过程。在我的这个行为里，收藏家不再是观望者，他本身也是参与者，由我们共同完成了整个行为艺术作品。"

2014年4月10日，由知名策展人、批评家、新艺经集团总架构师沈其斌策划的当代青年艺术家大相书法票据众筹项目——"纪念日：收藏你的情感票据"，在众筹网平台首页高调亮相。该项目众筹时间从4

月 10 日到 5 月 10 日，为期一个月，由参与者提供一张个人消费票据，由大相以当代水墨的手法创作为书法票据作品，每幅作品价格 1 万元，限量 30 幅。仅 4 天时间，就收获 11 位支持者，获得支持资金 11 万元。支持度和众筹速度在众筹网众多项目中遥遥领先，艺术众筹的威力初步显现。

一时间，关于艺术品众筹的话题甚嚣尘上。业内人士认为，艺术众筹将成为互联网时代艺术大众化的重要方式，艺术众筹平台将成为新一代艺术家的"造梦工场"。

2. 众筹带领大众走入艺术圈

艺术一直以来都被视作非大众化的，即使在艺术消费逐渐被大众所接受的今天，艺术与大众之间的鸿沟仍然存在，更不要说让普通人作为支持者、赞助人参与一个艺术项目的具体实践，而艺术众筹则让一切变成了可能。而众筹项目主要集中于艺术展览、与艺术家或艺术机构合作的具有大众互动性的项目，让"高大上"的艺术项目转变为喜爱艺术的普通大众可以参与的形式，无疑是艺术众筹的最大亮点。

如何让创作跟互联网结合实现跨界合作，如何跟今天的消费方式更有效、更紧密地关联，是值得今天的艺术家研究的一个好课题。对艺术家来说，在众筹网发起项目不仅仅是筹资，还是对自身艺术品牌和作品的一次宣传。艺术众筹至少为众多艺术家开启了一个广阔的想象空间，提供了一个虚拟同时又可以真实实现的平台。

3. 国内艺术众筹市场空间巨大

艺术众筹把商业、艺术、消费、互联网等综合元素整合在一起，成为艺术价值实现的新方式。虽然目前国内艺术众筹尚处起步阶段，但众筹模式和文化产业的结合是最频繁的,也是国家支持鼓励的方向。众筹模式既是普惠金融,有利于轻资产、小散弱的文化项目和文化企业发展,更是普惠文化,有利于中国传统文化、高雅艺术的推广与传播。

随着大众消费能力的提高,艺术消费的欲望也在逐渐增强,可以预见未来国内艺术众筹的发展空间也将很大。比如,艺米空间采用众筹与有限合伙制相结合的形式,面向艺术家,线下与参与者签订合伙协议,参与者既是本项目的有限合伙人(投资人),又是众筹画廊艺米空间合作代理的艺术家,实现艺术自主。募资对象主要面向艺术家、艺术代理人或经纪人、艺术品收藏家。项目最低投资额5000元,以5000元为一份,每名有限合伙人最多投资认购两份。合伙人的资金将被统一管理运用,根据出资比例,合伙人可享受相应比例的收益、承担相应比例的亏损,24个月后进行资产结算及收益分配,预期经营性收益率为每年7%。

再如,中国古篆新视觉艺术家马子恺的作品《四季平安·春》市场收藏价数十万元,而以该作品为蓝本采用爱马仕制作标准定制的艺术丝巾市场价为1200元,该价格仅为爱马仕同品质丝巾价格的1/5,但在众筹平台该丝巾认购价只要520元,认购者不仅能获得《四季平安·春》艺术丝巾,还能获得该艺术衍生品成功转让后的收益分配权和团购价九折销售代理权等。

全新的互联网金融模式为传统艺术品创作、流通渠道打了一剂强心针,形成了民众与艺术家互动的新形态。众筹依托网络,减少了中间环节和费用,让投融资双方需求最快撮合与嫁接。众筹模式让大量普通消费者获得了直接参与创新业务投资的权利,共享到创新收益。随着近几年中国艺术品市场的迅猛发展,越来越多的金融机构如银行、信托、基金等,纷纷介入艺术品领域,推出了艺术品融资、艺术品信托、艺术基金、艺术众筹等各种文化金融衍生品,让艺术品真正走进寻常百姓家。

社区事业体

社区事业体是依托于社区资源的再组合，实现社区公益，社区服务体系，比如养老、家居等。社区事业体是营利性的。在这里，我们以典型的荣昌创建"e袋洗"品牌为例，来解析社区事业体这种新模式。

1. 热身运动：从设备驱动到顾客驱动

洗衣连锁行业的最大特征是设备驱动而非顾客驱动，一家洗衣店最重要的资产就是那一台价值不菲的洗衣设备。但是这个行业的赢利一直是一个大问题，因为如果做直营连锁，必须承受"重资产＋高成本＋产能浪费"，而做加盟连锁，总部又缺少对加盟商的控制手段，只能听之任之。2000年前后，荣昌·伊尔萨洗染连锁企业（以下简称"荣昌"）董事长张荣耀就面临了这样的难题。

在当时，荣昌的加盟费就已经达到上百万元，但其中大头是卖设备的钱。卖完设备后，荣昌缺少一套配套的标准持续跟进管控加盟商，导致数次加盟商跑路事件发生。荣昌品牌名誉受损，却毫无办法。张荣耀事后常常自嘲：那时候的荣昌，更像一家兼职卖设备的管理咨询公司，而不是一家连锁企业。

张荣耀始终觉得，服务行业最终的着脚点应该是顾客，所有的资源都应该围绕顾客展开。光靠直营店，还是设备驱动，治标不治本。于是，2002年，张荣耀带着公司经营的困惑到中欧商学院进修，前前后后花了不少时间讨论琢磨，总算找到了一条转型的路径。2004年开始，张荣耀开始带领公司进行第一次转型，建构服务质量和用户满意度评估的标准体系，并通过"一带四"的开店模式和全国通用的洗衣联网卡来实现。

"一带四"就是"四店收衣一店洗"，这意味着只需原来1/5的设备和店长，但收衣点控制权在荣昌手里。同时，荣昌通过推广、配售洗衣联网卡将全国连锁店信息系统联网。两个措施下来，荣昌仍然是一家轻公司，但是对于整个连锁体系的控制力却大大增加了。

完成了第一次转型，张荣耀将荣昌改造成业内最具顾客驱动特征的企业，这与互联网用户至上的精神暗暗契合，意味着他们已经做好向互联网转型的准备。他要等的，是一个机会。

从 2010 年开始，移动互联网在中国逐渐开始爆发，移动设备、用户数量、应用软件的数量呈指数级上涨，张荣耀毫不犹豫地伸手抓住了这个机会。

2. 组建团队，放手交给"80后"

在张荣耀心里，互联网转型意味着把洗衣服变成互联网产品，完全从互联网电商的运作逻辑去重塑洗衣服这件事，带给用户更便宜、更便捷、更好玩的服务。

张荣耀的第一个动作就是放弃现有品牌，创造了一个专营洗衣电商业务的全新品牌"e 袋洗"，同时还从百度挖来了一个"85 后"陆文勇担任 CEO，把"e 袋洗"具体的运作事务完全放手给他。他对陆文勇的唯一要求，就是用"e 袋洗"把洗衣服这件事情彻底互联网化。

于是，2013 年，这一款基于互联网逻辑设计的洗衣产品出现在大众视野中。用户通过荣昌"e 袋洗"的微信公众号或者 App 下单，30 分钟内会有人上门取件，只要用"e 洗袋"提供的洗衣袋，不管里面塞下了多少件衣服，是水洗还是干洗，统一标价每袋 99 元，这是一套标准的 O2O（线上到线下）模式。

3. 产品设计——我待用户如初恋

和顾客打了多年交道的张荣耀心里明白，在互联网的逻辑里，对消费者关系的理解，像是 15 岁的少男少女沉醉于恋爱，动机单纯得不得了，心里想的全都是怎么样让对方与自己在一起，让对方更开心，恨不得把世界上所有最好

的东西都送给对方。而传统企业对消费者关系的理解，要复杂得多，像是 30
岁的人相亲找结婚对象，刚一见面就琢磨家资几何，性格合否，长远严谨，却
往往怠慢了当下。哪一种更加可爱和受欢迎，不言自明。

"e 袋洗"在进行产品设计时，玩法是标准的互联网式。他们寻找到了用
户最核心的需求"我的衣服要干净，所以我要把衣服洗干净"。而并非"我要
洗衣服，所以要去一家洗衣店"，所有被认为对"把衣服洗干净"这件事有帮
助的元素，都会被考虑在内。既然用户关心的是洗衣服本身，而不是谁来洗，
谁来送，那么在"e 袋洗"运作之后，张荣耀和陆文勇就把它定位为独立的平
台型洗衣服务，只要符合标准，所有的环节都可以众包给所有人。

任何洗衣店都可以加入"e 袋洗"的洗衣外包点，任何个人都可以加入成
为取送员，要求仅仅是有智能手机，会用支付宝，交一部分保证金，以及参加
操作统一培训，这个项目叫作"自由人计划"。这是最能体现"e 袋洗"互联
网精神的表征——只问价值，不问出处。

4. 玩转营销——带着用户一起飞

团队有了，产品也设计完了，剩下的就是营销推广的任务，这一点最讲究
口碑和快迭代。张荣耀向他的团队提出了一个要求——越有趣越好，而在具体
的玩法上则完全没有插手的意愿，他充分信任手下的 80 后团队。

于是，作为 CEO 陆文勇和他的团队仔细分析"e 袋洗"的特点，确定了
天使用户的特征：居住于北京；女性；中高端收入；经常使用微信。2013 年
11 月 30 日，荣昌"e 袋洗"在一个天使用户集中的场合——中欧商学院北京
校园首发。

有了这第一批天使用户，"e 袋洗"在便捷、便宜之外，马上就运营出了
娱乐好玩的特点。很多玩法令人印象深刻，其中有一个活动叫"袋王"。"e 袋
洗"讲的是一袋一价 99 元，所以大部分用户都会尽量往一个袋子里面多加衣
物。运营团队顺水推舟，从中评出周袋王、月袋王、年袋王，在微信公众平台

上公布成绩。最新记录的袋王，其塞下的衣物在平时洗衣报价为 1280 元。

娱乐性是"e 袋洗"最重要的特点之一。为了让这个游戏更好玩，荣昌还举办了很多线下活动，教用户如何在袋子中装更多的衣物。在活动现场，一家人装衣服的场景，是挺有意思的。

除此之外，几乎所有热议话题，"e 袋洗"都不吝于凑上一回热闹，与顾客开展互动。在韩剧《来自星星的你》热播时，每位下单的用户都收到了荣昌"e 袋洗"送的啤酒、炸鸡；电动汽车特斯拉话题火爆，荣昌就组织用户进行试驾活动。

就在这样边玩边运营的过程中，"e 袋洗"一边收获口碑，达到病毒式传播的效果，一边收获来自用户的建议并进行产品迭代，两手都抓，两手都硬。在产品改进和服务流程优化上，"e 袋洗"得到了堪称海量的建议，为期不长的时间里，"e 袋洗"已经迭代到了第五版，App 也更新了六个重要的版本。到目前为止，完成了两轮融资的"e 袋洗"已经拥有微信和 App 用户 50 多万人，日订单数超过 4000 单，张荣耀口中的"移动互联网企业"名副其实。

荣昌率先登上了 O2O 这条大船，它的转型过程就是一个传统服务类企业向互联网转型的标准教程。这个过程告诉我们，传统企业唯一的上船方式是紧紧抱住用户的大腿，让他们带你上去。

在传统企业转型的路上，张荣耀和他的荣昌已经先走了一大步。所有落后的人，都需要问一问你的用户，当你的产品和服务在线上和线下联动的时候，够不够便宜、便捷、好玩，他们愿不愿意用。如果答案是否定的，那你就要小心了，因为他们很快就要走上移动互联网这条船了，而你将被留在码头上目送他们远去，再无相会之期。

荣昌创建"e 袋洗"品牌的创业案例就是社区事业体的典型。这种事业是营利性的，依托于社区资源的再组合，实现社区公益，社区服务体系，比如养老等。

参与型事业体

参与型事业体是通过建立多人自组织，致力于抗癌、人际保险等慈善公益事业。

如果说传统的慈善注重单向度的"给予"，现代的公益则强调双向度的"参与"。在这方面，张马丁创立的"抗癌公社"不仅搭建了社会互动的参与平台，还促进了爱心事业形式和内容的双重创新；更为关键的是，通过"助人自助"的公益理念，将松散的社会成员打造成了一个利益共同体和关系共同体。

1. 开创"众保"模式

进入抗癌公社的网站首页，"抗癌公社不是保险"几个大字赫然在目。抗癌公社客观上虽然有保险保障的作用，但是却完全不同于保险产品的设计。二者的区别在于：其一，在定义上，客户与保险公司之间是保险产品的买卖关系，投保人根据合同约定，向保险人支付保险费，保险人对于合同约定的风险承担赔偿保险金责任；抗癌公社则并非买卖关系，它是指社员根据公社规则约定，履行对加入公社后不幸患癌的社员进行小额捐助的义务，并以此获得自己不幸患癌时被他人帮助的权利。其二，抗癌公社不预先收费，只有当成员患癌需要其他成员帮助时才组织捐助；保险是收取保费在先，保障在后。这也是抗癌公社的创新之处。其三，抗癌公社没有资金沉淀，不涉及资金运营；而保险公司是预收保费，营业保费。其四，抗癌公社费用捐助采用 P2P 的模式，从捐助人到受捐人，从成员到成员，抗癌公社不收取费用，资金 100% 用于患癌者；而保险公司则需要提取一定费用。其五，加入和退出抗癌公社完全自愿，用户不会为退出公社而承担任何经济损失；商业保险退保往往需要支付一定费用。其六，商业保险公司以赢利为运营目标；抗癌公社则追求成员利益最大化。

抗癌公社的"众保"模式，是一种基于"人人为我，我为人人"理念设计的互助保障模式。相对于通常意义的"互助基金"，众保组织的金融属性更低，"脱媒"更彻底，是一种用互联网重新定义"保险"的颠覆性创新。

2. 第四种保障模式

对于抗癌公社的定位，张马丁坦言，希望它能成为与社会保险、商业保险、公益慈善平行的第四种保障模式，起到补充和辅助作用。他认为抗癌公社是一种民间的自发性保障。抗癌公社的理想，就是当灾难来临，感情和精神痛苦的同时，免受经济的痛苦。

曾在保险公司工作的经验和母亲患病的经历，让张马丁深刻地反思了中国保险业的现状。他认为中国的保险业存在一定程度的效率低、成本高、诚信缺失、创新不足等问题。因此，在抗癌公社设计之初，他就把高效、简单、便捷、经济当作自己追求的目标。

此外，抗癌公社与慈善组织也有所差异。对慈善组织来讲，癌症患者想要得到慈善基金的帮助时，需要发出"请求"；而在抗癌公社，这却变成患者的"要求"。这是尽到义务而享有的应有权利。在慈善组织中，受助人只是人群中幸运的一部分人，捐助人也只是一小部分爱心人士，而抗癌公社却力图建立一个"人人参与、人人受益"的体系，每个人都是慈善事业中帮助别人和受到别人帮助的人，人人都是慈善事业的中心。

3. 商业化进程的开启

2012 年，抗癌公社曾被媒体广泛报道，但张马丁当时并未全职投入其中，因而没有进行有效推广。当时恰逢抗癌公社被搜索引擎屏蔽，使得用户无法搜索到网站，丧失了最佳的发展用户时机。

2013 年 10 月，抗癌公社成员中出现第一位癌症患者，当时公社会员人数不到 500 人，满足资助条件的约有 150 人，实际资助人数 130 多人，为患者实际捐助了约 7000 元。这也是抗癌公社到目前为止发生的唯一一例会员患癌案例。

这件事让张马丁有所触动，他说："一方面，如果无法发展更多社员，那每个社员的保障是不稳固的，公社就没存在的意义；另一方面，社员的热情让我出乎意料，超过 90% 符合条件的社员履行了义务，而且很多人的捐助金额都超过了原先设定的 10 元钱，多人资助了 100 元。"这让张马丁更加坚定了做好抗癌公社的决心。因此，他辞去工作，全身心投入其中。

经过半年多的发展，截至 2014 年 5 月，抗癌公社的社员已经超过 3300人，并且人数还在持续增长。业务规模的扩大，对于无法从中获利的运营人员来说，开始面临资金等方面的困扰。

抗癌公社上线 3 年后，张马丁终于决定开始它的商业化进程。他坦言，抗癌公社目前有很多工作要做，但是受制于财力，甚至无法组建一个全职的团队。"如果有资金组建团队，我们将在规则完善方面继续努力，同时加大宣传推广工作，让更多的人知道抗癌公社，尽快使社员达到 3 万人以上，从而使社员的保障基本稳定，促进抗癌公社走上良性循环的发展之路。"

张马丁希望能够吸引资金，并从中拿出一部分建立一个小型保障基金。他坦言，由于目前社员少，加上受到每人捐助 10 元的限制，万一有成员患癌却无法帮助他筹集 5 万元资金，欠缺的部分可以由基金补充，从而保证第一批社员能享受到至少 5 万元的保障，打消前期入社人员的顾虑。当社员达到一定数量，保障基本稳固之后，保障基金的使命也就结束了。

未来，当社员人数积累到一定程度，张马丁希望通过增值服务和广告等形式挖掘网站的商业潜力并转化为收入，收入覆盖成本及合理利润之后，通过类似于公积金、公益金的形式再回馈于公社，可作为公社成员互助的补贴。

从上可以看出，"抗癌公社"首先是一种社会公益心的表现，其次是对社会保障体系的补充。无论是西方发达国家，还是正处在社会主义初级阶段，社会医疗保障体系都不发达的中国，都不可能完全涵盖所有公民的医疗保障需求，这样的互助形式也值得提倡。

专家事业体

事业体是区别于企业的一个称呼，事业体具有自己的开放性，有一句话是这样的：企业就是代表人类在掌握某些方面的专门知识。专业创造需要专家，需要对知识的把握，这就是专家事业体的核心思想。专家事业体，这也是众筹所能够提供支持的标准模式。

专家对知识的把握，需要借助一些途径和方法。事实上，在科学领域里的研究人员似乎越来越喜欢用众筹的方式来募集资金，目前已经有了一些成功的众筹项目，比如有众筹研究西班牙和印度的耐旱橡树物种，也有人尝试用数学方式解释笑话，还有人希望众筹研究外太空间里的外星行星。起初，科学家选择的是传统的众筹平台，比如 Kickstarter 和 IndieGoGo；但现在，像 Petridish（众筹网站名称，原意为培养皿）、Experiment（众筹网站名称，原意为实验或试验）及 Walacea（众筹网站名称，原意为华莱士）这样的众筹网站也变得越来越多，它们就是专门用于进行科学融资的。

在这里，我们特别介绍斯坦福大学计算机博士 D. E. 萨瓦（Shaw）带领科研"屌丝"和"极客"们开发创造 Anton（安腾）计算机的案例，从中可以感受到专家事业体是怎么一回事，以及科学家是如何与众筹结合起来并创造奇迹的。

1. D. E. 萨瓦的早期创业生涯

D. E. 萨瓦是个学霸，堪称计算机大神，是计算机领域的偶像。30 岁不到就进入哥伦比亚大学做教授，专门研究超大规模并行计算。这已经是优秀的学术人生了，但萨瓦觉得无聊。哥伦比亚大学地处纽约，聪明的教授身处花花世界之中，却只能坐在冷板凳上写计算机软件程序。时间长了，教授不干了。他在 1986 年放弃了钻牛角尖的教授生涯，进入华尔街著名投行摩根士丹利用计算机自动炒股、债券和外汇。

据有关资料，黑科技出身的教授当然不是搞政治斗争的料子，在摩根士丹利这种传统金融圈，钱多是非多、政治斗争和技术斗争同样激烈的地方，仅仅两年之后他就在政治斗争中失败，被迫离开摩根士丹利。但是教授本来就不是池中物，而是和乔布斯等人一样，具有敢为天下先的内驱力，同年，他就开办了自己的对冲基金，专注量化投资，利用高速计算机网络和市场瞬间的有效性缺陷来进行高频统计套利。

将大数据和超级计算带入基金的运作中，教授是顶尖的牛人，掌握高速网络编程和大型并行计算的人，除了能算弹道和模拟核爆之外，还能成为第一批做高频交易的人，干的事情基本就是无风险套利——利用市场无效性，剪市场的羊毛，赚钱的速度仅仅取决于你能剪多快。

作为专门研究超大规模并行计算的顶级专家的萨瓦教授，率先杀入高频交易，科技还是发挥了核心作用，很快人生进入了新的高峰。到 2015 年，他的个人净值已经达到 41 亿美元，杀入全球财富榜前五百名。

2. 萨瓦身体深处的"极客"基因

萨瓦 40 岁获得了财务自由之后，立即就显示出了他科技极客的基因，对于技术工程的痴迷才是他的本来面目。依照常人的想法，他自然可以不再写软件编程，而一头扎进繁华的纽约去浮华世界里了。对于大规模并行计算技术的精神把握，他要做一件历史上人类没有做到的事情。

计算化学有点类似于"上帝的技术"，即能够在分子原子层面来进行化学分子的合成和分解模拟，在这之前，计算机还太弱，计算化学用于实际问题中算不准，精度还不如做实验。因此，无论在化学还是生物领域，做计算化学的不管是教授还是博士，都必须一边计算，一边去做实验验证，这些拿着瓶瓶罐罐的实验，实验之后的测量工作是巨量的。萨瓦的注意力落到了萎靡的计算化学上：他想制造一台专门用于做计算化学的超级计算机，比现有的超级计算机强大几千倍、几万倍。制造一个专门用于计算化学的超级计算机平台。

这就是所谓的特种计算机：专业定制机器，软件也是专门定制的，只实现一个功能，专门用于材料的设计。人类工程中使用的超级材料，都能够在分子层面进行模拟合成实验，并且通过计算机模拟获得高效的工程设计方案。

萨瓦要在基础材料上做人类从来没有做过的事情，就是要为未来科技的发展提供基础材料，获得大量的专利，其中，一些战略性的新材料只要有一个投产，就能够掀起一场行业革命。

正如伟大的事情往往源于一个人的梦想和能力，萨瓦领导的团队正是这种梦想和能力的结合体。顶尖的专业人才需要系统性的支持，传统的团队形态来支持类似于萨瓦这样的杰出的专业人士，这是众筹能够解决的事情，这是一种顶层资源的整合游戏，也是众筹在创新领域的根本价值。

3. 萨瓦的筹人之道

在美国，由于能够在全世界 70 亿人口中寻找最优秀的人才，所以美国顶级人才是容易被找到的。萨瓦用高薪在全球吸纳顶尖人才，这符合众筹筹人的原则，在这种顶级团队中，需要建立一种在全球专业领域具有强大创新能力的团队。杰出的个人成就杰出的团队，杰出的团队成就杰出的创新，在其他的领域中，顶级人才的结合不一定需要如此多的顶级人才，但是对于创新来说，每一个顶级人才在潜力被挖掘出来以后，都能够创造奇迹。萨瓦给这些人才的年薪都能够达到 10 万美元以上。

在全球筹智的策略之下。一时间，一批最顶尖的计算化学、生物物理、电子工程博士趋之若鹜，组成可计算化学的梦之队。

4. 众筹模式下的惊人创造

从 2004 年前后开始，萨瓦成立的"专家事业体"开始正式运营。在萨瓦的精心组织下，30 多个博士在优雅的环境里，足足读了一年半的论文，搞出了安腾专用超级计算平台（Anton）的草图。之后，更多的人才加入，全身心专注于安腾软硬件的研发。2007 年，计算化学的最大黑科技诞生了：它比一般的超级计算机快约 1 万倍，比最好的超算也快 1000 倍。这是变态的 1 万倍，"1"的后面 4 个"0"，意味着 4 个数量级。

从 2007 年起，萨瓦的团队声名鹊起，用这个安腾系统每年都在国际顶尖的学术杂志《自然》和《科学》上发表论文，学术声誉很高。这些成果，能够有力地支持美国继续保持全球领先创新大国的地位。

通过萨瓦的案例，我们不难发现专家一旦与众筹结合而形成的专家事业体，将会创造什么样的人间奇迹。就现实本身而言，科学家通过众筹的方式寻找新的资金资源并不奇怪。在科研领域里，众筹虽然还不会马上取代传统的融资手段，但众筹给一些小规模科研项目提供了机会，尤其是一些无须涉及设备和人员成本的理论研究，说不定以后，这种类科研众筹会变得越来越多。因此我们可以说，如果有更多类似 Shaw 这样的"土豪"科学家用众筹的方式聚合专业人士进行研究，必将摧枯拉朽般地带动科学前进。

5. 专家事业体的投资策略

事实上，专家事业体也不是全新的创造，类似的概念也有很多，比如风险投资在考察项目的时候，主要就是看团队，看人，投资主要就是投人。众筹来的资本主要就是解放杰出人才的创造力，奇迹总是出现在杰出的人士身上。风险投资人意识到投人比投资项目更靠谱，这种围绕杰出人才配置资源的游戏就可以玩了。

笔者觉得"他山之石，可以攻玉"这句话同样适用于众筹，事实上，众筹模式的发展很大程度上都起源于艺术家金融运作体系。对于艺术投资，总体上会投资于人。随着时间的推移，以及建立一种全面承包艺术家未来作品的方式，来获得未来的发展期权。艺术家作品的溢价能够让投资者获得收益，艺术家能够在年轻的时候就过上了被"供养"的生活，在艺术圈看来，这是一种成熟的运营系统，国际上已经玩了半个世纪了。但是在企业界，以人为中心的众筹投资体系却是一种看起来很前卫的模式。实际上，艺术品行业本来就是前卫的，是新思想的实验池。

艺术投资人在很早的时候就开始用眼睛来发现那些具有艺术天赋的青年艺术家，为他们解决后顾之忧，然后解放这个人，用系统的团队来运作这个人。

"众筹＋专家事业体"是笔者提出的艺术金融模式在众筹领域的应用，和杨勇先生提出的"人才IPO（首次公开募股）众筹模式"有共通之处。众筹的内涵是无边界的，艺术金融运作模式也能够运用于众筹，推动杰出人才的创业之路，推动重大知识项目的发展。

第八章

众筹+服务平台

从2009年4月全球第一家众筹平台Kickstarter成立至今，众筹市场呈爆发式增长之势。众筹的本质是创业服务，众筹服务平台的功能就是提供投融资、孵化、运营一站式综合众筹服务，协助创业者实现自己的创业梦想。同时，众筹融资的最终平台就是交易所，这是互联网金融发展的必然选择。

每个城市都需要一个众筹平台

几年前，笔者听取了经济地理学家、中国科学院院士陆大道的一次演讲，陆院士认为资源向中心城市集中是全世界经济地理的规律，我们总是能够看到人才辈出的地方继续人才辈出，而落后地区几乎找不到一个杰出的人才。人才的聚变效应推动了大城市的资源继续集中，国内发展也逃不过这样的规律。

创新爆发和大城市病是经济发展的一体两面，我们也许做好平衡之道就好。

一线城市是高精尖人才的聚集地，高精尖的产业也主要集中在大城市，陆大道院士谈及核心城市以高端金融服务业推动科技发展的大城市的发展路径也是全世界大城市的发展规律。文化中心、金融中心和科技中心是大城市的代名词。

互联网技术的发展，改变了人才的发展路径，尽管高精尖的人才还在大城市，众筹模式也主要支持科技和文创产业，但是在中小城市往往是以制造业为基础的，大城市的金融和人才资源能够跟中小城市的制造业结合起来，会开辟新的路径。

在信息层面，大城市和小城市之间的战略集合是一种趋势。众筹模式在大城市风行之后，也能够顺利传导给中小城市。

2014 年以来，国内以众筹网为代表的众筹平台发展超出了大家的想象，众筹模式似乎正在带着一股奇妙的魔力，不断地影响着我们的生活。众筹的发展现在已经涵盖了艺术、电影、文化、公益、科技等多个领域，并且随着国内众筹平台的发展，众筹模式已经越来越多地被大众所接受。

但在众筹网不断向前发展的背后，很多人开始思考，国内的众筹项目大多都是那些略显"高大上"的内容，一般以一、二线城市的用户为主，很少有项目能够真正地涉及三、四线城市，通过发展三、四线城市用户走"众筹＋大城市＋小城市"路线的拓展。众所周知，在中国三、四线城市有着巨大的发展潜力，所以，众筹网站也可以走类似的道路。

诚然，众筹作为一个创业融资与互联网相结合的产业，不仅需要用户能够有一定的素质要求，同时也需要项目发起人能够有相对较高的互联网思维，这些相对来说，在一、二线城市更容易实现一些。但这里想说的是，随着整个互联网产业的向下延伸，其实现在正是众筹网站在三、四线城市发展的最好时机。

1. 逃离"北上广深"带来的人才下沉

近几年内，逃离"北上广深"成为了众多在一、二线城市漂泊的人的心声，尤其是对于很多互联网行业的从业人员来说，很多人都已经付诸行动，回到老家进行新的生活。这在给三、四线城市带来了人才积累的同时，也给众筹带来了发展空间。这些回到家乡的人往往本身的素质会相对符合众筹的目标用户，如果众筹能够让他们参与进来，对于整个三、四线城市市场会起到很大的带动作用。

众筹的本质是利用互联网和SNS（社交网站）传播的特性，让小企业、艺术家或个人对公众展示他们的创意，争取大家的关注和支持，进而获得所需要的资金援助。众筹模式一方面可以帮助项目发起人筹集到必要的资金，解决创业者的启动资金不够的难题，另一方面还可以帮助创业者获得更多的如人脉资源、创业建议等方面的支持，这些对于创业者来说都是雪中送炭的帮助。所以想要逃离"北上广深"的用户不妨将你的创业想法以在众筹网发起一个众筹项目，在项目中详细地将自己的创业构想以及你的创业规划展示给你的用户，然后设置好你的回报方式，可以是股权、产品等。

2. 中小城市的互联网机会

实际上，逃离"北上广深"，在二、三线城市创业还会得到地方政府的各种政策优惠。现在全国好多二、三线城市都有自己的创业产业园，在政策上鼓励大家创业，同时还会在创业初期进行公司补贴、政策优待、减税免税等各种措施，所以利用众筹模式在二、三线城市创业真的不是空谈。

科技产业园似乎在近几年来成了地方政府都要发力的项目，地方政府为了鼓励大家创业、企业入驻，往往会提供减税、资源介绍等多方面的政策补贴。这种情况下，如果这些科技园能够将众筹融入进来，那么就可以帮助更多的创业者解决初始资金的问题，众筹开始"＋"政策扶持一定能够吸引不少人的关注。而在此过程中，众筹模式无形之中会得到更多人的认知。

3. 小城市的创业价值

对于众筹而言，其实最大的一个特点是没有行业边界，几乎是任何行业只要能够得到大家的支持都可以发起众筹，这对于众筹在三、四线城市的发展而言，其实是一个很好的助力。三、四线城市虽然在发展速度和一些新兴事务上没有一、二线城市发展迅速，但一些具有本地特色的项目，比如可以众筹包地做机械化农业、众筹一个咖啡馆、众筹一个社区型网站等，这些都有很好的众筹创意。

现在三、四线城市互联网的整体普及，使得很多模式都可以直接将三、四线城市作为目标受众，而三、四线城市也恰恰是最有发展潜力的市场。所以，国内的众筹平台们正面临着一个绝好的在三、四线城市发展的机会。以众筹网为代表的国内众筹平台，可能真的需要在三、四线城市加把力了。而它们目前可能要做的是：围绕这些三、四线城市进行重点宣传，吸引这些城市的优秀创业者的关注；加强与地方政府的合作，将众筹模式真正地向地方政策融入；可以尝试建立一个"三、四线城市的项目，一、二线城市的投资人"这样一种模式作为先期发展，毕竟对于三、四线城市而言，人们的整体收入还与一、二线城市有一些差距。

随着以众筹网领衔的国内众筹平台的发展，众筹模式正是给很多人提供了一个最为合适的泄洪口。凡事都要争先，如果你真的有在二、三线城市创业的想法，何不在众筹网发起一个项目试试？

众筹＋孵化器

在这个创业热情高涨的年代，众筹无疑帮了大忙。通过它不仅可以筹集到创业者急需的资金，更可以聚拢人气，提高创业成功的把握。不过，随着众筹方式被不断认可，创业者已不再仅仅把它当作事业发展中筹资的一个手段，而是更关注哪些众筹平台可以担当创业孵化器。

1. "三个爸爸"天价众筹

"妈妈，我要三个爸爸。"第一眼看到这个广告，你会是什么感觉？好奇、惊讶、反感还是其他？如果还不知道这是什么东西，那你就落伍了。它是被称为"众筹冠军"的"三个爸爸"儿童空气净化器。

"三个爸爸"创始人戴赛鹰在2014年的年中基本上是"打鸡血"状态：4月创业，很快融资1000万美元；8月29日，"三个爸爸"儿童空气净化器在京东众筹平台上线，头两个小时就完成100万元众筹，总筹资额达到1122万元，刷新了互联网众筹纪录。在当时异常火爆的众筹领域，"三个爸爸"无疑引爆了人们的兴奋点。

戴赛鹰是以互联网方式杀入传统净化器行业的杀手。让人印象深刻的是戴赛鹰团队找痛点的过程，通过周围的朋友和几个母婴社区调查了700多个父母，跟每位父母进行长时间沟通。在戴赛鹰团队从传统到互联网的打法中，以众筹方式引发关注是重要策略之一。

通过众筹实现创业梦想的例子还有很多。自称"屌丝"的微智电子 CEO 章杨跟大多数创业者一样，他在 2014 年蜗居在中国城市的某个小角落，拿着创业项目找不到资金，也没有渠道推广，无奈之下，决定选择众筹平台试试。没想到 2014 年 9 月 18 日开始后的 30 天里，为自己的创业项目筹集到 40 余万元，获得了 3476 名支持者。

京东金融副总裁姚乃胜自 2014 年 7 月 1 日京东众筹上线以来，总筹资金额超过 5000 万元，成为中国最大的众筹平台。姚乃胜的初衷是为创造者搭建一个帮助项目成长的孵化平台，结合京东在供应链、物流、资源等方面的整合能力，能为创业者提供从资金、生产、销售到营销、法律、审计等各种资源，扶持项目快速成长。

2."独一味"的众筹孵化器

众筹本身开创了一种全新的融资模式，而产品众筹则通过产品预售的形式，实现了从融资到产品再到销售的产业闭环，为创业者提供了良好的创业环境。

众筹模式在美国兴起时，有一个响亮的口号："贩卖梦想的生意模式。"但在国内，虽然热度不减，失败案例却越来越多，各种噱头充斥行业，并被贴上团购、预售的标签。其实，众筹的本质应当是创业服务，创业项目筹到资只是第一步，如何帮助这些创业项目成长，提高创业的成功率，提高投资人的收益机会和比率，才是众筹的根本。

为创业者提供一条龙服务，在浮躁的背景下，让整个行业更加清楚明白众筹的本质是社交、参与感、用户体验，这种"独一味"的众筹孵化器，或许是众筹平台成功的基因和密码，也是中国式众筹的出路。

解析平台经济

中国大企业正在向投资集团转变，这是中国经济发展一个好的方向。

随着信息网络技术的飞速发展和互联网的应用普及，越来越多的平台型企业迅速崛起，平台经济模式迅猛发展。据不完全统计，全球最大的100家企业中，有60家企业的大部分收入来自平台类业务。时至今日，具有高度黏性的平台经济已成为推动经济发展的新引擎。

我国在引导产业转型升级的过程中，需要认真研究平台经济的发展特征和商业模式，采取相应的政策措施促进其发展。

1. 平台经济正在迅速崛起

现在国内的一些大企业，特别是一些传统的大制造企业正在进行庞大的变革计划。在联想，柳传志领导的投资公司已经将资本和市场机会紧密地联系在一起，投资领域已经开始涵盖一切面向未来的市场机会。而另外一个制造业企业海尔，也一直在变革，他们的目标，就是让海尔变成一种生态系统。成为千万个小微企业的孵化器，这些企业的未来发展机会，就是海尔的机会。海尔为这些企业提供整合资本的平台，让这些在平台上起家的小企业一开始就有了全部的经营元素。

海尔的CEO张瑞敏正在迅速转变为一位众筹领袖。从领导海尔一家企业，变成一个拥有千余小微项目的平台孵化器体系，在每一个项目中，海尔开始变成众筹领投人。

海尔搭建开放的创业生态圈，目的就是让每个人都可以发挥自己的价值，每个人都可以拥有自主权。在海尔平台上创办的小企业，能够获得海尔足够的支持，海尔除了自己能够提供一切经营元素之外，还引入社会资本，海尔资本和社会资本的结合，为这些新创办的小企业提供弹药。

目前，在海尔的创业平台上运行着2000多个创业小微，水盒子小微便是其中之一。这个被媒体广泛报道的项目实际上就是典型的初创企业。虽然水盒子小微项目目前只有4个人，未来人员全部到位了也就6个人，但是借助海尔开放的生态圈，水盒子小微可以与任何千万元级的企业相媲美。据海尔的相关人员介绍，在海尔的创业平台上，小微独立运营所必需的一切资源都可以通过市场化机制来整合。以水盒子为例，除了产品研发、模块和交互等外，其他的像交易、交付、制造、服务等环节全部都是借助海尔平台通过市场化机制整合而来的。水盒子用户数据以及未来前景为公司吸引了两个风投，而且他们都是带着资金和资源加入进来的，正因为海尔创业平台强大的资源整合能力。

因为在这个项目背后有海尔巨大的制造系统提供支持，还有面向全世界的营销网络支持。一个平台外的小微企业不可能有这么大的支持系统。可以这样说，在平台上创业的小微企业，全都相当于"富二代"创业，只要能够创造市场价值就可以了。海尔开始和这些小微企业形成了一个共生关系。

这场变革在很多年前就开始了，海尔集团在张瑞敏的带领下把平台的思维引到了组织里面来，把组织做成一个共赢的生态圈，把员工变成了利益相关方，并在平台化的过程中，提出了人人创客的理论，也就是说在海尔的平台上，海尔创造的不是产品而是"创客"。

正是在海尔集团的这一互联网转型过程中，水盒子创业者深切感受到了海尔创业平台的号召力。创始人邹浩说，在传统经济时代所有成功的做法，今天可能都不适用了，所以只能按照互联网时代的精神和现实来做，必须改变自己、颠覆思维。现在，邹浩正在注册一个名为浩海科技的公司，它便是水盒子小微的实体公司，邹浩的40多万元家当正式投给了这家公司，邹浩这么做，用他的话说就是看好海尔这个开放平台，未来肯定还会有更多像自己这样的创业者在海尔的平台上出现。

"创客精神"最早是由张瑞敏先生在海尔创业29周年纪念会上提出来的，包括企业平台化、员工创客化、用户个性化。员工创客化的真谛就是将员工从传统组织中的执行者，颠覆为自主创业者。张瑞敏先生表示，过去企业员工不管要做什么项目，都是由上级指令给他、告诉他、让他做，给他资源、资金再来做，做完了之后报给上级，到底有没有市场效果，企业员工不用负责。现在是企业员工自己去发现机会，自创意、自发起、自组织。而这正是企业整体孵化器化，实现共赢的一个例证。事实上，张瑞敏的众筹模式布局不是出现在众筹概念引导到中国之后，而是在之前就开始了这样的管理探索。

大企业也需要车库创业文化，重启企业的创业激情，全面拥抱互联网带来的变革机会。

互联网时代，人们做事的模式不能再坚守自己的一亩三分地，做事必须要借助平台，而海尔和国内一些大企业的变革，正是给予很多中小企业的机会。抱团发展还是独自发展，答案已经自明了。人人都是创业者，人人都是资本的交易者。这不仅是观念的变革，也是经济关系的彻底变革。

互联网时代带来的最大变化就是颠覆，在互联网经济的发展逻辑里，过去一个企业十年甚至上百年取得的业绩，现在一年甚至更短时间就可以实现，这一特点在互联网创业者身上体现得尤为突出，比较典型的案例有 Uber 打车、小米等。而它们正是实现了整合资本，在短时间内就集齐了所有的发展能量，能够面向市场直接起飞。

在今后，资本的平台化将成为趋势，这些平台能够将民间的创业者和拥有商业资源的人整合起来，将创业变成平台上的一个事业部。平台经济是指依托超市、购物中心等实体交易场所或门户网站、网络游戏等虚拟交易空间，吸引商家和消费者加入，促成双方或多方之间进行交易或信息交换的商业模式，主要通过收取会员费、技术服务费、交易佣金等费用获取收益。

平台经济模式具有双边市场、交叉网络外部性、增值性、快速成长性等主要特征，在给平台企业带来巨大回报的同时，还能通过信息精确匹配、规模效益或定向营销等方式给在平台上交易、交流的双方带来便利和实际利益，从而达成多方共赢。

平台经济并不是一种完全崭新的商业模式，早年经常提到的中介公司所扮演的就是平台型企业的角色，其所从事的经济活动即属于平台经济。但由于技术水平有限，传统平台型企业的业务活动容易遭遇地域、时间等限制，平台经济发展也会受到一定影响。随着信息网络技术的飞速发展和互联网的应用普及，平台经济正在实现更加迅猛的发展，越来越多的平台型企业纷纷涌现，并催生了新一轮平台经济浪潮。

借助于互联网络，人们能够突破沟通交流的空间限制，电子支付技术和现代物流服务又给人们在金融交易和实际货物交易方面带来极大便利，各种平台由此迅速建立并不断扩张。而以电子商务平台为突出代表的各类平台服务越来越深地融入人们工作生活的方方面面，改变了企业的营销方式和人们的消费方式，进而又为平台型企业和平台经济奠定了进一步发展的基础。

近年来，平台型企业迅速崛起，成为经济发展的重要动力，国外的谷歌、苹果、Facebook 和国内的阿里巴巴、百度、腾讯等近些年受到广泛瞩目的企业都属于典型的平台型企业。随着平台型企业和平台经济影响力的逐渐扩大，平台经济也在推动现代经济的变革和重塑。

2. 平台经济是推动经济转型发展的重要引擎

从微观角度看，平台具有交流或交易的媒介功能、信息服务功能、产业组织功能和利益协调功能。从宏观角度看，平台经济的发展具有推动产业持续创新、引领新兴经济增长、加快制造业服务化转型和变革工作生活方式等作用，是一种重要的产业形式。

一是推动产业持续创新。平台通过对产业资源、市场资源的整合，可为企业提供广阔的发展空间，同时驱动企业进行持续创新，以获得和巩固竞争优势。例如，电子商务平台上产品相似的多家企业为赢得更多用户，就必须加强技术、产品、服务与品牌宣传推广等方面的创新。同时，平台企业自身为了实现高附加值和高成长性，也要持续进行技术创新和商业模式创新，而这些创新将会带动整个产业的发展。苹果应用商店模式的创新发展就引来众多企业效仿，从而带动了硬件制造—软件开发—信息服务整条产业链的创新发展。

二是引领新兴经济增长。平台经济属于服务业范畴。实际上，各类服务业的价值链或者价值网络里都存在着搭建平台的机会。平台一旦建立，就能够吸引各种资源加入，发挥平台的集聚效应，推动整个产业的资源向平台倾斜，创造出巨大价值。平台经济作为创造和聚集价值的桥梁，正日益成为服务经济中最有活力的一部分。谷歌的成功在于其打造了信息汇聚与分享的平台，苹果的成功在于其打造了内容汇聚与交易的平台，而 Facebook 的成功在于其打造了人汇聚与联络的平台，这都充分体现了平台经济的巨大潜在价值。

三是加快制造业服务化转型。在竞争日益激烈的当下，制造业企业更需要利用有效的中介平台打通制造和流通之间的瓶颈，实现产品制造链和商品流通链的有效衔接。例如，面对行业利润持续走低的局面，家电企业纷纷转向电子商务平台，借助其庞大的用户资源和快捷的销售渠道，创新营销模式，降低运营成本，创造新的赢利点，获取更高利润。可见，平台经济将成为加快制造业服务化转型的重要推动力。

四是变革消费方式。平台经济中所蕴含的新的交流、交易模式，正成为人们日常生活模式和社交结构变革的重要推动力。例如，新浪微博等社交网络平台已成为人际交往的重要渠道；淘宝网等电子商务平台已成为人们日常消费的优先选择，而支付宝等第三方支付平台以及网络银行的普及为人们带来了更多便捷。特别是随着互联网由以信息为中心变成以人为中心，社交网络平台、人际关系平台等将现实关系搬到互联网上的新兴平台上，加速了人与人之间的交流和信息流动。这种变革直接带来消费方式的改变，使信息消费得到迅猛发展，也使基于信息交换的商务活动、交易活动等成为未来经济活动的主要组成。

总体来看，作为一种重要的产业形式和发展模式，平台经济正逐渐成为服务经济的"皇冠"，成为引领经济增长和推动社会发展的新引擎。

3. 加快推动平台经济发展的对策建议

为了加快推进平台经济发展，我国企业必须刷新思维模式，摒弃传统的竞争理念，拥抱平台经济革命，政府部门也需在加强引导、规范管理、配套服务体系建设方面采取多种措施：

一是支持新兴领域平台经济发展。支持有条件的区域面向重点行业领域，发展专业特色平台，不断拓宽平台经济的发展空间。其一，面向新兴信息服务发展需求，推动金融信息平台、地理信息平台、电子商务平台、社交网络平台等的发展，加快推动各高端服务领域与信息技术服务、互联网服务的融合创新，充分整合各类信息资源，探索开发新型商业模式，推动建立多层次、多元化的平台服务体系。其二，面向工业转型升级与产业基地打造的需求，支持各地方瞄准龙头产业与支柱产业，打造交易与服务平台，加速对产业上下游环节和企业的整合，打造产业链条。其三，培育和扶持农村信息服务平台发展，为农业发展提供高效的科技、金融、采购和销售等信息服务，提升农业信息化、现代化水平。

二是完善平台企业扶持政策。平台型企业是平台经济的主体，决定着平台经济的发展活力与发展前景。需要加大政策扶持力度，设计有针对性的平台型企业扶持政策，探索促进平台型企业的最佳发展路线。其一，结合重点行业领域专业平台发展，积极培育一批有市场竞争力的平台企业。鼓励有条件的企业向平台化转型，围绕重点领域培育发展一批信誉好、实力强的平台企业，择优确定重点企业予以扶持。其二，针对平台经济特点和平台型企业发展规律，设计有效的平台型企业扶持政策，比如设立专项基金、拓宽融资渠道等。同时，帮助和指导平台型企业结合自身基础、业务特色、市场需求与竞争状况，制定和实施科学的发展战略，包括进入战略、定价与利益平衡战略、竞争优势战略等。其三，建立和完善创新资金投入与退出机制，为平台经济发展创造宽松的环境。

三是优化配套发展环境。平台经济是在现代信息技术迅速发展、互联网应用日益普及背景下发展起来的。其发展需要强有力的信息技术服务支持，还需要第三方支付、信用、物流、检测、认证等配套服务体系的支持。为此，需要优化配套环境，以保障平台经济持续快速发展。其一，加强信息基础设施建设，提高光纤宽带的覆盖率，积极推进无线城市建设，加大农村网络建设力度，建成各地、各类信息网络互联互通的骨干传输网。其二，加快软件和信息技术服务业尤其是云计算、物联网、大数据等新技术的发展及其在平台经济中的应用，提升数据分析处理、数据挖掘、结算等后台信息技术服务能力，为平台运营提供更有力的信息技术支持。其三，培育和引进一批与平台经济发展相配套的第三方支付、物流、信用、检测、认证等服务机构，提升配套服务能力，形成便捷高效的第三方服务体系。

四是加强规范引导和管理监督。针对平台经济生态环境的复杂性及其从定价方式到垄断规制的特殊性，加快研究出台专门的管理和服务措施，加强规范引导和管理监督，引导平台型企业发展，保障平台经济健康稳定发展。其一，制定、出台专门的平台经济管理规定，对平台经济生态系统中的平台运营商和平台交易、交流双方的职责和权益进行明确规定，规范平台运营，并制定具体可操作的惩罚措施，严厉打击平台上的不法行为，更好地保护平台参与者的权益。其二，组织开展对平台经济反垄断和间接侵权问题的研究，明晰垄断和间接侵权的构成要件以及各侵权行为主体应承担的民事法律责任，并将其纳入管理规定。其三，积极引导各平台间的差异化发展，避免无序、低水平地竞争，推进平台经济发展水平提升。

总之，一个城市要发展平台经济需要微观基础，就是需要很多大、中、小、微型平台型企业。通过创新商业模式，政策基金扶持小企业，制造业服务化等促使城市的平台经济发展，带动产业升级，加力城市发展转型。相信各大城市都会出台一些政策支持平台型经济企业发展。

京东众筹平台

从 2013 年开始"众筹"这种新的融资方式开始受到关注，众筹本质是筹集智慧、筹集资源、筹集能力的方式。正是因为其创新性吸引到众多互联网和金融人士的参与，誉者甚多。而对于实物众筹虽然在规模和影响上被认可且在迅速扩大，但谁才是真正有优势者呢？

2014 年 7 月上线的京东众筹平台，频频攻城拔寨，一路刷新众筹的金额，突显了京东众筹在国内众筹领域的第一地位。下面以京东众筹模式分析其过程与特点。

1. 媒体：口碑媒体资料众筹

据了解，目前，京东金融已经与创业家达成战略合作，双方将在智能硬件等众筹产品、众筹项目上，提供营销推广、提升销量等服务。

创业家自 2008 年成立后，一直深耕于创业者领域，从新闻媒体报道出发，搭建了针对创业者的黑马训练营，并成为国内影响力最强的创业者训练营。借助于微博、微信，创业家已经积累了千万级的粉丝用户。而京东众筹，是京东金融集团中非常重要的一项业务板块，背靠京东大流量平台，以及积淀深厚的 3C 硬件，使得京东众筹在很短的时间内，在智能硬件领域，就打造出了影响力。

首先，京东平台上，有大量电子产品、数码、手机产品，以及非常有兴趣的科技粉丝。这些工业时代的产品，在不断推动技术进步、电子产品创新的同时，也让用户对硬件产品有了更新的探索与追求。于是乎，随着硬件基础参数的成熟，越来越多的创新硬件产品也浮出水面。

2. 底蕴：垂直专业人群众筹

京东历经多年，留下了大量的 C（客户）端用户数据。依据对用户进行大数据分析，能够捕捉用户的喜好，可以尝试电商领域的 C2B（消费者到企业）模式，而京东众筹将是电商 C2B2C（消费者到企业到消费者）的引领者。电商行业一致认为，工业化的电商模式已经是过去时，未来将是去中心化、分散的、基于个人用户定制的电商模式。

截至 2014 年 12 月 25 日，京东众筹已成为国内首个亿元级权益类众筹平台，项目筹资成功率近90%，筹集总金额过亿元，千万元级项目5个，百万元级项目近30个，这样的成绩，创下国内权益类众筹规模之最。而随着众筹被普通百姓进一步接受，权益类众筹将会不断刷新金额。

3. 闭环:产业链众筹

京东众筹不仅仅是一个销售平台，更是一个孵化梦想的平台。创业者在这个平台上能凭借京东优势，获得从资金、生产、销售到营销、法律、审计等各种资源，扶持项目快速成长。京东众筹从权益类产品出发，希望切入智能硬件、文化出版、娱乐影视等领域的早期项目扶持，从而建立创业者产业链条。

京东众筹上线短短6个月，越来越多的产品与项目希望与京东合作。比如，看到了远洋地产与京东借势"双十一"营销的成功，大量的商业地产、住宅地产也纷纷寻找与京东众筹开展跨界合作。全国很多的智能硬件创业者，也希望借着京东众筹，能够曝光知名度，将产品的销量从0增到1000。

一位智能硬件领域的创业者表示，之前，由于众筹平台比较小众，智能硬件往往只能在一个小众的圈子中流行，大家进行众筹，都是互相捧场，产品的量变往往是从0到10，或者从0到100。但是，由于京东这样的大平台，来做众筹，硬件的销量能够从0直接到1000，形成质的变化。

依托用户、数据、平台，京东众筹正在快速成长，希望依据个人用户，提供满足个人用户高品质生活的相关产品，又希望能够打造更细分的B（浏览器）端产业链。京东众筹在其中可以扮演撮合的角色，让两边都能够健康发展。通过兼顾B端与C端，京东众筹将为京东金融的未来发展起到强有力的推动作用。

众筹对京东平台将产生强影响，对于提升京东用户对平台的黏性、参与度、活跃度等都有极大的帮助，让京东既可以在实物类电商基础上增加服务类电商，还可以增强大数据、金融、国际化等业务板块，以及依据众筹，建立一个以京东为依托的创新公司生态链，带动京东外生式的增长。

4. 股权：京东股权众筹模式

股权众筹的方式包括私募与公募。京东目前做的是私募。京东股权众筹采用"领投＋跟投"模式，即在众筹过程中由一位经验丰富的专业投资人作为"领投人"，众多跟投人选择跟投。京东股权众筹对领投人的要求很高，他们需要在风投领域有丰富的经验，有一定投资经历与从业时长，并有成功的案例。领投人既会投钱也会投入战略资源，有领投人的参与能够提高项目选择的成功率，带动更多跟投人的加入。

京东股权众筹"领投＋跟投"模式，在有效减小普通投资者的投资风险和信息不对称的同时，能帮助创业者获得除资金以外更多的行业资源、管理经验等附加值。"领投＋跟投"模式具有经济学上的合理性，帮助参与者克服专业性造成的门槛。同时，京东股权众筹也将在依法合规经营的基础上，进行合理的制度设计。

总之，京东众筹作为当前最有格调的平台，成功率在90%以上，但是主要还是在于产品层面，是否存在一种模式的创新，特别是在当前讲究创新改变一切的新环境下？京东将B2C的业务扩展到B2B的层面，也是一种尝试。京东是一个电商平台还是升华为一个"C＋B"的综合性平台，这个案例只是一个开端，相信后面还有更多的类似项目出现。

美国 Kickstarter 众筹平台

Kickstarter是成立于美国纽约的一个专为具有创意方案的企业筹资的众筹网站平台。网站创意来自其中一位华裔创始人 Perry Chen，他的正式职业是期货交易员，但因为热爱艺术，开办了一家画廊，还时常参与主办一些音乐会。2002年，他因为资金问题被迫取消了一场筹划中的在新奥尔良爵士音乐节上举办的音乐会，这让他感到非常失落，进而就开始酝酿建立起一个募集资金的

网站。经过了漫长的等待之后，2009 年 4 月 Kickstarter 终于上线了。

1. Kickstarter 涵盖的领域

Kickstarter 网站的用户一方是渴望进行创作和创造的人，另一方则是愿意为他们出资金的人，然后见证新发明、新创作、新产品的出现。该平台致力于支持和激励创新性、创造性、创意性的活动。

通过网络平台面对公众募集小额资金，让有创造力的人有可能获得他们所需要的资金，以便使他们的梦想实现。Kickstarter 提供了"有创意、有想法，但缺乏资金"与"有资金，也愿意捐款支持好创意"的平台。任何人都可以向某个项目捐赠指定数目的资金，网站收取很低的佣金，门槛低到不能再低。比如，加州马金·卡拉汉希望创作一部关于半人半妖的新漫画，第一期的创作和宣传费用预计需要 1500 美元，因此，她给网站写了一封介绍信，希望有人能够提供小额捐款。捐款者可以得到的回报是，捐 5 美元可以得到一册带有作者签名的漫画书，捐 100 美元可以得到一个带有以漫画故事中主人公为饰物的包。当然，只有收到的捐款超过 1500 美元，她的许诺才会兑现。结果是，她在很短的时间里就拥有了这笔捐款。

Kickstarter 网站通过网络平台面对公众集资，让有创造力的人可能获得他们所需要的资金，以便使他们的梦想有可能实现。

Kickstarter 相信，一个好的创意，透过适当的沟通，是可以快速地广为流传的；同时，集结众人的力量来集结资金与精神上的鼓励，可以让你更实际也更有勇气的实践自己的好点子。创意性活动包括音乐、网页设计、平面设计、动画、作家以及所有有能力创造以及影响他人的活动。

2. Kickstarter 众筹网站上的最大赢家

Kickstarter 将其融资项目分成了 13 个类别，比如设计、游戏、摄影，以及技术等。下面按照每个类别获得的最高融资进行了总结，并介绍这些项目现在的状况，过去的辉煌，以及当初他们是如何登上令人垂涎的第一名位置的。

一是 Pebble E – Paper 智能手表。Pebble 智能手机是截至目前 Kickstarter 上融资最多的项目。一旦用户通过蓝牙将 Pebble 和 iPhone 或安卓手机连接，就可以接收文本消息和手机来电提醒。作为世界上首款广获成功的智能手表，Pebble 最近宣布，百思买将会在店内销售这款智能手表，售价为 150 美元，你现在就可以去买一块。

二是 Form1 3D 打印机。Form1 是首款"买得起"的高分辨率 3D 打印机，其售价为 3299 美元，显然，这个定价标签非常实际，并非定位那些一时兴起的 3D 打印爱好者。但是针对实验室、学校，以及设计师，Form1 则提供了可以进行更加细致作业的立体原型和模型制作机器。现在，Formlabs（3D 打印机公司）开始兑现当初对 Kickstarter 支持者们的承诺，他们可以在其公司网站上预订一台打印机，并在规定时间内寄送到。

三是 Planet Money（一档节目名称）T 恤。这是美国国家公共电台（NPR）和美国生活（*This American Life*）广播栏目合作的一个项目。Planet Money 从制作伊始，就着手记录一段 T 恤之旅。他们决定利用实际的 T 恤来帮助他们的项目融资，他们将会从零开始生产，为人们提供拥有一件超酷 T 恤衫的机会，同时帮助他们完成一些调查性的报告。

四是游戏英雄浮世绘卷。艺术家 Jed Henry（杰德·亨利）并不是一个日本人，他把经典的视频游戏角色和标志性的场景篆刻在木板上，再制作到纸张上色，所有的表达方式都是采用经典的日本浮世绘版画风格。为了实现他们的融资目标，他们在 Kickstarter 上已经募集了超过 30 次，Henry 和版画大师 David Bull（大卫·布尔）已经邮寄了许多艺术作品，现在他们的版画订单不断增加，同时他们还把整个制作浮世绘版画的过程记录了下来。

五是 *The Order of the Stick*（漫画名称）再版项目。这是一部非常受欢迎的喜剧漫画，也是一部捕获了一批死忠粉丝的网络漫画系列。该漫画的印刷版在 2012 年停止了，但是该漫画创作者决定依靠 Kickstarter，重启这套系列的出版。

六是营救即将消失的古董级 Catlow（卡特洛）剧院。Catlow 剧院位于伊利诺伊州的巴灵顿，该剧院有非常高的历史地位，但票价却非常低廉。为了能够与时俱进，该剧院需要进行翻新，以便播放最新的电影，Catlow 剧院需要一个可以播放电影的数字化投影仪和宽屏，融资额为 10 万美元。该项目在 Kickstarter 上获得了成功，Catlow 剧院不仅可以升级其投影系统和屏幕，而且还用额外募集到的资金对剧院做了翻修，并新增了一个供暖系统。

七是 Arkyd（太空望远镜名称）太空望远镜。自称为世界上"首个能为大众所用的太空望远镜"，Arkyd 可由用户自行控制，并拍摄太空照片。除了提供一个能够显示照片的车载屏幕，该众筹项目的支持者还可以得到一张太空照片。

八是 Amanda Palmer（阿曼达·帕尔默）和侠盗乐团管弦专辑。音乐人 Amanda Palmer 在 Kickstarter 上推出了一个新乐队、新标签和一项新计划。Palmer 求助于她的歌迷，为新专辑、艺术书、巡演、分销募集资金，她的粉丝们支持了这一众筹项目。Palmer 在 TED（环球会议名称）大会上谈及了她的经历，她也回馈了 Kickerstarter 支持，比如举办了一个歌迷家庭聚会，并准备巡演。

九是 Ouya（欧雅）游戏机。Ouya 掀起了游戏界的一场风暴，这款基于安卓系统的开源游戏机售价只需 99 美元。Yves Behar（伊夫斯·比哈尔）为其进行了设计，并得到了 Minecraft（我的世界）游戏开发者的认可，粉丝的反应也非常热情。Ouya 游戏机在亚马逊、Target（塔吉特）、百思买，以及 GameStop（电视游戏和娱乐软件零售连锁店）均有销售。

十是美国青年舞蹈大赛"最佳芭蕾舞"纪录片。出于对全世界下一代芭蕾舞者教育的渴望，美国青年舞蹈大赛组织计划拍摄一部"最佳芭蕾舞片段"纪录片，为了实现这部影片的拍摄，美国青年舞蹈大赛组织计划寻求 Kickstarter 募集 3.5 万美元资金。2012 年 1 月 5 日，该段芭蕾舞成功演出，纪录片也如期制作并在全美上映。

十一是 The 10 – Year Hoodie（连帽衫名称）连帽衫。带着 10 年的保证和高质量的设计，"The 10 – Year Hoodie"团队向售价高昂的劣质服装发起了挑战。其男女统一款式的连帽衫设计受到了人们的欢迎，人们还为他们免费提供了一些待缝补的衣服，让他们多些个性。该项目募集资金超过了 100 万美元，"The 10 – YearH oodie"团队提前 3 周完成了相关工作。

十二是 Veronica Mars（美眉校探）电影项目。该项目打破了 Kickstarter 的个人融资纪录，Kristen Bell（克里斯汀·贝尔）成功地说服了她的忠实"粉丝"，拍摄一部电视剧"Veronica Mars"的同名电影。从那时开始，Kickstarter 对于名人效应进行了一次现场讨论，因为 Zach Braff（扎克·布拉夫）随后也众筹拍摄了一部电影。"Veronica Mars"电影在 2014 年年初上映，数日后，其数字版拷贝作为对 Kickstarter 支持者的回馈，提前发送给他们。

众筹 + 交易所

股权成为一种交易品类是金融市场的要求。民间资本需要能够直接支持创业行动，民间金融的主要出口就是面向中小企业的股权融资。新三板和股权众筹将成为未来中国民间资本的主要交易场所。

融资和交易功能是交易所的主要核心功能，新三板和众筹股权交易所都具有这样的功能，中国的一些城市需要这样的交易机构，这可以让企业在平台上完全呈现出来，供众筹资本来挑选。股权融资一般都是跟项目做匹配的，市场不会和股市一样，会给企业超量的资金，超出的资金盘子可以配给更多的企业，而不是配置给少数具有交易资格的上市公司。

1. 众筹 + 新三板

"众筹 + 新三板"是一个非常有价值的闭环价值链，能够支持民间创业企业的发展。虽然做大做强还是企业的主要目标，"众筹 + 新三板"能够产生非常好的专业化公司。面对中小企业的价值投资，将是真正的良性的投资市场。

笔者在前文中说过，众筹是一种"小企业的上市行为"，众筹的门槛很低，不管是什么样的项目，都可以公开进行股权众筹。众筹的灵活度是很高的，而且非常适合中国的国情，为大量的民间资本投资提供一个可靠的出路。其实每一个众筹平台也都是一个"微交易所"。众筹融资和交易原则是公开透明的，而且是有众筹平台和众筹领袖提供背书的。平台让众筹项目在自己的监管范围内路演，实际上也具有一定的平台责任。

出色的项目在众筹平台上来孵化，能够极大地降低成本和化解风险。众筹可以在早期发现有价值的项目，然后众筹天使投资。大家知道，天使投资的数额不大，但是风险最大，这时候如果有一个众筹团队来进行众筹融资的话，参与者的未来价值是比较大的，而且风险对于个人来说也是可控的。项目可以在众筹平台上孵化，一旦项目落地，并且产生现金流的时候，股权就可以在众筹交易所进行股权交易，这里也能够产生一定的杠杆效应，对于原始众筹人来说，能够产生很好的回报。

原始股权交易也是能够降低风险成本的。因为企业已经产生现金流了，投资就可以购置股权，获得企业发展的分红，以及获得经营权。

众筹企业发展到这个阶段，实际上已经是一个正常的股份制企业了，接下来企业融资和资源配置的任务就可以交给新三板，在企业获得稳定增长之后，企业的未来价值获得风险投资和私募资金的认可，这些资本机构能够一路辅助企业在新三板挂牌，进行价值放大后的股权交易。

可以说"众筹＋新三板"能够将中国中小企业的整个融资和股权交易体系全部打通，这是民间金融和互联网金融另起炉灶的主要表现，对于中国经济具有非常大的意义。这意味着，中国也能够建立起面向中小企业的全面金融服务体系。

目前，新三板制度推行让越来越多的企业开始接触资本市场，以前，企业上市进行股权交易非常的艰难，时间也非常长。所以现在很多正在众筹的项目企业都有意愿来挂牌新三板。企业挂牌不是一个终点，挂牌以后，投资机构都还可以持续投资，可以有更多的机会分享投资企业持续增长的红利。

2. 贵阳众筹金融交易所

贵阳从一个西部的边缘城市一下子吸引了全中国乃至全世界的目光，因为贵阳办了两个面向未来的事情：一个是大数据交易中心，另一个是众筹金融交易所。马云说，未来是 DT（数据处理技术）时代，贵阳办的事情正在创造一个历史。

作为贵阳众筹交易所的主要创始人之一，刘文献先生的梦想就是创立一个众筹的金融生态系统。生态圈以众筹金融为核心，建成大企业参与的产业互联网金融体系；同时将传统银行服务业引入互联网金融平台之上；这种落地的交易系统能够组合政府、投资人、消费者的立体生态圈。

这里面有一个有意思的价值点，也就是投资精英开始带着投资客和创客一起行动了，这种模式就是前文中提到的专业投资者带领大众进行的投资游戏。

众筹交易的宽泛性是对传统金融的一种补充，刘文献先生提出的"混业金融"是一个很好的概念，也是一种比较新的价值计量体系。股权众筹、债权众筹、经营权众筹、产品众筹和知识产权众筹这五大类的众筹交易板块能够带动国内同类交易所的建立，为城市众筹金融交易所创业了一个很好的样板。

2015 年 5 月 27 日，贵阳众筹金融交易所成立并上线运营。当天，首批上线的美食金融和大马士革玫瑰园股权众筹项目交易成功，交易额共 710 万元。本次首批众筹金融产品之一的贵州领筹美食金融有限公司股权众筹，众筹额度 500 万元，发售份额 50 份，投资期限为 3 年。另一个众筹项目是大马士革玫瑰园股权众筹之一期，市场估值 3800 万元，众筹额度 210 万元，发售份额 100 份，投资期限为 3 年。

贵阳众筹金融交易所将成为继上交所、深交所、新三板和各地股交中心（即新四板）之后，中国构建多层次资本市场体系中重要的基础组成部分之一，并将建设成为中国最活跃、最富生命力和最富成长性的五板交易市场之一。

贵阳众筹金融交易所将结合贵阳在全国领先的大数据金融和移动金融发展战略，使贵阳众筹金融交易所拥有在互联网尤其是移动互联网入口的领先位置优势。通过众筹金融交易所来发展众筹金融市场，有利于建立起公共规则，信息公开透明，便于各类众筹平台接受大众监督、监管部门监督，更好地维护市场秩序和投资者的合法权益。

贵阳众筹金融交易所相关负责人认为，该所的近期目标和远景规划为先期将建设各行业100条创新项目股权众筹交易跑道，每条产品跑道将由全国各行业具有权威性的领筹人选取和推荐优质创新企业，并规划了股权、债权、经营权、产品、知识产权五大类众筹交易板块，引入合伙人、领筹人、交易商、微券商、经纪人等市场参与主体。

刘文献先生有着自己的宏伟目标，"计划3年内将突破挂牌上市发行众筹交易企业3000家、注册备案登记企业10万家、注册会员超千万人，100条各行业企业及产品众筹跑道，众筹金融交易发行额达千亿元，所涉众筹企业市值达万亿元。"

事实上，刘文献所说的事情，不是大了而是小了。众筹对于中国的影响之强，已经是一场全面的思维解放运动。众筹思维正在改变中国。

中国人在改革开放以后，一共迎来了四次创业浪潮。中国在1985年以后迎来了又一波的婴儿潮，这些具有国际竞争能力和全球视野的1.8亿人，是互联网的原住民。他们是创业和创新的主力军，中国需要将最好的资源配置给他们，让他们去创造一大片世界级的公司。

在以往的创业潮中，"政策市"占据很大的成分。借助资源的优势和人口红利扩大了中国经济的规模总量，这富足了中国人，让中国人过上了小康生活。但是在总体上，我们的经济体还是一个浅碟型的经济体，经济发展的质量还是堪忧的，也是不可持续的。

应该说，我们不能够再寄希望于"60后""70后"创造的财富体系，他们创造了中国奇迹，但这仅仅是一个基础，中国的"85后"和"90后"要冲击的是世界经济的巅峰，那才是真正的中国创造。因为中国经济发展模式还没有依靠知识经济来实现软性飞跃，当中国经济70%都依赖于技术进步和观念进步的时候，那才能够让中国人获得全世界的尊敬。而"众筹＋互联网"将加速中国创造的进程，我看好中国的互联网金融对整个中国经济的结构的再造。一个强大开放的中国将令更多中国人个体获得荣耀。

附 录

2015年政府工作报告中首次提出了"互联网+"概念，"众筹+"真正实现了服务实体经济。国务院总理李克强在答记者问时表示，"站在'互联网+'的风口上顺势而为，会使中国经济飞起来"。社交媒体、大数据与云计算的兴起，众筹作为一种新兴的融资方式，在资本市场中降低了初创企业与中小企业筹资的门槛。

附录一　互联网众筹金融政策和展望

互联网金融凭借其"风险更低、交易成本更低、效率更高"的特点，已经成为各地经济发展的香饽饽。而众筹则是互联网金融新模式之一。相对于传统的融资方式，互联网众筹更为开放，已经远远超出普通金融存贷生息循环的单一模式，把触角伸向社会及经济的方方面面，为科技、工业化、文化、卫生甚至传统的诸多领域提供了无穷的可能和创意。对此，国家层面制定了一系列相关政策和措施，为互联网众筹的未来发展保驾护航。

据世界银行预测，2025 年全球众筹市场规模将达到 3000 亿美元，中国市场将占到 500 亿美元。2014 年，以众筹为代表的互联网金融在中国已经进入发展最为迅速的阶段，随之而来的大众金融消费习惯的改变和传统金融业务的革新初现端倪。2014 年由此成为中国众筹的元年。

2014 年 11 月 19 日，李克强总理在国务院常务会议上首次提出："要建立资本市场小额再融资快速机制，开展股权众筹融资试点。"国务院这一政策的提出，为众筹行业带来良好的发展机遇，使我国众筹行业在此后得到了快速发展。

2014 年 12 月 18 日，中国证券业协会发布了《私募股权众筹融资管理办法（试行）（征求意见稿）》，明确了若干行业细则，使得股权众筹能更有章可循。股权众筹意见稿的发布，一方面表明监管层认可了互联网金融有效弥补了传统金融机构支持实体经济发展的不足，承认了互联网众筹的合法地位；另一方面在屡次被提及涉及诈骗、非法资金池、吸收公共存款等法律边缘问题中，也表明了监管层保护投资者利益的决心。股权众筹意见稿的推出意味着股权众筹行业的相关法律法规空白将会暂时填补，若正式通过，以及未来更加完善的行业监管细则一旦出台，将有效约束众筹行业的野性增长，指引其朝着规范化方向良性发展。这对处于萌芽期的众筹行业参与者而言，是难得的机遇。

时间到了 2015 年，对于互联网金融来说，一个没有做不到只有想不到的时代将已经来临。

2015 年 1 月 5 日，央行印发《关于做好个人征信业务准备工作的通知》，要求包括蚂蚁金服旗下的芝麻信用在内的 8 家机构做好个人征信业务的准备工作，准备时间为 6 个月，此举意味着国内个人征信市场化的闸门正式开启。草根化的征信报告可以更加综合地体现个人的诚信状况，包括水电费缴纳、社保缴纳甚至网络消费等多个方面。个人征信市场化闸门的开启将有效地提升互联网金融市场的信息披露透明度，对建立可靠的众筹平台和筛选出优质的众筹项目都是极大利好。

2015 年 1 月 22 日，中国证券业协会与市场监测中心在北京组织召开了股权众筹业务座谈会暨股权众筹专业委员会筹备会，拟设立股权众筹专业委员会，充分发挥行业力量，进一步推动股权众筹业务健康、有序发展。股权众筹专业委员会将充分发挥"交流、议事、办事"三大平台的作用，充分反映行业诉求，研究制定、评估股权众筹相关业务规则，为股权众筹业务发展创造良好的环境。

2015 年 1 月 28 日，国务院总理李克强主持召开国务院常务会议，确定支持发展"众创空间"的政策措施，为创业创新搭建新平台。会议提出，要"完善互联网股权众筹融资机制，培育发展天使投资"：一要在创客空间、创新工厂等孵化模式的基础上，大力发展市场化、专业化、集成化、网络化的"众创空间"。二要加大政策扶持。三要完善创业投融资机制。四要打造良好创业创新生态环境。

2015 年 3 月 5 日，第十二届全国人民代表大会第三次会议在北京人民大会堂开幕，国务院总理李克强向大会作政府工作报告。李克强指出，过去一年，我们大力调整产业结构，着力培育新的增长点，促进服务业加快发展，支持发展移动互联网、集成电路、高端装备制造、新能源汽车等战略性新兴产业，互联网金融异军突起，电子商务、物流快递等新业态快速成长，众多"创客"脱颖而出，文化创意产业蓬勃发展。政府工作报告中要求，促进互联网金融健康发展，完善金融监管协调机制，密切监测跨境资本流动，守住不发生系统性和区域性金融风险的底线。让金融成为一池活水，更好地浇灌小微企业、"三农"等实体经济之树。政府工作报告首次谈到了"互联网金融"，将其表述为"异军突起"，要求促进"互联网金融健康发展"，意味着互联网金融发展的春天到来了。

来自国家层面的一系列推进表明，股权众筹已经上升到国家经济工作层面。股权众筹平台未来的发展前景，其核心在于搭建投资者和创业方的社群生态系统，这是股权众筹行业准入的最高隐性门槛，而这个生态系统的搭建需要诸如大数据征信、云计算服务等技术进行支撑，否则作为平台方的股权众筹企业将无法满足资本风险控制的需要，最终产生法律纠纷。

中国众筹的发展还处在刚刚起步的阶段，对于这种创新金融模式，监管机构持比较开放的态度。若能建立和完善相关立法、管理和监督机制，引导众筹良性发展，众筹必将以其创新、开放、透明的特点，吸引更多群体的关注和支持。在公民参与公益事业发展的诉求日益高涨的今天，不论是筹资方、投资者还是众筹平台，都应从长远的角度，综合考虑利益获取的可持续性，共同推进行业的健康稳定发展。

众筹之路，才刚刚开始，精彩都在后头。

附录二　众筹工场标识

附录三　北京大学众筹金融课题组

北京大学众筹金融课题组使命

☞ 众筹金融产业园区资源整合

☞ 众筹金融产业发展战略研究

☞ 众筹金融产业高端人才培养

北京大学众筹金融课题组六大产业研究方向

☞ 农业科技

☞ 医疗健康

☞ 文化创意

☞ 教育培训

☞ 房产商铺

☞ 环保公益

王 璞 名誉组长
北大纵横管理咨询集团创始人
北京大学光华管理学院首届MBA

 梁中国 品牌总顾问
全球CBO之父、著名品牌专家
国际品牌联盟（IBF）中国区主席

 徐浩然 总召集人
全国品牌社团联席会议主席
北京大学经济学博士后

 李光斗 品牌战略总顾问
中央电视台品牌顾问
著名品牌战略专家

 郭 嘉 战略咨询总顾问
嘉德咨询集团董事长
中国高鹏会总顾问

 陈 智 商业地产总顾问
大中华购物中心联盟主席
铜锣湾集团董事长

 杜 猛 资本联盟总顾问
中企资本联盟主席
著名经济学家、博士

 赵 强 冠军营销总顾问
中国首届十大策划人
赵强冠军赢销顾问机构董事长

 朱玉章 品牌营销总顾问
中国十大营销策划专家
采纳品牌营销顾问机构董事长

 张 良 创意营销总顾问
中国策划20年金钥匙奖唯一得主
创普谷管理咨询集团董事长

 张志诚 中道文化总顾问
领导力训练权威
天智教育训练集团董事长

 李 强 启智训练总顾问
中国启智训练第一人
巨思特教育集团董事局主席

 何 坊 商业模式总顾问
八八众筹创始人、畅销国际董事长
中国商业模式第一人

 黄友新 鬼谷子智慧总顾问
鬼谷子智慧营销创始人
中国企业营销研究院执行院长

 周海文 道学智慧总顾问
道学大师
中国北武当掌门人

 孙 飞 金融投资总顾问
著名经济学家、经济学博士
国际金融投资联合会执行主席

 吴 瑕 融资总顾问
著名投融资专家
《融资有道》作者、金融学博士

 齐大清 投资银行总顾问
中国村镇银行联盟主席
汇赢大通资本投资管理有限公司董事长

 陈炜松 众筹梦想总顾问
著名梦想导师
世界梦想学研究会秘书长

 李 浩 投融资专家
新三板英雄会创始人
北京科创企业投融资联盟秘书长

 刘洪国 法律顾问
北京市大地律师事务所高级合伙人
《互联网金融法律集》作者

 邢 杰 事业合伙人
优童中国董事俱乐部创始人
华企优童董事长

 代瑞红 事业合伙人
园区中国、优圆网创始人
天津大学管理学博士

 李伯诚 事业合伙人
北京市尚公律师事务所专职律师
中国股权众筹联盟联合发起人

 王洪喜 事业合伙人
河北高鹏会会长
商脉中国董事长

 郭云海 事业合伙人
高鹏公司执行总裁
高鹏微商会总经理

 王 清 事业合伙人
游学网创始人
北京科教在线教育科技有限公司董事长

 庄 岩 事业合伙人
中国创业家俱乐部创始人
北京老八谷图农业科技有限公司董事长

 朱 歌 事业合伙人
万珍坊果酒创始人
北京万珍坊国际贸易有限公司董事长

 陈 昕 事业合伙人
国际创意产业联盟理事
互动创意传媒科技有限公司董事长

附录四　高鹏天下创始股东

曹建利　中国高鹏会理事长、宜居创始人

郭　嘉　中国高鹏会总顾问、嘉德咨询董事长

王　斌　中国互联网金融联盟创始人

王　璞　北大纵横管理咨询集团创始人、北京大学光华管理学院首届
　　　　MBA（工商管理硕士）

梁中国　著名品牌战略专家、国际品牌联盟（IBF）中国区主席

徐浩然　全国品牌社团组织联席会议主席、北京大学经济学院博士后

邢　杰　优董中国董事俱乐部创始人

代瑞红　优投网创始人、天津大学管理学博士

王　雪　天马论道董事长、雪球资本创始人

周宏光　独立天使投资人、中国青年天使会监事、龙塑资本合伙人

刘东明　电商中国创始人、北京大学众筹金融课题组整合营销总顾问

郭云海　高鹏天下执行总裁、北京大学众筹金融课题组执行组长

何俊杰　高鹏天下执行总裁、北京大学众筹金融课题组事业合伙人

朱　歌　万珍坊品牌创始人、北京大学众筹金融课题组事业合伙人

陈　昕　互动创意总经理、北京大学众筹金融课题组事业合伙人

陈明湖　万合堂堂主、万合堂商学院联盟创始人

李金宇　四海继业董事长、北京大学众筹金融课题组事业合伙人

庄　岩　中国创业家俱乐部创始人、北京大学众筹金融课题组事业合伙人

安晓宇　中融国金董事长、北京大学众筹金融课题组事业合伙人

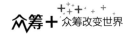

刘小华　社群经济资深专家、微领袖商学院执行院长

徐雪峰　陈兴宇　陈　康　徐　涛　田文强　王　清　胡瀚文　郑先红

康丽红　丁若宇　郑向东　张浩鹏　江红霄　杨德洪　王亦博　陈　勇

杨志方　刘剑峰　刘依群

附录五　中国首家众筹企业上海股交所成功挂牌

2015 年 4 月 7 日，中国首家众筹企业高鹏天下在上海股权托管交易中心举办中小企业股权报价系统专场挂牌。高鹏天下于 2012 年 9 月由张迅诚先生结合股权众筹模式在国内发起，半年后成功创办了北京高鹏天下文化传媒有限公司，作为中国首家众筹企业在上海股交所成功挂牌。2014 年 9 月，高鹏天下已通过北京大学民营经济研究院申请设立众筹资本与互联网金融课题组。2015 年 3 月，众筹工场创始人、高鹏天下董事长张迅诚表示，高鹏天下将全力打造"众筹工场"全球众筹路演中心和私募股权众筹领投基金。

高鹏天下成功挂牌合影

推荐机构浩然天下资产管理（北京）有限公司提供专业化挂牌企业服务，高鹏天下正式进入多层次资本市场。上海股权托管交易中心领导、高鹏天下创始股东、特邀贵宾和媒体记者共同出席高鹏天下专场挂牌仪式。

高鹏天下授牌仪式

上海股权托管交易中心 Q 板挂牌平台，有利于提升企业知名度，拓宽企业的融资渠道，助力企业腾飞。高鹏天下通过上海股权托管交易中心成功挂牌上市，希望吸引更多投资机构和战略投资者的关注，为企业发展插上金融的翅膀。高鹏天下在 Q 板挂牌上市后，计划用两年时间通过定向增资扩股完成股份改制，力争在新三板上市。

高鹏天下成功挂牌敲锣

国际品牌联盟（IBF）中国区主席梁中国先生、浩然天下资产管理（北京）有限公司董事长徐浩然博士、天马论道董事长王雪先生和众筹工场创始人、高鹏天下董事长张迅诚先生出席专场挂牌仪式现场，敲响了象征挂牌成功的铜锣。作为一个创新型众筹金融服务平台，高鹏天下将充分利用北京大学众筹金融课题组的品牌资源优势，把北大众筹品牌推广至全国各地乃至全球。

附录六 高鹏天下100+城市联盟

李伯诚律师

高鹏天下（中国众筹概念第一股·上海股权托管交易中心
挂牌企业，股权代码：204738）法律顾问
中国股权众筹联盟联合发起人
中国股权众筹联盟自律公约起草人
北京市尚公律师事务所互联网金融组组长

王 雪

天马论道董事长
雪球资本创始人
上海高鹏会会长
高鹏微会所股权众筹领投人
北京大学众筹金融课题组事业合伙人
高鹏天下（中国众筹概念第一股·上海股权托管交易中心
挂牌企业，股权代码：204738）创始股东

苏恩卫

五板众筹平台创始人

中国立商会创始人

广东高鹏会会长

北京大学众筹金融课题组事业合伙人

广东省就业与创业促进会执行会长

高鹏天下（中国众筹概念第一股·上海股权托管交易中心挂牌企业，股权代码：204738）创始股东

广州五板网络科技有限公司创始人

广东立商投资管理有限公司董事长

广东广货通网络科技有限公司董事长

广州国行投资管理有限公司董事

广州市净东网络有限公司董事

　　曾就职于长江企业集团和时代地产集团，商业地产生态圈整合专家，"互联网+传统产业+众筹"整合实战专家，产融接合商业模式创新专家。

王洪喜

商脉中国创始人

河北高鹏会会长

中国众筹节联合发起人

北京大学众筹金融课题组事业合伙人

商脉汇（北京）科技发展有限公司董事长

高鹏天下（中国众筹概念第一股·上海股权托管交易中心挂牌企业，股权代码：204738）创始股东

附录七　中国众筹节

"众筹 + 梦想"，引领众筹未来

不懂众筹，您将错过一个时代。人人都是众筹家，中国众筹节（顾名思义，众筹人或众筹家的节日）已吸引多位行业顶级专家和知名天使投资人的关注。众筹招募 66 位中国众筹节联合发起人，众筹参与支持 1 万元申请加入中国众筹节联合发起人（以入款先后时间为序，编号依次为 61～65 号），中国众筹节联合发起人已确认 61 人，即将编入中国首部众筹领袖思维专著《众筹+——众筹改变世界》（预计超过 10 万册），成为影响和推动中国众筹行业发展的经典案例。邀您共同见证 2016 年跨界众筹创新盛会，申请成为中国众筹节联合发起人请主动联系：张迅诚 18611915988。

中国众筹节联合发起人权益

1. 授予"中国众筹节·联合发起人"荣誉，成为影响中国众筹行业发展的关键人物

2. 加入"中国众筹节·联合发起人"微信群，获得中国众筹节高端人脉资源

3. 获得价值 1 万元中国众筹节 1 个 VIP（贵宾）专属席位

4. 获得"中国众筹节·众筹家梦想秀"资格

5. 获得中国众筹家俱乐部成员资格

6. 优先申请加入中国众筹节组委会

中国众筹节发起人

张迅诚：众筹工场创始人、中国股权众筹联盟创始人、北京大学众筹金融课题组组长

中国众筹节联合发起人

1. 王海超：慢生活全球品牌艺术馆创始人

2. 胡基远：智乐享·中国创始人，中国健康农业互联网创新联盟创始人、首席信息技术运营官

3. 王洪喜：河北高鹏会会长、商脉中国董事长

4. 张小鹏：中国礼品研究院执行院长、礼事汇创始人

5. 庄　岩：中国创业家俱乐部创始人

6. 朱　歌：万珍坊品牌创始人

7. 朱新泉：民建辽宁省委副主委、中国风险投资有限公司监事会主席、辽宁省政协常委

8. 张　燕：老兵本色创业联盟创始人

9. 崔永杰：中国中小企业家联席会创始人

10. 詹清荣：著名财税管理专家、中国高校广东校友企业家俱乐部主席

11. 张吕清：品牌中国商学院执行院长

12. 成　实：中国唯一美国纽交所上市房企鑫苑国际副总裁

13. 李青山：湖北腾凯游乐文化有限公司董事长

14. 闵正道：《中国联合商报》副社长

15. 吴茵茵：厦门英迪斯格服饰有限公司董事长

16. 刘小华：社群经济资深专家、《社群经济学》联合主编、微领袖商学院执行院长

17. 谭小勇：湖南人餐饮有限公司董事长

18. 温　泉：演说大道创始人、八大财神会会长

19. 刘　伟：杭州媚娘珠宝有限公司总经理

20. 王　哲：关云长刀工坊品牌创始人

21. 何伟钢：山茶油品牌湖南大三湘集团首席品牌官

22. 刘德广：孔子养生院院长、孔子食医研究院院长、曲阜市人大代表

23. 曹　洋：北京助赢普惠资产管理有限公司联合创始人

24. 戴　文：农业新干线创始人，仁家村公社创始人、社长

25. 付　岩：中青创投创始合伙人、董事长，八八众筹创始合伙人，中国青年天使会常务理事

26. 海鹏鹤：北京神州锦绣投资控股有限公司董事长

27. 陈兴宇：英国考文垂大学

28. 胡　淞：兆云股权投资基金管理有限公司总经理

29. 俞爱英：广西桂林创客空间服务有限公司董事长

30. 刘　强：全国首家登录"新三板"国有控股图书发行企业北教传媒总裁

31. 郑滢轩：北京爱信诚教育科技有限公司董事长

32. 谭一相：山峡（中国）飞行俱乐部董事长

33. 杨　振：西安宏府企业集团总经理

34. 王　颖：北京智英瑞管理咨询有限公司总经理

35. 陈文芳：宁波雨花斋文化投资有限公司董事长

36. 陈　昕：互动创意（北京）传媒科技有限公司总经理

37. 金光辉：金万豪集团董事长

38. 王树建：亿老汇免费养老平台创始人

39. 李启涵：宁波启润影视文化传媒有限公司董事长

40. 张万茂：北京蓝海互动电子商务有限公司总经理

41. 甘　路：江西宝辉集团董事长助理、北京国开财富（乐富宝）投资有限公司 CEO

42. 王永增：河南中烨资产管理有限公司董事长

43. 胡宏华：深圳市华通嘉联通讯技术有限公司董事长

44. 常勇俊：云南悦贷信息技术有限公司董事长

45. 鲍旭义：浙江团铺宝网络信息科技股份有限公司董事长

46. 赵　华：金臣仕家居智库中心总经理

47. 周立功：中和澳亚（北京）股份有限公司执行董事、首席财务官，澳大利亚 ABL（阿德莱德银行）基金公司总裁

48. 彭嘉明：云创控股集团董事长、世尊科技创始人

49. 陈　可：瑞融科技总经理

50. 彭　峰：江西众筹第一人、触点众筹创始人

51. 陶业奎：鄂尔多斯市长河企业形象策划有限公司总经理

52. 张　勇：沈阳铺多多科技信息有限公司董事长

53. 罗绍锋：永州市潇湘情正能量传播中心总裁

54. 陈　锐：北京瑞普华养老企业管理有限公司董事长

55. 吴高远：微领袖商学院创始人、地球救援环保公益组织创始人、《粉丝经济学》作者。网名五哥，微信号：58888

56. 周浑华：北京凯旋龙新投资有限公司董事长

57. 陈　明：北京明宇华媒投资管理有限公司董事长

58. 崔丹洋：贵州龙行神洲旅游集团总裁助理、旅游投资公司总经理

59. 王庆辉：沈阳鼎辉投资集团有限公司董事长

60. 杨晓松：股东汇创始人

61.

62.

63.

64.

65.

66. 薛运达：尚 8 集团董事长

附录八　中国众筹节，人人都是众筹家

党中央、国务院积极推进"大众创业，万众创新"，2015 年被定义为"股权众筹的元年"，股权众筹通过金融创新模式来服务实体经济。人民银行金融研究所所长姚余栋认为，股权众筹将成为中国资本市场的新五板。

2015 年 6 月 6 日，中国众筹节以"众筹＋梦想，引领众筹未来"为主题开启中国众筹行业先河。中证众筹、人人投、京东众筹、平安众筹、蚂蚁达客、淘宝众筹、苏宁众筹、合伙圈、众筹网、云筹、天使街、大家投、天使客、众投邦、翼龙众筹、京北众筹、易人众筹、众筹之家、众筹中国，预示真正的众筹时代已经到来。

央视金话筒主持人、浩然天下资产管理（北京）有限公司董事长
徐浩然博士，万珍坊果酒品牌创始人朱歌女士共同主持中国众筹节

中国众筹节会议厅

中国众筹节：不懂众筹，您将错过一个时代

众筹招募 66 位中国众筹节联合发起人成为众筹发展史上最具有创意的众筹大事件，中国众筹节在中国北京唐人汇大宴会厅盛大开幕，"众筹家·梦想秀"让每一位众筹参与支持中国众筹节联合发起人荣登"众筹英雄榜"，成为影响众筹行业发展的关键性人物。

中国高鹏会总顾问、嘉德咨询董事长郭嘉致辞

著名品牌战略专家、国际品牌联盟（IBF）中国区主席梁中国致辞

众筹工场创始人，中国众筹节、世界众筹节发起人张迅诚致辞

中国众筹节荣誉主席，第九届、第十届全国人大常委，第七届、第八届民建中央副主席，第九届、第十届北京市政协副主席朱相远主席，著名品牌战略专家、国际品牌联盟（IBF）中国区主席梁中国主席，中国众筹节荣誉主席、中国高鹏会总顾问、嘉德咨询董事长郭嘉老师，中国众筹节荣誉主席、中国EMBA商学院联盟主席曹国钧博士，央视金话筒主持人、浩然天下资产管理

中国众筹节开幕式

（北京）有限公司董事长徐浩然博士，周恩来总理扮演者赵申秋老师，毛泽东卫士张炎庆老师，中国当代四大名厨陈绪荣老师，著名书法家、数码书法发明人高源老师，著名活动营销专家欧阳国忠老师，著名投融资专家吴瑕老师，中华杰出成功人士联合会会长陈功，中国股权众筹联盟理事长、人人投创始人郑林，八八众筹创始人，中国风口会发起人何丰源长官，中国社群领袖联盟发起

中国股权众筹联盟理事长、人人投创始人郑林分享人人投股权众筹平台模式

人、《粉丝经济学》作者吴高远，众筹工场创始人张迅诚和 66 位中国众筹节联合发起人共同见证中国众筹节开幕式。

八八众筹创始人、中国风口会发起人何丰源长官分享风口生态链众筹模式

中国社群领袖联盟发起人、《粉丝经济学》作者吴高远分享粉丝社群化众筹模式

众筹工场创始人，中国众筹节、世界众筹节发起人，北京大学众筹金融课题组组长张迅诚与华夏智库·企业战略文创互动系统创始人邱伟共同见证中国首部众筹领袖思维专著《众筹＋——众筹改变世界》新闻发布仪式

中国众筹节众筹路演：众筹＋梦想，引领众筹未来

众筹工场、老八谷、杞美人、万珍坊、茅小五现场进行众筹路演

中国众筹节风口，梦想起航

中国众筹节由中关村股权投资协会、中国国际经济技术合作促进会互联网金融专业委员会作为指导单位，中国股权众筹联盟、中国众筹节组委会、北大纵横、众筹工场、众筹板主办，中国众筹家俱乐部、中国高鹏会、中国众创空间产业联盟、众柴网、众筹坊、深圳市众筹同业公会合伙圈、股权众筹家联合主办。

中国众筹节荣誉主席、中关村股权投资协会会长王少杰，著名品牌战略专家、国际品牌联盟（IBF）中国区主席梁中国主席，中华杰出成功人士联合会会长陈功，中国众筹节、世界众筹节发起人张迅诚，中国众筹节联合发起人赵华，中国众筹节联合发起人陈昕，股权众筹家创始人杨文共同见证特殊的 5＋1 众筹生日派对

中国众筹节由众筹工场创始人、北京大学众筹金融课题组组长、高鹏天下（中国首个众筹概念股·上海股权托管交易中心挂牌企业，股权代码：204738）首席执行官张迅诚先生发起，旨在关注中国众筹行业的发展和引领众筹未来。

世界众筹节（"众筹＋梦想"，众筹改变世界）启动仪式

《别墅》杂志 2015 年 5 月刊封面人物——众筹工场创始人、
高鹏天下董事长张迅诚发起"众筹一幢别墅"

附录九　张迅诚荣获中国众筹行业年度影响力人物

2015 年 4 月 26 日，由《经济》杂志社、国家发改委中国经贸导刊杂志社、中国商报社、中华合作时报社、企业管理杂志社、中国经济创新发展联合主办的以"服务经济时代——新格局、新力量"为主题的"第五届全国服务业公众满意度专项调研揭晓新闻发布领袖年会·第十届中国品牌影响力论坛峰会"在北京人民大会堂隆重举行，来自国家部委、政府官员、经济学家、国际组织负责人、国内外优秀企业家、行业内专家学者和新闻媒体代表逾 500 人出席了大会。

张迅诚荣获中国众筹行业年度影响力人物

附录十　众筹＋私人飞机

99 人众筹私人飞机

2015 年 8 月 1 日，世界众筹节发起人、高鹏天下董事长张迅诚与世界众筹节联合发起人、山峡（中国）飞行俱乐部董事长谭一相正式达成战略合作伙伴关系。

赛斯纳 172S

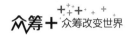

飞机机型：赛斯纳172S

飞机数量：3 架

众筹目标：1861.23 万元

目标份数：99 份

每份金额：18.8 万元

飞机托管地：北京、重庆、三亚三地

支持者权益：8 年经营使用权 & 俱乐部终身尊享会员

众筹 + 私人飞机优势：年费仅需 RMB4.99 万元/年（第一年免年费）；8 年内每年至少 18 小时的自由飞行时间

众筹 + 私人飞机的优势

对比项目	众筹飞机	自购飞机	优势
资金	小额投资	巨额投资	最大化缩减投资额度
产权	共享产权	产权	同时享有物权和股东身份
使用权	充分使用权	闲置率居高	满足使用需要
使用成本	按需负担	按支出总额负担	最大化降低使用成本
经营权	俱乐部专业团队代运营	自营或不经营	股东无需经营投入
经营收益	丰富的经营模式	自负盈亏高风险	闲置的飞行时间不再闲置
增值服务	俱乐部尊享会员服务	无	多种场合的尊享贵宾待遇
社群利益	融入高端人脉圈层	无	拓展人脉资源
融资平台	抵押贷款/信用贷款	无	变消费为投资融资
维养管理	公担	独立承担	最大化减少各类费用

山峡（中国）飞行俱乐部
Nek（China）Flying Club

• 北京——商业运营中心；重庆——产业基地；各大城市拥有飞机运维基地

- 整合全球通航资源，跨界打造通航第一平台，致力于探索、制定中国通航产业投资、运营、服务管理的标杆体系

- 六大核心产品：飞行培训、飞行模拟体验、飞机金融、会员服务、数字化全国航空教育基地、航空主题公园